Carl Schmitt – Anworten in Nürnberg

Carl Schmitt –
Antworten in Nürnberg

Herausgegeben
und kommentiert
von

Helmut Quaritsch

Duncker & Humblot · Berlin

Die Deutsche Bibliothek – CIP-Einheitsaufnahme

Carl Schmitt : Antworten in Nürnberg / hrsg. und kommentiert
von Helmut Quaritsch. – Berlin : Duncker und Humblot 2000
ISBN 3-428-10075-1

Fremddatenübernahme und Druck:
Berliner Buchdruckerei Union GmbH, Berlin
Printed in Germany

ISBN 3-428-10075-1

In memoriam
Joseph H. Kaiser

Vorwort

Die hier vorgelegten Texte waren 1995 fertiggestellt. Der Druck wurde durch die bis 1998 verzögerte Öffnung des Nachlasses von Robert Kempner hinausgeschoben. Ein kleinerer Teil des Nachlasses befindet sich aber immer noch in den Vereinigten Staaten. Wann das Bundesarchiv seinen Anspruch auf den Restbestand verwirklichen kann, ist jedoch ungewiß. Darauf zu warten, erscheint nicht zweckmäßig, weil aus Gründen, die ich am Ende dieser Arbeit zur Überlieferung der Texte dargelegt habe, keine weiteren Aufschlüsse zu erwarten sind.

Erneut habe ich dem Chef des Verlages Duncker & Humblot, Herrn Professor Norbert Simon, für die freundliche Anteilnahme zu danken und für die Geduld, mit der er die zögerliche Fertigstellung begleitete.

Joseph H. Kaiser, Verwalter des wissenschaftlichen Nachlasses von Carl Schmitt, dem ich als Kollege viele Jahre verbunden war, hat das Erscheinen dieser Ausarbeitung angeregt, aber nicht mehr erlebt; er starb am 19. November 1998. Ich widme sie seinem Gedächtnis.

Speyer, im Juli 1999 *Helmut Quaritsch*

Inhaltsverzeichnis

I. Carl Schmitt im Nürnberger Justizgefängnis

1. Die Rekonstruktion des Nürnberger Aufenthalts

Im Sommer 1945 schrieb *Carl Schmitt* ein ausführliches Rechtsgutachten über „Das internationalrechtliche Verbrechen des Angriffskrieges und der Grundsatz ,nullum crimen, nulla poena sine lege' "; es sollte in einem Verfahren gegen den Industriellen *Friedrich Flick* und seine Mitarbeiter dem amerikanischen Gericht in Nürnberg vorgelegt werden. An anderer Stelle wurde geschildert, weshalb Flick wegen Angriffskriegs nicht angeklagt wurde[1]. Das Thema „Angriffskrieg" holte Schmitt noch einmal ein – in Nürnberg, aber auf andere Weise, als im Sommer 1945 vorgestellt. Am 19. März 1947 wurde er in seiner Berliner Wohnung verhaftet, verhört und am 29. März nach Nürnberg in das seit dem IMT-Prozeß gegen die „Hauptkriegsverbrecher" weltberühmte Nürnberger Justizgefängnis gebracht[2].

Es war Schmitts zweite Begegnung dieser Art mit der amerikanischen Besatzungsmacht. Am 26. September 1945 war er zum ersten Male verhaftet und in das Interrogation Center am Wannsee verbracht worden, „wo er es besonders gut hatte"[3]. Über zwölf Monate, bis zum 10. Oktober 1946, blieb er US-Häftling; seit dem 31. Oktober 1945 zunächst im Internierungslager Lichterfelde-Süd (Wismarer Straße am Teltow-Kanal), das *Duška Schmitt* als „Massenlager mit brutaler Behandlung" beschrieb[4], seit Anfang 1946 im Lager („Civilian Detention Camp") Berlin-Wannsee, Königstraße Ecke Endestraße. Schmitt war nicht – wie seine Mit-

---

[1] Vgl. *Quaritsch*, in: *Carl Schmitt*, Das internationalrechtliche Verbrechen des Angriffskrieges, S. 137 ff.

[2] Schreiben von *Duška Schmitt* an Prof. Dr. *Jahrreiss*, Nürnberg, Justizpalast, vom 1. April 1947: „... am 19. März wurde mein Mann, Prof. Dr. Carl Schmitt, im Auftrag des amerik. Major Bond verhaftet. Ich konnte erfahren, daß er bald nach Nürnberg kommen sollte, aber es war nicht klar, ob als Zeuge oder Angeklagter. Inzwischen ist er am 29.3. nach Nürnberg gebracht worden ... Er hatte mich beauftragt, bei Ihnen anzufragen, ob Sie im Falle einer Anklage bereit wären, die Verteidigung zu übernehmen" (RW 265 – 469).
Hermann Jahrreiss (1894 – 1992), Prof. Öffentliches Recht und Völkerrecht 1927 in Leipzig, Greifswald 1932, Köln 1937; verteidigte im Nürnberger IMT-Prozeß den angeklagten Generaloberst Jodl und plädierte für die Gesamtverteidigung am 4. Juli 1946 zur Frage der Strafbarkeit des Angriffskrieges. Präsident der Westdeutschen Rektorenkonferenz 1958 – 1960. Schriften: FS H. Jahrreiss, hrsg. von K. Carstens / H. Peters, Köln 1964, S. 503 – 508.

[3] Schreiben von Frau *Duška Schmitt* vom 18. 11. 1945 an *Werner Weber* (RW 265 – 469). *Werner Weber* (1904 – 1976) hatte bei *Schmitt* in Bonn promoviert. Prof. 1935 Handelshochschule Berlin, 1942 Leipzig, 1949 Göttingen. Mitherausgeber der Festschriften für Carl Schmitt zum 70. und 80. Geburtstag, Verzeichnis der Schriften: FS W. Weber, hrsg. v. H. Schneider / V. Götz, Berlin 1974, S. 1005 – 1033.

[4] In dem zit. Brief an *Werner Weber* vom 18. 11. 1945.

gefangenen – in „automatic arrest" geraten. Professoren und Dozenten der deutschen Universitäten und Hochschulen gehörten nicht zu den beruflichen Positionen, deren Inhaber „automatisch" interniert wurden, also nur kraft Dienststellung oder sonstigen Ranges in den Hierarchien von Staat, Partei und Wehrmacht[5]. Er war aufgrund eines individuellen, eben auf Carl Schmitt zielenden Besatzungsakts eingesperrt worden. Veranlaßt hatte die Verhaftung 1945 ein ehemaliger deutscher Kollege: *Karl Loewenstein,* 1933 emigriert, nunmehr Legal Adviser der Militärregierung und der US-Delegation beim Alliierten Kontrollrat in Berlin. Loewenstein erstattete im November 1945 ein Gutachten, um Schmitts Bestrafung als Kriegsverbrecher zu erreichen[6]. Aber dieses Gutachten blieb ohne Folgen. Am 27. Juni 1946 war Schmitts Fall vom deutschen Sicherheits- und Überprüfungsausschuß verhandelt und seine Freilassung durch den amerikanischen Ausschuß am 2. August 1946 verfügt worden, weil er die Sicherheit und die Ziele der amerikanischen Streitkräfte – Schutzgüter des „automatic arrest" – nicht gefährde und auch sonst kein Grund für eine weitere Internierung vorlag. Entlassen wurde er erst am 10. Oktober 1946; die amerikanische Lagerbürokratie war nicht nur mit der Internierung selbst, sondern auch mit deren Beendigung überfordert. Entlassung aus einem Internierungslager bedeutete: Der Entlassene war eines Kriegsverbrechens oder Verbrechens gegen die Menschlichkeit unverdächtig – er wäre sonst in ein Speziallager überwiesen oder an einen auswärtigen Staat ausgeliefert worden – und auch von einem künftigen Entnazifizierungsverfahren war eine Freiheitsstrafe nicht zu erwarten.

Die Gründe für die zweite Inhaftierung sind schwierig zu rekonstruieren, auch das Geschehen dieser fünf Wochen bleibt ungewiß. Gesichert sind die drei Vernehmungen und jene vier Stellungnahmen in eigener und fremder Sache, die Carl Schmitt in jener Zeit schrieb. Durch knappe Mitteilungen von seiner Frau und Briefe an seine Frau, amtliche Urkunden und mittelbare Zeugnisse lassen sich einige äußere Umstände rekonstruieren. Darüber hinaus sind Details nur durch die publizierten Mitteilungen seines Vernehmers *Robert Kempner* überliefert. Allerdings

---

[5] Die Internierung in der Form des „automatic arrest" ging zurück auf die bekannte Direktive JCS 1067 der anglo-amerikanischen Stabschefs vom April 1945, die zwar eine „Liste der Gruppen von Nazikriegsverbrechern und anderen Personen, die zu verhaften sind" (I 8), insoweit aber nicht einmal 1948 veröffentlicht wurde, vgl. *Wilhelm Cornides / Hermann Volle,* Um den Frieden mit Deutschland: Dokumente und Berichte des Europa-Archivs, Bd. 6, 1948, S. 58 ff., 63. Im einzelnen *Burkhard Schöbener,* Die amerikanische Besatzungspolitik und das Völkerrecht, S. 434 ff.

[6] „Observations on Personality and Works of Professor Carl Schmitt", s. *Stiefel / Mecklenburg,* Juristen im Exil, S. 198 / 99, unter Auswertung des Loewenstein-Nachlasses. Anscheinend hat *L.* selbst *Schmitt* verhört, vgl. *Schmitts* Bemerkung im „Glossarium", S. 264 (17. 8. 1949). Interessanterweise erwähnt *Loewenstein* in dem einschlägigen Kapitel seiner (unveröffentl.) Lebenserinnerungen „Als Besatzungsoffizier in Deutschland" nicht einmal den Namen *Schmitts.*

Karl Loewenstein (1891 – 1973), Priv.-Doz. Öff. Recht München 1931, emigrierte 1933, seit 1936 o. Prof. Amherst College / USA; Schriften s. FS K. Loewenstein, Tübingen 1971, S. 509 – 516. Weitere Angaben *Stiefel / Mecklenburg,* Juristen im Exil, S. 101 ff.

sind dessen Erinnerungen weder widerspruchsfrei noch stets in sich schlüssig, sie allein aber haben seit 30 Jahren die Vorstellungen über Schmitts Verhalten in Nürnberg geprägt. Schmitt äußerte sich weder zu den Berichten Kempners noch überhaupt zu seiner Nürnberger Haft. Zwar sind die galligen, gelegentlich maßlosen Ausfälle seines „Glossariums" vermutlich das Resultat der Jahre 1945–1947, die er als ungerechte Verfolgung und persönliche Erniedrigung empfand – jeder mißlaunige G.I. durfte dem Autor der „Verfassungslehre" ungestraft ins Kreuz treten[7]. Aber auch im „Glossarium" sind Hinweise auf seine Haftzeit selten und dann ohne Mitteilung tatsächlicher Umstände[8]. Beließ also Schmitt die Zeit der Internierung und im Nürnberger Justizgefängnis der „Sicherheit des Schweigens"? Das hatte er, wie noch zu zeigen sein wird, eigentlich nicht nötig. Vielleicht wollte er die Zeit der Gefangenschaft hinter sich lassen, vielleicht kam Kempner als Gesprächspartner nicht mehr in Betracht, war er für ihn nicht einmal als Objekt eines Protestes denkbar. Das mochte Kempner so empfunden haben; seine ständigen, nachgerade merkwürdigen Wortmeldungen zum Thema Schmitt wären damit vielleicht erklärt. Vermutlich trug ein Umstand zu seinem Schweigen bei, der Schmitts Verhältnis zum geschriebenen Wort betrifft und mit „Nürnberg" überhaupt nichts zu tun hat.

Carl Schmitt hinterließ keine „Erinnerungen". Es fehlte ihm nicht die geübte Feder, auch nicht an Zeit – 35 Jahre „Ruhestand" sind nur wenigen beschieden. Hätten Memoiren ihn unter Rechtfertigungszwang gesetzt, wollte er nicht rechtfertigen, was nicht zu rechtfertigen oder auch nur plausibel zu erklären war, dann hätte er doch über einzelne Stationen seines langen Lebens berichten können, die außerhalb der Jahre des NS-Regimes lagen. Nach der strengen Erziehung im Attendorner Konvikt mochte ihm die literarische Reproduktion des Ichs und des eigenen Lebens als hoffärtig erschienen sein. Im September 1947 zitierte er das Votum des Kardinals Passionei aus dem Jahre 1753 in der Frage der Heiligsprechung des Kardinals Robert Bellarmin, der auf Wunsch eines Freundes als 71jähriger Mann seine Autobiographie „Aus dem Glauben" niedergeschrieben hatte: Die Selbstbiographie sei wenigstens eine occasio proxima zur gefährlichsten Sünde, der Selbstliebe und des Hochmuts, die als geistige Sünde gefährlicher ist als die concupiszenz[9]. Aber ein solches Notat muß nicht notwendig die eigene Überzeugung wiedergeben. Immerhin: Bereits 30 Jahre zuvor hatte er eine böse funkelnde Satire auf Tagebuchschreiber veröffentlicht[10]. Deutlicher wurde Schmitt in einem Aufsatz, den er im Sommer 1946, also im Internierungslager, schrieb:

---

[7] Glossarium, S. 261; s. auch „Gesang des Sechzigjährigen", in: Ex captivitate salus, S. 92 f.

[8] Glossarium, S. 8, 81, 205, 307, 312, 314, 319.

[9] Glossarium, S. 13 (10. 9. 1947).

[10] Die Buribunken, in: Summa, 1. Jg. 1917/18, Heft 4, S. 89–106; wie sich Schmitt in dieser verfremdeten Form zugleich mit dem Historismus auseinandersetzte, legt *Reinhart Koselleck* dar (Die Verzeitlichung der Utopie, in: Utopieforschung 3, hrsg. v. W. Voßkamp, Stuttgart 1982, S. 1, 8–14).

„Ein Jurist, der sich selbst und viele andere zur Objektivität erzogen hat, geht psychologischen Selbstbespiegelungen aus dem Wege. Die Neigung zu literarischen Beichten und Bekenntnissen ist mir durch häßliche Beispiele wie Jean Jacques Rousseau und den armen August Strindberg verleidet ... Wer beichten will, gehe hin und zeige sich dem Priester[11]."

Nun muß nicht jeder Bericht über eigenes Erleben „Beichte" sein. Auch wenn Schmitt meinte:

„Ich habe hier von mir selbst gesprochen, eigentlich zum erstenmal in meinem Leben[12]",

war dieses Eingeständnis nicht auf herkömmliche Selbstbiographie gerichtet. In seinem Essay hatte er lediglich beschrieben[13], weshalb ihm Jean Bodin (1530 – 1596) und Thomas Hobbes (1588 – 1679) besonders nahestanden, in einem zeit- und ortsentsprechenden Bild:

„Dazu gehören Francisco de Vitoria, Albericus Gentilis und Hugo Grotius ... Ich liebe sie. Sie gehören durchaus zu unserem Camp. Sie gehören aber nicht zu meiner Stube. In meiner nächsten, alltäglichen Nähe befinden sich zwei andere, die vom Staatsrecht her das Völkerrecht begründet haben: Jean Bodin und Thomas Hobbes[14]."

Sein Text handelte primär von Stellung und Bedeutung dieser beiden Großen. Anspielungen auf das eigene Schicksal sind literarisch verschlüsselt und nur dem Kenner der Vita Schmitts erkennbar.

Ein Grund für die fehlende Rückschau auf einzelne Abschnitte oder auch nur Erlebnisse wird in Schmitts eigentümlicher Unfähigkeit zu sehen sein, die Schilderung von Personen und Situationen durchzuhalten, das Erinnerungsbild auszumalen oder doch wenigstens vollständig zu skizzieren. Er hat sich nur einmal erinnert an sein erstes, das Jahr 1907 an der Berliner Universität[15]. Die Porträts zweier Professoren, deren Vorlesungen er hörte, der internationalen Berühmtheiten *Josef Kohler* und *Ulrich Wilamowitz-Moellendorff,* sind überhell, konturscharf, nicht ohne Heiterkeit und Witz, jedoch durch späte Einsichten in milderes Licht gesetzt, ein Essay, geschrieben im eisigen Hungerwinter 1947, der Schmitts Begabung auch für diese Textsorte erkennen läßt. Angesichts der vielen bedeutenden Menschen, denen Schmitt begegnete, kann man nur bedauern, daß er es mit „1907 Berlin" bewenden ließ. Jeder Name, jedes Ereignis ließ Schmitt sogleich denken, abstrahieren und zuordnen. Selbst die vergnügliche Schilderung des ebenso genialischen wie eitlen Josef Kohler und seines Romans „Eine Faust-Natur" mündet sogleich in eine Betrachtung des Typs und seiner Zeit ein. Schmitt besaß keine Reflexionsbremse, jedenfalls nicht beim Schreiben. Über den Studenten Schmitt erzählt er 1947: „Ich war ein obskurer junger Mann bescheidener Herkunft. Weder

---

[11] Ex captivitate salus, S. 76 / 77.

[12] Ebenda, S. 76.

[13] Ebenda, S. 63 – 75.

[14] Ebenda, S. 63.

[15] Carl Schmitt, 1907 Berlin, drei Jahre nach seinem Tode veröffentlicht von Piet Tommissen, in: Schmittiana I, S. 11 – 21.

die herrschende Schicht noch eine oppositionelle Richtung hatte mich erfaßt. Ich schloß mich keiner Verbindung, keiner Partei und keinem Kreise an und wurde auch von niemand umworben. Dafür war ich weder mir selbst noch den andern interessant genug. Armut und Bescheidenheit waren die Schutzengel, die mich im Dunkeln hielten. Das bedeutet für unser Bild, daß ich, ganz im Dunkel stehend, aus dem Dunkel in einen hell erleuchteten Raum hineinsah. Für einen Zuschauer und Beobachter ist das die beste Position." Das war stilisiert, traf aber das in seinen Augen Wesentliche und ist alles, was er über sein Studium berichtet. Die hohe und vielseitige Begabung des Studenten Schmitt muß sich früh gezeigt haben, sonst würde ihm sein Doktorvater *Fritz van Calker* nicht ein wissenschaftlich so anspruchsvolles Thema anvertraut haben wie „Über Schuld und Schuldarten", mit dem der 22jährige Schmitt 1910 in Straßburg summa cum laude promovierte.

Auch über die 13 Monate im Berliner Internierungslager der amerikanischen Besatzungsmacht 1945 / 46 und über die fünf Wochen im Nürnberger Justizgefängnis hinterließ er nichts, was als Beschreibung seiner Umgebung, des Lebens im Lager und Gefängnis, der Verhöre und Vernehmer gelten könnte. Dürftige Einzelheiten finden sich nur in den Briefen an seine Frau Duška, sie beschränken sich indes auf Details, die sie über seinen Zustand beruhigen sollten[16]. Das kleine Buch „Ex captivitate salus", 1950 erschienen, befaßt sich mit seinem Thema unmittelbar nur in einem abstrakten Essay von einigen Druckseiten über die psychische Situation des Menschen in Einzelhaft[17]. Allein im Vorwort zur spanischen Ausgabe von 1960 erwähnt er die „außerordentlich harten Bedingungen im Herbst und Winter 1945–46" und das „strikte Schreibverbot" (ausgenommen monatliche Briefe an die nächsten Angehörigen) im Internierungslager[18]. Aber diese dürftigen wie zutreffenden Hinweise motivieren eigentlich nur den folgenden Text. Einen persönlichen Dank richtete er nämlich an jenen „human denkenden amerikanischen Arzt, der, aus Mitgefühl, uns die Möglichkeit verschaffte, Notizen zu machen und uns sogar dabei half, Briefe und Notizen aus dem Lager heraus zu schaffen, an der Kontrolle der Autoritäten vorbei. Ihm gebührt das Hauptverdienst an der Realisierung dieses Buches und aus diesem Grunde soll er hier erwähnt werden. Sein Name war *Charles*, er war aus Boston gebürtig; für uns retteten seine Kultur und

---

16 Vgl. *Paul Noack,* Carl Schmitt, S. 238 f.

17 „Weisheit der Zelle" (April 1947), in: Ex captivitate salus, S. 79–91. Diese knapp zwölf Druckseiten sind die einzigen, die er über seine Nürnberger Haftzeit schrieb. *Ernst Niekisch* setzte das Märchen in die Welt, *Schmitt* habe sich „ob der milden Haft, die er bei den Amerikanern erlitt", in „Ex Captivitate Salus als bejammerungswürdiger Hiob beweint" (Gewagtes Leben, Köln 1958, S. 244/45). Seitdem wird immer wieder die absurde Behauptung von Schmitts „Selbstmitleid" weitergetragen (zuletzt *Mark Lilla,* in: The New York Review of Books, Vol. XLIV [1997], No. 8, p. 39). Das Abschreiben unrichtiger Meinungen ohne Lektüre des Textes selbst ist allerdings seit Jahrhunderten eine verbreitete Unart zweitklassigen Sekundärschrifttums. Das fiel schon früher auf, z. B. *R. Mohl,* Die Geschichte und Literatur der Staatswissenschaften, Bd. 3, Erlangen 1958, S. 544 ff.

18 Das Vorwort zur spanischen Ausgabe von „Ex captivitate salus" ist nach der Übersetzung von *Günter Maschke* deutsch veröffentlicht in: Schmittiana II, S. 140 f.

seine Menschlichkeit die Ehre Nordamerikas. Sein Verstand und sein Herz hatten sich von der Psychose befreit, die von der schrecklichen Kriegspropaganda geschaffen worden war. Es versteht sich, daß die amerikanischen Behörden ihn einer anderen Bestimmung zuführten, aber er hatte seine providentielle Aufgabe erfüllt. Ich weiß nicht, was aus ihm geworden ist. Gott schütze und segne ihn, wo er auch sein möge[19]." Diese Mitteilungen enträtseln mittelbar ein ungewöhnliches Manuskript in seinem Nachlaß. Die „antwortenden Bemerkungen zu einem Rundfunkvortrag von Karl Mannheim" waren im „Winter 1945 / 46" verfaßt, sein Essay über Alexis de Tocqueville im „Sommer 1946" und der Text über „Zwei Gräber", nämlich von Heinrich von Kleist und Theodor Däubler, „für meine Tochter Anima Luise zum 25. August 1946"[20] – alles das war geschrieben im amerikanischen Internierungslager in Westberlin, und zwar auf Blättern von Rezeptformularen des „Medical Corps". Die einzelnen Blätter sind auf beiden Seiten vollständig bedeckt mit Bleistifteintragungen in sauberer, aber winziger Stenographie[21]. Offenbar hatte ihm der amerikanische Arzt einen Rezeptblock überlassen; der Besitz von Schreibpapier war im Internierungslager verboten.

40 Jahre später brachten seine Vernehmer Kempner und Flechtheim die Internierung Schmitts mit seiner Nürnberger Haft in Zusammenhang. Ein solcher Konnex bestand zwar nicht, wie noch zu zeigen sein wird, aber das Ende der Internierung kann die Gründe für seine erneute Inhaftierung und seine Nürnberger Stellungnahmen erhellen.

2. Der Haftgrund: intellektuelle Vorbereitung des Angriffskrieges

Es ist ungewiß, wer die neuerliche Inhaftierung Schmitts veranlaßte, vielleicht war es *Robert W. Kempner* selbst, damals einer der vier Stellvertreter des Chefs der amerikanischen Anklagebehörde *Telford Taylor* in den Nürnberger Nachfolgeprozessen[22]. Auf diese Frage ist noch in einem anderen Zusammenhang zurückzukommen. Eingeschaltet war der 1935 aus Deutschland emigrierte *Ossip K. Flechtheim*, ebenfalls bei der amerikanischen Anklagebehörde angestellt und in Berlin damit beschäftigt, Material für den Nürnberger Juristen-Prozeß und den Wilhelmstraßen-Prozeß zu sammeln und aufzubereiten[23].

---

19 Ebenda, S. 140 / 141.

20 Ex captivitate salus, S. 25 – 53.

21 RW 265 – 131, Nr. 1 / 1.

22 *Robert M. W. Kempner* (1899 – 1993), zu ihm jetzt ausführlich mit weit. Nachw. *Stiefel / Mecklenburg*, Juristen im Exil, S. 182 ff.

23 Das berichtete *Flechtheim* 1986 auf einem Symposion aus Anlaß des 40. Jahrestages des IMT-Prozesses in Nürnberg, *Wollenberg*, 1991, S. 95 – 125, dort S. 101 ff. *Flechtheim* vernahm *Schmitt* am 27. März. Was er 36 Jahre später darüber in einem Brief an *Claus-Dietrich Wieland* vom 24. 2. 1983 berichtete (*Wieland*, Carl Schmitt in Nürnberg, in: „1999", S. 108 – 109), ist kritisch analysiert in Schmittiana II, S. 142 – 148.

Weshalb wurde Schmitt verhaftet? In seinem ersten Verhör am 3. April 1947 nannte Kempner den Tatverdacht ohne Umschweife:

> „Ich sage Ihnen ganz offen, woran ich interessiert bin; an Ihrer Mitwirkung direkt und indirekt an der Planung von Angriffskriegen, von Kriegsverbrechen und Verbrechen gegen die Menschlichkeit[24]."

Auf den ersten Blick erscheinen Vorwürfe dieser Art absurd gegen einen Professor an der Berliner Friedrich-Wilhelms-Universität. Normativ sah die Sache anders aus. Nach dem Vorbild der Londoner Charta vom 8. August 1945 zur Bestrafung der „major war criminals" durch das Nürnberger IMT hatte das Kontrollratsgesetz Nr. 10 vom 20. Dezember 1945 den Kreis der Täter und Gehilfen extrem weit gezogen. Dazu rechnete jeder, der an Angriffskrieg, Kriegs- oder Humanitätsverbrechen „durch seine Zustimmung ... teilgenommen hat oder mit seiner Planung oder Ausführung in Zusammenhang gestanden hat oder einer Organisation oder Vereinigung angehört hat, die mit seiner Ausführung in Zusammenhang stand oder [für das Delikt des Angriffskrieges] wer in Deutschland ... eine gehobene politische, staatliche oder militärische Stellung ... oder eine solche im finanziellen, industriellen oder wirtschaftlichen Leben innegehabt hat" (Art. 2 Nr. 2 KRG Nr. 10). Nach diesem Wortlaut hätten Hunderttausende Deutsche wegen Angriffskriegs verurteilt werden können. Taylor wie Kempner wäre es nicht schwergefallen, dem Berliner Universitätsprofessor Carl Schmitt eine „gehobene staatliche Stellung" nachzuweisen – das hätte nach Art. 2 Nr. 2 KRG Nr. 10 für eine Bestrafung ausgereicht! – oder seine Aufsätze zum „Großraum" seit 1939 als „Zustimmung" und daher Teilnahme am Angriffskrieg auszulegen. Jedoch hatte das Nürnberger IMT in seinem Urteil vom 30. September / 1. Oktober 1946 den Kreis der Täter, die für das „Verbrechen gegen den Frieden" in Betracht kamen, präzisiert und begrenzt. Gegen einen Universitätsprofessor, der nachweislich seit Ende 1936 kein anderes Amt bekleidete, konnte dieser Vorwurf nicht mehr mit Aussicht auf Erfolg erhoben werden[25]. Im April 1947 standen allerdings die Urteile noch aus, die in den Nachfolge-

---

Ossip K. Flechtheim (1909–1998), studierte 1927–1931 Rechtswissenschaft, Mitglied der KPD 1928–1932, 1933 als Rechtsreferendar entlassen, Promotion Köln 1935 („Hegels Strafrechtstheorie", Leipzig 1936), Emigration nach Belgien, vgl. International Biographical Dictionary of Central European Emigrés 1933–1945, vol. II, 1983, S. 303. 1951 Prof. FU Berlin (Politikwiss.), Veröffentlichungen s. *Kürschners* Deutscher Gelehrtenkalender 1992, Bd. I, S. 844/45.

24 Die drei Verhöre *Schmitts* durch *Kempner* sind unter Zeugen mitstenographiert und maschinenschriftlich übertragen worden. Sie sind in den U.S. Nat. Archives, Washington D. C. archiviert: Interrogation Reports of Carl Schmitt, Nuremberg, Office of Chief Counsel for War Crimes, Evidence Division, No. 1842 (April 3, 1947), No. 1992 (April 21, 1947), No. 2161 (April 29, 1947), Modern Military Branch, Military Archives Division, Record Group 238. – Für die Fotokopien der Protokolle habe ich zu danken Herrn Kollegen *Joseph H. Bendersky*, Richmond (Virginia), und Herrn Kollegen *Piet Tommissen*, Brüssel.

25 Es ist daher unzulässig, aus der angeblichen „Vorbereitung einer Anklage Schmitts im Rahmen der Nürnberger Prozesse" und den Vorwürfen *Kempners* im ersten Verhör zu schließen, die Alliierten hätten „die Großraumtheorie als die Begründung des Krieges angesehen" (*Schmoeckel*, Die Großraumtheorie, S. 264).

prozessen diese Anklage gegen die Vorstände der IG-Farben und Krupp, sogar gegen das Oberkommando der Wehrmacht abwiesen, weil die Beteiligung der Angeklagten nicht ausreichend dargetan war[26]. Jedenfalls hatte Schmitt, wie seine Stellungnahme II beweist, mit diesem Vorwurf leichtes Spiel. „Kriegsverbrechen" und „Verbrechen gegen die Menschlichkeit" setzten eine konkrete Tathandlung voraus; mit diesen Tatbeständen war Schmitt noch weniger in Verbindung zu bringen.

Das wußte Kempner schon vor dem Verhör besser als jeder andere, denn Flechtheim, der Schmitt im Auftrage Kempners nach Nürnberg überstellte[27], hatte Schmitt am 27. März 1947 verhört, kannte also Verhalten und Tätigkeiten Schmitts im Dritten Reich[28]. Auch konnten Kempner die vergeblichen Bemühungen von Karl Loewenstein, Schmitt als Kriegsverbrecher anzuklagen, ebensowenig unbekannt geblieben sein wie das Ergebnis des Berliner Sicherheits- und Überprüfungsausschusses vom 27. Juni und 2. August 1946.

Weshalb also behandelte er Schmitt als „possible defendant" unter den üblen Haftbedingungen des Nürnberger Justizgefängnisses? Was Kempner selbst zu dieser Frage Jahrzehnte später berichtete, ist unwahrscheinlich oder falsch:

Im Vorspann des Schmitt-Verhörs in dem 1969 veröffentlichten Band „Das Dritte Reich im Kreuzverhör" teilte Kempner mit, er habe Schmitt „im Wilhelmstraßen-Prozeß in Nürnberg darüber vernommen, ob seine Lehr- und Vortragstätigkeit die studentische Jugend und andere zur Begehung von Verbrechen gegen den Frieden und gegen die Menschlichkeit verführt habe". Diese Begründung kann un-

---

[26] IG-Farben-Urteil vom 30. 7. 1948, Trials VIII, S. 1124–1128; Krupp-Urteil vom 31. 7. 1948, IX, S. 390–466; OKW-Urteil vom 27. 10. 1948, XI, S. 485–491. Im Prozeß gegen den saarländischen Industriellen *Hermann Röchling* hatte das französische Militärgericht den Angeklagten auch wegen „Verbrechens gegen den Frieden" verurteilt, das Berufungsgericht hob jedoch am 30. Juni 1948 das Urteil insoweit auf, weil *Röchlings* Beteiligung am Angriffskrieg nicht nachgewiesen sei, vgl. Trials XIV, S. 1061–1096, 1107–1110. *Kempner* machte später die „sehr eng gefaßten Bestimmungen des Londoner Statuts und des Kontrollratsgesetzes" dafür verantwortlich, daß *Schmitt* wegen „intellektueller Vorbereitung des Nationalsozialismus" nicht bestraft werden konnte, „obwohl ein gerader Weg von solcher ‚intellektueller' Tätigkeit direkt nach Auschwitz und zu Angriffskriegen geführt hat" (in: „Der Aufbau", New York N. Y., vom 24. 8. 1973, übereinstimmend in „Die Mahnung" vom 1. 10. 1973, hrsg. vom Bund der Verfolgten des Nazi-Regimes). Es waren nicht die „eng gefaßten Bestimmungen", sondern die Rechtsprechung des IMT und der amerikanischen Militärgerichte in den Nachfolgeprozessen, welche die extrem weit gefaßten Straftatbestände eingrenzten. Darüber besteht unter Kennern der Materie kein Streit.

[27] „Der Kollege Flechtheim war seinerzeit so freundlich, mir Carl Schmitt nach Nürnberg zu schicken" (*Kempner*, in: *Wollenberg*, 1991, S. 106).

[28] In *Flechtheims* Bericht 1989 heißt es: „Er saß damals in einem Lager in Berlin. Ich konnte ihn vorführen lassen und habe mich dann sehr freundlich mit ihm unterhalten" (bei *Wollenberg*, 1991, S. 105/106). Die Angaben von *Kempner* und *Flechtheim* sind nicht stimmig, dabei sind der Abstand von 40 Jahren und das hohe Lebensalter dieser (beteiligten) Zeitzeugen im Jahre 1986 zu berücksichtigen. – Wissenschaftsgeschichtlich sind jene Formulierungen nicht ohne Reiz: *Flechtheim* kann sich einen *Carl Schmitt* „vorführen" lassen, anschließend „schickt" er ihn nach Nürnberg zu *Kempner*.

möglich Kempner selbst verfaßt haben; er überließ diesen Vorspann offenbar einem juristisch ahnungslosen Lektor. Schmitt wurde natürlich nicht „im Wilhelmstraßen-Prozeß ... vernommen", denn dieser Prozeß begann erst am 6. Januar 1948. Das „Verbrechen gegen den Frieden" war in der Londoner IMT-Charta und im Gesetz Nr. 10 des Kontrollrats geregelt. Angewendet wurde dieser Tatbestand in Nürnberg nur im ersten Prozeß vor dem IMT 1945 – 1946 auf die „major war criminals" und im entsprechenden Prozeß in Tokio auf 22 hohe Politiker und Militärs Japans[29]. Außerhalb dieser beiden Prozesse sprach das kommunistische Tribunal des polnischen Volksgerichtshofs den Gauleiter Greiser und in China ein ähnliches Gericht einen japanischen General wegen Verbrechens gegen den Frieden schuldig. Aufgrund des KRG Nr. 10 wurde wegen dieses Tatbestandes niemand rechtskräftig verurteilt. Immerhin nannte Kempner die Haftgründe und auch die Interessenten an einer eventuellen Anklage:

> „Die Rechtsabteilung des Militärgouverneurs – damals General Lucius D. Clay – war im Fall des Professor Schmitt wegen seines weltbekannten Namens und seiner zahlreichen Veröffentlichungen besonders interessiert. Von vielen Seiten war darauf hingewiesen worden, die Nürnberger Untersuchungsbehörden sollten sich nicht mit Tätern, sondern auch mit den intellektuellen Urhebern von Verbrechen gegen den Frieden und gegen die Menschlichkeit befassen[30]."

Diese Wendungen erwecken den Eindruck, als ob zu dieser Zeit – Frühjahr 1947 – die Frage nach der Bestrafung von „intellektuellen Urhebern" in Nürnberg noch nicht beantwortet war. Gerade damit aber hatte sich das IMT auseinandergesetzt. In seinem Urteil vom 30. September / 1. Oktober 1946 wurde der einstige „Reichsjugendführer" *Baldur von Schirach*, dessen Gedichte und Lieder – „Die Fahne ist mehr als der Tod" – Millionen junge Deutsche erreicht und beeinflußt hatten, von dem Vorwurf des Verbrechens gegen den Frieden freigesprochen; verurteilt wurde er wegen Verbrechens gegen die Menschlichkeit (Judendeportation), begangen als Gauleiter von Wien, zu 20 Jahren Haft, also als „Täter" im Sinne Kempners[31]. Die wie auch immer geartete „intellektuelle Urheberschaft" galt dem Gericht nicht als zureichender Strafgrund für die Teilnahme am Verbrechen gegen den Frieden. Selbst Julius Streicher wurde nicht wegen Verbrechens gegen den Frieden verurteilt, sondern wegen Verbrechens gegen die Menschlichkeit, weil er in seinen „Stürmer"-Artikeln ausdrücklich die Vernichtung der Juden in Polen und Rußland gefordert und er von der Realisierung seiner Wünsche gewußt habe, er also nach Ansicht des Gerichts die tatsächliche Ermordung der Juden kannte und billigte[32]. Diese Rechtsprechung des IMT muß der Rechtsabteilung des Militärgouverneurs bekannt gewesen sein. Sie kann ernstlich nicht geglaubt haben, anhand des Falles Carl Schmitt würden die amerikanischen Gerichte in

---

[29] Über den von 1946 – 1948 während Prozeß in Tokio s. die Übersicht von *Quaritsch*, in: Carl Schmitt, Das internationalrechtliche Verbrechen des Angriffskrieges, S. 171 ff.

[30] Das Dritte Reich im Kreuzverhör, S. 293.

[31] IMT, Bd. XII, S. 641 – 644.

[32] IMT, Bd. XII, S. 623 – 625.

den Nachfolgeprozessen von der im Urteil über die Hauptkriegsverbrecher vorgegebenen Linie abweichen.

1973, reagierend auf einige Würdigungen Schmitts zu seinem 85. Geburtstag, schrieb Kempner:

> „Ich selbst habe Carl Schmitt in meiner Tätigkeit als stellvertretender US-Hauptankläger in Nürnberg eingehend vernommen. Es war eine meiner interessantesten Vernehmungen, bei denen teilweise ein Beauftragter von General Lucius D. Clay von dessen Rechtsabteilung teilgenommen hat. Wir sollten uns aufgrund der Vernehmung darüber äußern, ob Schmitt zur Kategorie der Hauptkriegsverbrecher gehöre. Hatte er durch seine Theorien und Lehren zur Vorbereitung des II. Weltkriegs beigetragen? Oder hatte er ‚nur‘ die Jugend verführt[33]?“

Den Begriff „Hauptkriegsverbrecher" („major war criminals") hatte die Londoner Charta auf diejenigen beschränkt, die vor dem Internationalen Militärgerichtshof in Nürnberg angeklagt und am 30. 9. / 1. 10. 1946 abgeurteilt wurden. Das KRG Nr. 10, nach dem die weiteren Verfahren der amerikanischen Militärgerichte stattfanden, kannte den Begriff „Hauptkriegsverbrecher" nicht. Die Anwendung dieses Begriffs war auch überflüssig, denn nach dem KRG mußte der Täter nicht „Hauptkriegsverbrecher" sein, um ihn hängen oder lebenslang einsperren zu können (Art. II 3 KRG Nr. 10). Schließlich: Die Vorstellung, eine „Vernehmung" des Verfassers von Büchern und Aufsätzen könnte die Frage beantworten, ob er zu den „Hauptkriegsverbrechern" gehöre oder nicht, ist strafprozessual abenteuerlich: Dazu muß der Staatsanwalt vorher jene Bücher und Aufsätze lesen. Hier sollte offenbar umgekehrt verfahren werden. Das bedeutete: erst verhaften, dann ermitteln. Was Kempner mit diesen angeblichen Mitteilungen der Rechtsabteilung der Militärregierung und sich selbst an Unkenntnissen und unzulässigen Praktiken unterstellt, kann der Jurist nur als Zumutung bezeichnen. Und ob Schmitts Schriften „die Jugend" erreichten, dürfte mehr als zweifelhaft sein.

Zehn Jahre später war von dem Vorwurf „Hauptkriegsverbrecher" nicht mehr die Rede, immerhin noch von einer möglichen Anklage:

> „Ich habe den Professor Carl Schmitt in Nürnberg vernommen, weil in Berlin vom Hauptquartier General Clays die Frage kam: ‚Warum habt Ihr den Carl Schmitt nicht angeklagt? Er ist hier in Berlin in automatischem Arrest, und wir schicken ihn rüber nach Nürnberg‘[34]."

In einem Interview am 12. Mai 1983, also fast gleichzeitig, äußerte sich Kempner etwas konkreter:

> „Schmitt war in Berlin in automatischem Arrest. Er kam zu uns nach Nürnberg auf Veranlassung der Rechtsabteilung (Legal Division) des US-Militärgouverneurs General Lucius D. Clay, und zwar nach einem Telefonanruf vom dort tätigen Lawyer William Dickmann,

---

[33] In: „Die Mahnung" vom 1. 10. 1973, S. 4 unter der Überschrift „Ein intellektueller Abenteurer", inhaltsgleich abgedruckt in: „Der Aufbau", New York, N. Y., vom 24. 8. 1973, S. 9.

[34] *Kempner*, Ankläger einer Epoche, S. 129.

der von deutscher Seite auf Schmitts Rolle hingewiesen worden war. Es war einer der wenigen Fälle, wo das Military Government der Ansicht war, er müsse eventuell angeklagt werden. Es gab anscheinend auch auf deutscher Seite eine starke Strömung, sich Carl Schmitt einmal näher anzusehen unter dem Rubrum, daß die nationalsozialistische Professorenschaft ansonsten straffrei ausgehen würde, weil sie von den eigentlichen Gewalttätern, etwa den SS-Männern, zu weit entfernt war als ‚Schreibtischtäter'[35]."

Schmitt war nie im „automatic arrest" – das wurde bereits dargelegt –, und er befand sich seit dem 10. Oktober 1946 nicht mehr im Internierungslager; er wohnte seit seiner Entlassung in seinem (gemieteten) Haus in Berlin-Schlachtensee (Schönerer Zeile / Kaiserstuhlstraße 19), als er sechs Monate später erneut verhaftet wurde. Es klingt wenig wahrscheinlich, ist aber angesichts der widerstreitenden Strömungen innerhalb der amerikanischen Militärregierung nicht ausgeschlossen, aufgrund deutscher Anregungen sei die Rechtsabteilung nun doch zu der Ansicht gelangt, Carl Schmitt müsse „eventuell angeklagt werden". Auf das Loewenstein-Gutachten über die Notwendigkeit der Bestrafung von Carl Schmitt als Kriegsverbrecher hatte die Militärregierung 1945 / 46 nicht reagiert, Forderungen von „deutscher Seite" stimmten die Militärregierung augenblicklich um. Das ist angesichts der einflußreichen Stellung und des großen Ansehens, das Karl Loewenstein bei der Militärregierung genoß, schon ein sehr merkwürdiges Ergebnis. Aber Loewenstein war im August 1946 in die Vereinigten Staaten zurückgekehrt[36]. Gleichwohl bleibt es erstaunlich, daß im März 1947 das Military Government, dem doch schon im November 1945 das erwähnte Gutachten des Legal Advisers Karl Loewenstein vorlag, plötzlich und aufgrund deutscher Initiative gemeint haben soll, Carl Schmitt müsse „eventuell angeklagt werden".

Aufschlußreich ist allerdings Kempners Hinweis, ohne eine Bestrafung Schmitts würde „die nationalsozialistische Professorenschaft ansonsten straffrei ausgehen". Die Annahme einer „nationalsozialistischen Professorenschaft" als Kollektiv, vertreten durch Carl Schmitt, ist zeitgeschichtlich wie rechtlich eine abwegige, eigentlich nur in der Antifa-Propaganda der SED und ihrer westdeutschen Satelliten gepflegte Vorstellung. Kempners Aussage bestätigt aber die schon während und nach den Nürnberger Prozessen geäußerte Vermutung der „repräsentativen" Anklage und Bestrafung. In den drei Prozessen gegen Krupp, IG-Farben und Flick, im Juristen-Prozeß, in den drei Prozessen gegen die Generalität (Feldmarschall Milch, OKW, „Südostgenerale"), im Wilhelmstraßen-Prozeß gegen Vertreter des Auswärtigen Amtes und der Banken standen die Angeklagten zugleich als Repräsentanten ihrer Institution vor Gericht. Mit ihnen sollten die deutsche Großindustrie, die Generalität, die Juristen der Ministerialbürokratie, die Diplomaten und Bankiers

---

[35] Interview mit *Claus Dietrich Wieland: Wieland*, Carl Schmitt in Nürnberg, in: „1999", S. 102. – Der erwähnte *Dickmann* war der 1933 aus Berlin emigrierte Rechtsanwalt Dr. *Wilhelm Dickmann* (1909 – 1988), s. *Stiefel / Mecklenburg*, Juristen im Exil, S. 137 f.

[36] *Stiefel / Mecklenburg*, Juristen im Exil, S. 101 ff., 196 ff. Bekannt ist die Kennzeichnung *Loewensteins* als „Rechtspapst" bei dem Alliierten Kontrollrat in Berlin durch *Reinhold Maier* (Ende und Wende. Das schwäbische Schicksal 1944 – 1946, Stuttgart 1948, S. 377).

durch den gerichtlichen Nachweis und ihre strafrechtliche Verurteilung wegen Verwicklung und Teilnahme am Eroberungskrieg und NS-Verbrechen als gesellschaftliche und staatliche Führungsgruppen moralisch erledigt und für die Zukunft ausgeschaltet werden[37]. Strafrechtlich war und ist es unmöglich, eine Person in Vertretung für ihren Stand, für eine ganze soziale Gruppe zu bestrafen, also archaische Sündenbock-Vorstellungen in ein Strafverfahren des 20. Jh. zu übertragen. Aber die Nürnberger Prozesse dienten eben nicht nur der Sühne individueller Schuld, sondern auch politischen Zwecken. Diese überschießenden Funktionen waren Kempner so selbstverständlich, daß er, der sich als „Ankläger einer Epoche" verstand, fast 40 Jahre später bei der Forderung nach repräsentativer Bestrafung nicht ins Stottern geriet und diesen juristischen Unfug kommentarlos repetierte.

Drei Jahre nach dem Erscheinen seiner Memoiren, auf der bereits erwähnten Jubiläumsveranstaltung in Nürnberg im Jahre 1986, ließ sich Kempner so vernehmen:

> „Der Kollege Flechtheim war seinerzeit so freundlich, mir Carl Schmitt nach Nürnberg zu schicken. Und ich hab' lange Gespräche mit ihm geführt. Es ging um die Frage: soll er angeklagt werden oder soll er nicht angeklagt werden wegen Kriegsverbrechen? Eine unerhört schwierige Frage ... wir sind dann zu der merkwürdigen Entscheidung gekommen, daß es bei ihm für eine Anklage nicht reicht[38]."

Angesichts der Rechtsprechung des Nürnberger IMT und der amerikanischen Militärgerichte der Nachfolgeprozesse über die Voraussetzungen der Verurteilung wegen Angriffskriegs und Kriegsverbrechens, im Hinblick auf den fehlgeschlagenen Versuch von Karl Loewenstein, Schmitt wegen Kriegsverbrechens anzuklagen, und die Berliner Entlassungsverhandlungen im Sommer 1946, war es auch im Rückblick nach 40 Jahren weder „eine unerhört schwierige Frage" noch eine „merkwürdige" Entscheidung, daß es bei Schmitt „für eine Anklage nicht reichte" – nichts war so selbstverständlich wie das.

Was Kempner 1969 und später als Tatbestand und als Strafe für Tat und Täter vorschwebte – die „intellektuelle Vorbereitung des Nationalsozialismus", von der „ein gerader Weg ... direkt nach Auschwitz und zu Angriffskriegen geführt hat" – war in der Kontrollratsdirektive Nr. 38 und den Entnazifizierungsgesetzen geregelt. Anders als nach dem KRG Nr. 10 bedurfte es für die Bestrafung nach den Entnazifizierungsgesetzen keiner kriminellen Handlung, keines bestimmten Verbrechens; es genügte die Stellung als „Hauptschuldiger" (Kategorie I) und als „Belasteter" (Kategorie II), um in den westlichen Besatzungszonen mit Arbeitslager bis zu zehn Jahren, Vermögenseinziehung, Berufsverbot und Verlust des aktiven und passiven

---

[37] Das hat vor allem *Otto Kranzbühler* betont, der die Atmosphäre der Verfahren aus erster Hand kannte, nämlich als Verteidiger im IMT-Prozeß sowie in den Nürnberger Prozessen gegen *Krupp* und *Flick* sowie vor einem franz. Militärgericht gegen den Saarindustriellen *Hermann Röchling* (Rückblick auf Nürnberg, Hamburg 1949, S. 22 f.). Die einschlägigen Passagen der Anklagereden in den Nürnberger Industrie-Prozessen präsentierte *August v. Knieriem*, Nürnberg – rechtliche und menschliche Probleme, Stuttgart 1953, S. 536 ff.

[38] Bei *Wollenberg*, 1991, S. 106.

Wahlrechts bestraft werden zu können[39]. Den Staatsrechtslehrer *Otto Koellreutter* z. B. verurteilte eine Münchener Spruchkammer am 18. Juni 1947 als „Hauptschuldigen" der Kategorie I[40]. Die Kategorisierung, überhaupt die ganze Anlage der Entnazifizierung, hatten vorzugsweise die amerikanischen Besatzungsbehörden entwickelt; auch die Kontrollratsdirektive Nr. 38. Deshalb klingt es wenig wahrscheinlich, Rechtsexperten der amerikanischen Militärregierung hätten geäußert, sie müßten Schmitt nicht nach den Entnazifizierungsgesetzen zur Verantwortung ziehen, sondern nach dem Kontrollratsgesetz Nr. 10, das nach der Rechtsprechung des Internationalen Militärgerichtshofs und der Nürnberger Militärgerichte von vornherein für den Fall Schmitt ungeeignet war. Der Entlassung aus dem Internierungslager – verfügt am 2. August 1946, vollzogen am 10. Oktober 1946 – war zwar eine Verhandlung vor dem deutschen Sicherheits- und Überprüfungsausschuß wie des zuständigen amerikanischen Ausschusses vorausgegangen. Aber damit war Schmitt nicht „entnazifiziert", sondern seine Internierung beendet. Zwar wurden solche Entlassungen nur vorgenommen, wenn von einem künftigen Entnazifizierungsverfahren eine Freiheitsstrafe nicht zu erwarten war, aber die Entlassung präjudizierte nicht das eigentliche Entnazifizierungsverfahren. Die amerikanischen Behörden hätten Schmitt ohne weiteres internieren können, um ihn bis zu seinem Entnazifizierungsverfahren in Haft zu halten. Allerdings hätten dann deutsche Entnazifizierungs-Instanzen über Schmitt entscheiden müssen. Wollte man ihn bestrafen, war das Entnazifizierungsverfahren der einzige, aber der einfachere Weg.

Wäre das Problem der strafrechtlichen Anklage gegen Carl Schmitt wirklich „eine unerhört schwierige Frage" gewesen, dann hätte Kempner, der doch ein tüchtiger Jurist war und den Ruf genoß, „keine Gnade walten" zu lassen, „auch nicht ehemaligen Kollegen gegenüber"[41], Kempner also hätte die Vernehmung Schmitts professioneller durchgeführt, nicht „kollegial"[42]. Vor allem hätte er sich auf das Verhör besser vorbereitet: Er kannte den „Fragebogen" Schmitts, in dem auch die Auslandsreisen während des Krieges aufgezeichnet waren, er hätte sich beschaffen können das Protokoll der Vernehmungen im Berliner Interrogation Center vom

---

[39] Die Kontrollratsdirektive Nr. 38 vom 12. Oktober 1946 hatte Todesstrafe, Zuchthaus oder Gefängnis von fünf bis 15 Jahren, Vermögenseinziehung und Berufsverbote für die Gruppe der „Hauptschuldigen" vorgesehen, aber nur in der Sowjetischen Besatzungszone wurde die KRD Nr. 38 unmittelbar angewendet, vgl. *Wolfgang Schuller*, Geschichte und Struktur des politischen Strafrechts der DDR bis 1968, Ebelsbach 1980, S. 25 ff., 107 ff., 239 ff., 263 f. In den westlichen Besatzungszonen richtete man sich im allgemeinen nach dem Muster des Gesetzes der Militärregierung Nr. 104 zur Befreiung von Nationalsozialismus und Militarismus vom 5. März 1946 für die Länder Hessen, Bayern, Württemberg-Baden in der Amerikanischen Besatzungszone. Im einzelnen vgl. *Justus Fürstenau*, Entnazifizierung, Neuwied 1969, S. 57 ff.; *Lutz Niethammer*, Entnazifizierung in Bayern, Frankfurt a. M. 1972, S. 260 ff.; s. auch den Überblick von *Quaritsch*, in: Der Staat 31, S. 540 ff.

[40] Zu diesem Vorgang vgl. *Quaritsch*, in: Der Staat 31, S. 543 ff. FN 84.
Otto Koellreutter (1883–1972), Priv.-Doz. 1912 Freiburg, o. Prof. Halle 1920, Jena 1921, München 1933. Mehrere Bücher zum NS-Staatsrecht 1933–1938.

[41] *Hans-Peter Schwarz*, Adenauer, Bd. 1, Stuttgart 1986, S. 659.

[42] *Kempner*, Ankläger einer Epoche, S. 129: „Wir unterhielten uns sehr kollegial."

September / Oktober 1945 und das Ergebnis der Verhandlungen des Berliner Sicherheits- und Überprüfungsausschusses am 27. Juni und am 2. August 1946, ebenso das noch nicht vergilbte Gutachten von Karl Loewenstein über die Notwendigkeit der Bestrafung Carl Schmitts. In den Universitätsbibliotheken hatten die Besatzungsmächte die juristische Literatur seit 1933 beschlagnahmt, die Privatbibliothek Carl Schmitts ebenfalls; der Ankläger konnte wissen, was Schmitt in jener Zeit publiziert hatte. Kempner enthüllte seine blamable Unkenntnis in Sachen Schmitt noch im dritten Verhör am 29. April mit den Fragen, ob Schmitt Mitglied der SS gewesen, inwieweit er an der „ideologischen Vorbereitung der SS-Ideologie mitgewirkt" habe, und ob er Gottlob Berger kenne, den General der Waffen-SS[43] – mit diesen unsinnigen Fragen gab er Schmitt nur die Gelegenheit, sich durch wahre Antworten entrüstet in den Stand der verfolgten Unschuld zu versetzen. Kempners Vorwürfe waren solche der Moral, nicht der Tatbestände des Kontrollratsgesetzes Nr. 10. Aus dem Großraum-Text warf er ihm lediglich die Bemerkung über die angebliche Beziehungslosigkeit jüdischer Völkerrechtslehrer zu Gebiet und Raum vor. Das bezeugt sein persönliches Betroffensein von antisemitischen Äußerungen. Aber solche Ausfälle konnten nicht dem „Verbrechen gegen die Menschlichkeit" im Sinne des KRG Nr. 10 subsumiert werden. Unter dem Gesichtspunkt des Angriffskrieges und der Eroberung hätten Schmitts Vorstellungen über die hegemoniale Stellung des Reiches in Europa näher gelegen[44]. Darüber verlor Kempner kein Wort. Statt dessen wollte er Schmitt mit dem Pariser „Spionagezentrum" schrecken. Aber aus Schmitts Vortragsreisen 1941–1944 ins Ausland hätten nur sowjetische Ankläger ein Verbrechen konstruiert[45]. Zur Vorbereitung einer Anklage war Kempners Vernehmung schlechterdings stümperhaft, jeder Referendar hätte es besser gemacht. Man kann daraus nur schließen: Kempner war von vornherein von der Unmöglichkeit einer Anklage überzeugt und verfolgte mit der Inhaftierung Schmitts einen anderen Zweck.

Dieser andere Zweck war vermutlich der Wilhelmstraßen-Prozeß[46]. Kempner suchte einen sachverständigen Zeugen, der seine Vorstellungen von der Bedeutung

---

[43] *Gottlob Berger* (1896–1975), enger Mitarbeiter Himmlers, im Wilhelmstraßen-Prozeß zu 25 Jahren Haft verurteilt, 1951 begnadigt und entlassen.

[44] Vgl. „Völkerrechtliche Großraumordnung", S. 49 ff.

[45] Zuerst referierte er 1941 in Paris, und zwar am 16. 10. 1941 über „La mer contre la terre – la contradiction fondamentale dans le droit international" (s. *Eckard Michels,* Das Deutsche Institut in Paris 1940–1944, S. 249), im Mai 1942 über ein verwaltungsrechtliches Thema in Budapest, über die „Lage der europäischen Rechtswissenschaft" auf Einladung der juristischen Fakultäten an den Universitäten in Bukarest (16. 2. 1943), Budapest (11. 11. 1943), Madrid (11. 5. 1944) und Coimbra (16. 5. 1944), über „Cambio de Estructura del Derecho Internacional" am Politikwissenschaftlichen Institut der Universität Madrid (1. 6. 1943) und in Salamanca (Juni 1943), in Madrid über Donoso Cortés (Juni 1944), über „Vitoria" in Salamanca (8. 6. 1943) sowie in Madrid (Mai 1944) und im Juni 1944 in Granada und Lissabon (Mitteilung von Herrn Prof. *P. Tommissen*). Dieser Vortrag ist vermutlich eingegangen in das Vitoria-Kapitel des „Nomos der Erde" (1950), S. 69–96.

[46] Die Anklageschrift wurde am 15. November 1947 eingereicht, das Verfahren vor dem Militärgericht IV wurde am 20. Dezember 1947 mit der sog. Schuldbefragung eröffnet, die

der höheren Ränge der Ministerialbürokratie in Weimarer Zeit für das Regime bestätigen würde. Das Verhör Schmitts war, wie sich aus den „summaries" ergibt, die von jedem der drei Verhöre angefertigt wurden, von vornherein dem Anklagebereich „Ministeries" zugeordnet, eben daraus aber entwickelte die Anklagebehörde den Wilhelmstraßen-Prozeß[47]. Diese Absicht verlautete Kempner allerdings erst am Ende der zweiten Vernehmung am 21. April 1947; vorher hatte er (nicht sehr ernsthaft) versucht, die Aufsätze zur Großraumordnung als Beitrag zum Angriffskrieg zu interpretieren. Jetzt kam er zur Sache:

> „Ich möchte Sie gern etwas fragen, ohne Ihre eigenen Dinge zu berühren. Nehmen wir mal einen Fall auf einem anderen Gebiet. Sie kennen Herrn LAMMERS und als Staatsrechtler seine Stellung. Sie wissen, was ein Reichsminister ist? . . . Jetzt frage ich Sie nicht über Lammers persönlich, sondern über die Stellung des Chefs der Reichskanzlei in einem totalitären Staat. Ich frage Sie als Staatsrechtler, weder als Beschuldigten noch als Angeschuldigten oder Zeugen. Ich frage Sie hier rein als Sachverständigen, warum diese Stellung wichtiger ist als die anderer Reichsminister[48]?"

Nachdem sich Kempner zum Großraum-Vorwurf bereits am 3. April mit einer schriftlichen Stellungnahme Schmitts begnügt hatte, bot Schmitt an, die Frage Kempners zur Position von Lammers schriftlich zu beantworten. Kempner akzeptierte: „Schreiben Sie es einmal in einer kleinen Abhandlung auf"[49]. Schmitt nutzte diese Chance und brachte zum dritten Verhör am 29. April zwei schriftliche Ausarbeitungen mit: Die angeforderten „Staatsrechtlichen Bemerkungen zu der mir gestellten Frage: Die Stellung des Reichsministers und Chefs der Reichskanzlei" sowie eine „Beantwortung des Vorwurfs: Sie haben an der Vorbereitung des Angriffskrieges und der damit verbundenen Straftaten an entscheidender Stelle mitgewirkt".

Die Möglichkeit schriftlicher Äußerung tat Schmitt sichtlich wohl. Es war schon eine Leistung, unter den besonderen Haftbedingungen des Nürnberger Justizgefängnisses innerhalb einer Frist von sechs Tagen zwei Texte zu verfertigen, die in maschinenschriftlicher Fassung über je acht engzeilig beschriebene Seiten gingen.

Als Schmitt am 29. April 1947 seine Stellungnahmen übergab, war er offensichtlich alles andere als niedergedrückt. Kempner quittierte die Übergabe mit der höflichen, aber auch als Drohung zu verstehenden Bemerkung: „Ich werde mir das sehr genau ansehen." Schmitt reagierte mit Witz und Ironie: „Ich bin glücklich,

---

Beweisaufnahme begann am 7. Januar 1948, die Schlußvorträge von Anklagevertretung und Verteidigung waren am 18. November 1948 beendet. Das Urteil wurde am 11. April 1949 verkündet, der (teilweise) Schuldspruch und Strafmaß revidierende Beschluß desselben Gerichts am 12. Dezember 1949.

[47] Interrogation Summary No. 1842. Interrogation of Carl Schmitt, Professor. Interrogated by: Dr. Kempner, 3 April 1947, Nuremberg. Division & Att'y: Ministries – Dr. Kempner. Compiled by: D. Purcell. Entsprechend in den Summaries No. 1992 (21. 4. 1947) und No. 2161 (29. 4. 1947).

[48] S. 3 des Protokolls vom 21. 4. 1947 (hier S. 61).

[49] Ebenda, (hier S. 61).

wieder einen Leser gefunden zu haben. Im allgemeinen sind meine Schriften sehr schlecht gelesen worden. Ich fürchte oberflächliche Leser." Daraufhin gerierte sich Kempner als Fachgenosse: „Ich lese es nicht vom Standpunkt des Strafrechts, sondern auch vom Standpunkt des Verfassungsrechts aus", was der Autor der „Verfassungslehre" vorsorglich unkommentiert ließ.

Der folgende abschließende Teil der Vernehmung am 29. April hätte inhaltlich wohl besser vor einen Entnazifizierungsausschuß gehört; mit der möglichen Anklage wegen Angriffskriegs, Kriegs- und Humanitätsverbrechen hatten die Fragen und Klagen Kempners nichts zu tun. Kempner erwies sich auch als erstaunlich unwissend, sowohl hinsichtlich der belastenden wie entlastenden Momente in Schmitts Vita 1933–1945. Seine Vorwürfe hatten schon in der Vernehmung am 3. April die Grenze zur Lächerlichkeit überschritten, als er Schmitt fragte, ob einer seiner Aufsätze zur Großraumordnung in einer Zeitschrift erschienen sei, die „ein Hakenkreuz in ihrem Verlagssymbol" trug – als wäre das etwas Belastendes gewesen. Wie sollte ein solcher Sachverhalt ein Tatbestandsmerkmal des Angriffskriegs, eines Kriegsverbrechens oder Verbrechens gegen die Menschlichkeit ausfüllen? Deshalb konnte Schmitt die Frage leichten Herzens bejahen, auch wenn ihn seine Erinnerung trog[50]. Andererseits hakte Kempner selbst dann nicht nach, wenn Schmitt offenkundig und wirklich unverschämt log: „Der NS-Juristenbund riß es mir gewissermaßen aus der Zunge heraus." Eine „nationalsozialistische Rechtsprechung" öffentlich zu fordern, mutete Schmitt zwischen 1933 und 1936 gar nichts zu. Er stellte in dieser Zeit noch ganz andere Forderungen[51] – aber Kempner schwieg.

Wichtiger ist dieses Faktum: Kempner beendete die Vernehmung am 29. April 1947 mit der Zusage, Schmitt aus der Haft zu entlassen und dafür zu sorgen, daß er wunschgemäß nicht nach Berlin, sondern nach Westfalen geleitet werde. Tatsächlich wurde Schmitt erst am 6. Mai aus der Haft entlassen, er war aber zunächst noch verpflichtet, im „Haus der freiwilligen Zeugen" (Müggenhofer Straße 2 a) der Anklagebehörde zur Verfügung zu stehen. Jetzt erhielt er sogar Zeugengeld und konnte sich in der Stadt frei bewegen[52]. Kempner sagte also die Entlassung zu, bevor er die schriftliche Verteidigung gegen den Vorwurf der Vorbereitung des Angriffskriegs gelesen hatte; zu diesem Zeitpunkt kannte er nur Schmitts

---

[50] Der „Deutsche Rechtsverlag", in dem seine Schrift „Völkerrechtliche Großraumordnung" zuerst 1939 selbständig erschien (bibliographische Angaben zu den verschiedenen Auflagen s. *P. Tommissen*, FS Schmitt, Berlin 1959, S. 280), führte erst seit 1940 ein Verlagssignet – ohne Hakenkreuz oder ähnliche Bezugnahmen auf NS-Symbole; im einzelnen *P. Tommissen*, Schmittiana V, S. 164. Der Aufsatz „Der neue Raumbegriff in der Rechtswissenschaft", den *Schmitt* später in die „Völkerrechtliche Großraumordnung usw." einfügte, war zuerst in der Zeitschrift „Raumforschung und Raumplanung" (4. Jg. 1940, S. 440–443) erschienen, die als Erzeugnis des Kurt Vowinckel Verlages (Heidelberg, Berlin) ohne Hakenkreuz auskam und überhaupt kein Verlagssignet führte.

[51] Vgl. die ausführliche Zitaten-Sammlung von *Bernd Rüthers*, Carl Schmitt im Dritten Reich, 2. Aufl., München 1990.

[52] Brief von *Schmitt* an seine Frau *Duška Schmitt* vom 6. Mai 1947.

Stellungnahme zur „Großraumordnung". Da sich die mündlichen Vernehmungen unsystematisch und nur oberflächlich – um den Ausdruck „spielerisch" zu vermeiden, der eigentlich besser paßte – mit der strafrechtlichen Verantwortung Schmitts befaßt hatten, darf man schließen: Kempner wußte von vornherein um die Aussichtslosigkeit einer Anklage gegen Schmitt aufgrund des Art. 2 KRG Nr. 10. Dazu war er auch zu intelligent und im April 1947 zu erfahren im Nürnberger Anklagegeschäft.

3. Der Ankläger erinnert sich

Kempner behauptete nach vielen Jahren, er habe Schmitt in Nürnberg aufgefordert, sich einmal anzuklagen und ein zweites Mal zu verteidigen, eine Behauptung, die er zwischen 1973 und 1991 in fünf Versionen vortrug:

„Ich ließ Carl Schmitt über einige Themen schreiben. Er sollte auch selbst zu zwei gegensätzlichen Thesen Stellung nehmen: ‚Warum ich ein Kriegsverbrecher bin' sowie zu der Gegenthese ‚Und warum ich kein Kriegsverbrecher bin'[53]."

„Schreiben Sie eine Abhandlung, warum Sie angeklagt werden müssen, und schreiben Sie gleichzeitig eine zweite, warum Sie nicht als Kriegsverbrecher angeklagt werden können. Er kam dann nach fünf, sechs Tagen mit den beiden Aufsätzen zu mir. Meine Assistentin und ich lasen sie in seiner Gegenwart durch. Ich kam gleich zu dem Ergebnis: ‚Der Aufsatz, der besagt, daß Sie nicht angeklagt werden dürfen ist besser, und zwar deshalb, weil Sie eben nicht in die Londoner Charta, unser Gerichtsverfassungsgesetz, hineinpassen ...' Der zweite Aufsatz war sehr schwach. Und da sagt er nebenher: ‚... außerdem, was wollen Sie mit meinen Ansichten über Angriffskriege? Da haben andere ganz andere Sachen geschrieben; der Krieg sei das letzte Mittel im Völkerrecht. Und solche Leute werden auch nicht bestraft.' Ich bin darüber hinweggegangen und habe gesagt: Herr Professor Schmitt, gehen Sie nach Hause! ...[54]."

„... forderte ich ihn auf, mir zwei Aufsätze zu schreiben: In dem ersten sollte er sämtliche Argumente zusammenfassen, aus denen seine Schuld als Kriegsverbrecher hervorginge, da er Angriffskriege für rechtmäßig gehalten habe. In dem anderen Aufsatz sollte er auseinandersetzen, warum dies nicht der Fall sei und er nicht unter die Voraussetzungen für eine Anklage als Kriegsverbrecher falle. Es ging kurz gesagt um das Problem: Hat Carl Schmitt

---

[53] „Die Mahnung" v. 1. 10. 1973, S. 4 = „Der Aufbau" v. 24. 8. 1973, S. 9. – Normalerweise ist der Vertreter einer Anklagebehörde nicht befugt, einem Untersuchungshäftling Schreibaufträge zu erteilen. Mit den Nürnberger Besonderheiten war *Kempner* offenbar so verwachsen, daß sich ihm die Feder keineswegs sträubte, als er 25 Jahre später über seine Praktiken berichtete.

[54] *Kempner,* Ankläger einer Epoche, S. 129/30. Unverständlich ist die Bezugnahme auf „die Londoner Charta, unser Gerichtsverfassungsgesetz". Die Londoner Charta vom 8. August 1945 galt nur für den Nürnberger IMT-Prozeß gegen die „major war criminals". Die zwölf Nachfolgeprozesse wurden materiellrechtlich auf der Grundlage des KRG Nr. 10 vom 20. 12. 1945 abgewickelt, die „Gerichtsverfassung" begründete die Verordnung Nr. 7 der amerikanischen Militärregierung vom 18. 10. 1946 mit Ergänzung durch die VO Nr. 11 vom 17. 2. 1947.

die Jugend vergiftet? Auf das er zusammenfassend antwortete: Ich fühlte mich Hitler geistig überlegen[55]."

„Schreiben Sie zwei Aufsätze, warum ich angeklagt werden soll (die Jugend verführt, zum Kriege getrieben usw.), oder warum ich nicht angeklagt werden soll[56]."

„Zur Nachprüfung seiner Aussagen ließ ich ihn in der Haft zwei Manuskripte anfertigen: In dem einen sollte er die Gründe für die Strafbarkeit seiner Tätigkeit ausarbeiten, in dem anderen die Gründe für seine Unschuld. Nach vier Wochen Haft erhielt ich das Gesamtergebnis: ‚Ich bin ein intellektueller Abenteurer'. Ich antwortete ihm kurz: ‚Fahren Sie nach Hause!'[57]."

Die Protokolle der drei Vernehmungen Schmitts sind eindeutig, Kempner hat die Forderung nach einer Selbstanklage auch sinngemäß nicht zum Ausdruck gebracht; im Nachlaß Kempners sind ebenfalls keine derartigen Aufsätze enthalten[58]. Es wäre dies auch ein juristisch unsittliches Ansinnen gewesen, das Kempners Ansehen jedenfalls bei den Fachgenossen ziemlich beschädigt hätte. Für solche Spielereien ist das Strafverfahren eine zu ernste Angelegenheit. Weshalb Kempner dieses Märchen 26 Jahre später in sein Schmitt-Repertoire aufnahm, ist rätselhaft – wollte er auf diese Weise die angebliche Proteus-Natur Schmitts illustrieren?

Nach den offenkundig vollständigen Wortprotokollen ist von folgendem feststehenden Sachverhalt auszugehen: Kempner räumte Schmitt am Ende der ersten Vernehmung am 3. April 1947 die Möglichkeit ein, sich gegenüber dem Vorwurf der wissenschaftlichen Untermauerung von Kriegsverbrechen, Verbrechen gegen die Menschlichkeit und „zwangsweise Ausdehnung und Ausweitung des Großraumes" schriftlich zu verteidigen („Wollen Sie evtl. aufschreiben, was Sie zu sagen haben? Inwieweit haben Sie die theoretische Untermauerung der Hitlerischen Großraumpolitik gefördert?"). Diese Stellungnahme I („Großraum") übergab Schmitt am 21. April („Darf ich es Ihnen überreichen?"). Den langen Text hätte Kempner weder allein noch zusammen mit seiner Assistentin auf der Stelle lesen können, dementsprechend antwortete er nach dem Protokoll: „Ich muß mir das natürlich in Ruhe einmal durchlesen."

Zugleich präzisierte und weitete Kempner „die Theorie der Staatsanwaltschaft" aus, indem nunmehr nicht die „Zustimmung" zum Angriffskrieg durch Schmitts Großraumtheorie, sondern die „gehobene, politische, staatliche ... Stellung" im Sinne des Art. 2 Nr. 2 KRG Nr. 10 in den Vordergrund trat:

„Haben Sie an der Vorbereitung usw. von Angriffskriegen und anderer damit verbundener Straftaten an entscheidender Stelle mitgewirkt? ... Unsere Theorie über das Wort: ‚entscheidende Stelle': Steht nicht einer der führenden Universitätsprofessoren auf diesem Ge-

---

55 *Kempner,* „Nachruf" in: Die Mahnung 32, Nr. 5 v. 1. 5. 1985, S. 4.

56 Bei *Wollenberg,* 1991, S. 106.

57 *Kempner,* Leserbrief „Preußens Ende": FAZ v. 29. 4. 1991.

58 Wohl nicht zufällig verzichtete *Kempner* auf diesen Punkt in dem Interview, das er *Wieland* 1983 gab; *Wieland* war zu ihm mit den drei Wortprotokollen von Nürnberg gekommen.

biet, an einer mindestens so entscheidenden Stelle, wie andere hohe Staats- oder Parteibeamte?"

Diese zweite Vernehmung am 21. April endete mit dem Auftrag, über die Stellung des Staatssekretärs Lammers zu gutachten.

Zur dritten und letzten Vernehmung am 29. April brachte Schmitt zwei Ausarbeitungen mit, nämlich seine Stellungnahme II zu der Frage „Haben Sie an der Vorbereitung von Angriffskriegen mitgewirkt usw.?" und die Stellungnahme III „Aufzeichnung über die staatsrechtliche Stellung des Reichsministers und Chefs der Reichskanzlei".

Auch sonst widersprechen Kempners Erinnerungen dem eindeutigen Wortlaut der drei Protokolle. Kempner erklärte nicht:

„Sie haben die Jugend Schlechtes gelehrt, Sie haben die jüdischen Mitarbeiter rausgeschmissen[59]."

In der zweiten Version hat Kempner solches nicht erklärt, sondern nur gewußt,

„daß er z. B. an der Universität Köln dafür gesorgt hatte, daß ein jüdischer Assistent entlassen wurde – ich habe diesen Mann später im Wiedergutmachungsverfahren vertreten (der Name fällt mir im Moment nicht ein)"[60].

In seinem „Nachruf" ging Kempner am weitesten, indem er behauptete, Schmitt habe die Hilfe bei der Beseitigung jüdischer Hochschullehrer usw. selbst zugestanden:

„Schmitt hat sich nach dem Machtantritt Hitlers im Jahre 1933 an der Beseitigung jüdischer Dozenten aus ihren Lehrstühlen beteiligt und sie dadurch in die Vergessenheit gestoßen, daß er ihre Namen in wissenschaftlichen Veröffentlichungen nicht mehr zitierte. Dies hat er mir auch persönlich zugegeben, als ich ihn im Jahre 1947 ... in Nürnberg vernahm[61]."

Schließlich: Das Kaufmann-Zitat brachte Carl Schmitt bereits in der ersten Vernehmung am 3. April, nicht bei der Übergabe des (nicht existierenden) zweiten Aufsatzes, wie Kempner sich so genau zu erinnern meinte:

„Und da sagt er nebenher: ‚... außerdem, was wollen Sie mit meinen Ansichten über Angriffskriege? Da haben andere ganz andere Sachen geschrieben; der Krieg sei das letzte Mittel im Völkerrecht. Und solche Leute werden auch nicht bestraft.' Ich bin darüber hinweggegangen und habe gesagt: ‚Herr Professor Schmitt gehen Sie nach Hause! ...'"[62].

---

[59] *Kempner,* Ankläger einer Epoche, S. 129.

[60] Bei *Wieland,* Carl Schmitt in Nürnberg, in: „1999", S. 102. Der Vorwurf, *Schmitt* habe für die Entlassung eines jüdischen Assistenten der Kölner Fakultät gesorgt, ist eine Variante der Kölner Schmitt-Legende; für sie findet sich in den Kölner Universitätsakten ebensowenig ein Beleg wie für Schmitts angebliche Verantwortung für die Entlassung von *Hans Kelsen,* s. *Frank Golczewski,* Kölner Universitätslehrer und der Nationalsozialismus, Köln 1988, S. 302.

[61] „Die Mahnung" 32, Nr. 5 vom 1. 5. 1985, S. 4.

[62] *Kempner,* Ankläger einer Epoche, S. 129/130.

Nach alledem erscheint es am wahrscheinlichsten: Kempner wollte in Schmitt einen sowohl sachverständigen wie belastenden Zeugen für den Wilhelmstraßen-Prozeß gewinnen. Unter diesem Gesichtspunkt gestaltete Kempner seine Vernehmungen nicht ohne Geschick. Einleitend der „dringende Tatverdacht" der Teilnahme an den drei großen Nürnberger Verbrechen: Angriffskrieg, Kriegsverbrechen, Verbrechen gegen die Menschlichkeit wegen Unterstützung der Großraumpolitik Hitlers. Kempner wies zunächst den Strick vor, er ließ den „possible defendant" jedoch bald merken, daß dieser Drohung der letzte Ernst fehlte. Konkret erhob Kempner nur moralische Vorwürfe („Hitlerstil", „Goebbelsstil"), auch die Verbindung zum angeblichen Spionagezentrum in Paris hörte sich nur gefährlich an[63]. Zwar hielt Kempner die Drohlage bis zum letzten Verhör aufrecht – Schmitt sollte sich nicht zu sicher fühlen –, aber im zweiten Verhör kam die Wende:

> „Ich frage Sie als Staatsrechtler, weder als Beschuldigten noch als Angeschuldigten oder Zeugen. Ich frage Sie hier als Sachverständigen, warum..."

Wurde das zweite Verhör mit einem Auftrag für den Sachverständigen beendet, so ist Schmitt im dritten Verhör wieder „defendant", der sich schämen soll. Kempner hatte Schmitt zwar in der Hölle gesehen („Wann haben Sie dem Teufel abgeschworen?"), jedoch nicht ohne Aussicht auf Rückkehr, er wollte ihn als willigen Mitarbeiter gewinnen. Ein verstockter Schmitt hätte ihm nichts genützt. Schmitt hatte sich geschickt gewehrt[64], sieht man ab von dem noch zu erörternden Kaufmann-Zitat. Aussichtslose Positionen verteidigte er nicht. Wenn sich Kempner juristisch vergaloppierte, unterließ er – obgleich seine Fachkompetenz beansprucht wurde – eine professorale Korrektur; Schulmeisterei hätte den temperamentvollen Ankläger nur gereizt[65].

Er beantwortete konkrete Fragen tunlichst mit unerwarteten Allgemeinheiten, die Kempner immer wieder in die dünne Luft Schmittscher Reflexionshöhe lock-

---

[63] Über das „Deutsche Institut" s. die gründliche Monographie von *Eckard Michels, Das Deutsche Institut in Paris 1940–1944. Schmitt* hatte dort am 16. 10. 1941 über „Land und Meer" referiert (vgl. FN 45). Im 1. Jahrgang der von *Karl Epting,* Leiter des Instituts, herausgegebenen Zeitschrift „Deutschland – Frankreich" publizierte *Schmitt* seinen Aufsatz „Die Formung des französischen Geistes durch die Legisten" (2/1942), wiederabgedruckt in: Maschke, *C. Schmitt,* Staat, Großraum, Nomos, S. 184–210, 210–217 (Anm. d. Hrsg.); s. auch *Michels,* a. a. O., S. 243 ff.

[64] Das hebt auch sein Biograph *Paul Noack* hervor (Carl Schmitt, S. 242).

[65] Die erste Vernehmung am 3. April 1947 leitete *Kempner* mit der wohl als Einschüchterung konzipierten Frage ein: „Ich nehme an, daß Sie als Professor des Öffentlichen Rechts genau wissen, was ein Angriffskrieg ist. Stimmen Sie mit mir darüber überein, daß Polen, Norwegen, Frankreich, Rußland, Dänemark, Holland überfallen worden sind? Ja oder nein?" Frankreich gehörte nicht in diese Reihe. Die französische Regierung hatte am 3. September 1939 den Krieg erklärt. Der deutsche Einmarsch am 10. Mai 1940 war eine Kriegshandlung, die das Völkerrecht nicht als „Angriffskrieg" wertete. Demgemäß hatte das Nürnberger IMT im Hauptkriegsverbrecher-Prozeß in diesem Zusammenhang allein den „Einfall in Belgien, Niederlande und Luxemburg" als Angriffskrieg und Verletzung des Kellogg-Paktes gewertet (IMT XII, S. 511 ff.). In Kempners Aufzählung fehlten neben Belgien und Luxemburg auch Jugoslawien und Griechenland (IMT XII, S. 513 ff.).

ten und ihn mehr verwirrten als aufklärten. Eben dieser Verwirrung ist es wohl zu-zurechnen, daß Kempner später die Vernehmung Schmitts eine seiner „interessan-testen Vernehmungen" nannte[66], obgleich substantiell kaum etwas dabei herausge-kommen war. Schmitt schämte sich seiner NS-Schriften, aber mit dem pauschalen Eingeständnis:

„Es ist schauerlich, sicher. Es gibt kein Wort darüber zu reden",

entzog er Kempner das Motiv, das Thema fortzuführen. Dagegen verwahrte er sich auch:

„Ich finde es nicht richtig, in dieser Blamage, die wir da erlitten haben, noch herumzuwüh-len",

was heißen sollte: Nachdem wir verloren und zugestanden haben, daß wir uns mit „schauerlichen" Thesen „blamierten", ist eine Fortsetzung der Anklagen und Vor-würfe überflüssig und unfair. Kempner verteidigte sich zwar („Ich will nicht her-umwühlen"), nahm im übrigen diese Zurechtweisung hin und beendete das Ge-spräch. Gedemütigt, aber als Staatsrechtslehrer anerkannt und als gutachtender Sachverständiger akzeptiert, wird Schmitt sieben Tage später aus dem Gefängnis entlassen, aber nicht in die Freiheit: Er muß im Zeugenhaus für Kempner arbeiten, soll privatissime et gratis die Frage beantworten, warum die Staatssekretäre Hitler gefolgt sind.

4. Einzelhaft für den Sachverständigen

Wenn das Lammers-Gutachten und das Gutachten über die Staatssekretäre der eigentliche Grund für die Anwesenheit Schmitts in Nürnberg gewesen sind: Wie konnte die Anklagebehörde Schmitt fünf Wochen in einer Einzelzelle des Justizge-fängnisses festhalten?

Diese (niemals gestellte und erörterte) Frage mag manchen Zeitgenossen und Nachgeborenen überflüssig oder unschicklich erscheinen, weil Schmitt es als ein-stiger und wortgewaltiger Vertreter des NS-Staates „nicht besser verdient" habe und das Regime selbst mit seinen Feinden viel ärger umging. Wer was „verdient" hat, entscheiden auch in unruhigen Zeiten, besonders unter der Okkupation, nicht die ungeordneten Gefühle von Laien, sondern die Regeln des Rechts. Unter dem NS-Regime wurde außerhalb des Rechts verhaftet, gefoltert und getötet. Dieser Sachverhalt gewährt aber den Gegnern des NS keine Blankovollmacht zu beliebi-ger Freiheitsentziehung. Auch ziehen Vergleiche dieser Art die westlichen Besat-zungsmächte auf die Ebene des NS-Regimes. Abgesehen von der bekannten Pro-blematik historischer „Aufrechnungen": hier fehlt die Vergleichbarkeit, also die Gegenseitigkeit als Voraussetzung jeder Aufrechnung. Die Westmächte hatten nach ihrem eigenen Vorbringen zur Wiederherstellung der europäischen Zivilisati-

---

66 Die Mahnung, 1973, S. 4.

on, also auch von Recht und Gerechtigkeit den Zweiten Weltkrieg geführt. Sie müssen sich daher an ihren eigenen Maßstäben messen lassen. Das entsprach auch dem Selbstverständnis der in Nürnberg rechtsprechenden amerikanischen Richter[67]:

„Die Militärgerichte sind nicht errichtet worden und in Tätigkeit getreten, um an einem unterlegenen Gegner Rache zu üben. Wenn dies der Zweck gewesen wäre, dann hätte er durch Hinrichtungskommandos, Schafotte oder Gefangenenlager erreicht, und die Zeit und Arbeit erspart werden können, die in so reichem Maße auf diese Verfahren verwendet worden ist. Dann aber würden die alliierten Mächte sich derselben Methoden bedient haben, die während des Dritten Reiches nur zu oft zur Anwendung gekommen sind. Es wäre ungerecht, wenn wir an die Angeklagten, nur weil sie Deutsche sind, nicht dieselben Maßstäbe von Pflichterfüllung und Verantwortlichkeit anlegen würden, die für die Beamten der alliierten Mächte und alle anderen Völker Geltung haben. Auch Deutsche dürfen nicht für eine Handlung oder ein Verhalten bestraft werden, das bei Amerikanern, Engländern, Franzosen oder Russen nicht zu einem Strafverfahren und einer Verurteilung führen würde[68]. Mit Sorgfalt und Vorsicht müssen wir vermeiden, die Angeklagten mit einem Maß zu messen, das nicht auch bei anderen angewendet werden kann und muß, gleichgültig, ob sie zu dem Volke der Sieger oder der Besiegten gehören."

Die Staatsanwaltschaft darf Zeugen, welcher Art auch immer, nicht inhaftieren. „Beugehaft" darf nur bei Verweigerung der Aussage und allein durch den Richter verhängt werden (§ 70 StPO). In jenen Tagen konnte die amerikanische Anklagebehörde jedoch frei über die Behandlung eines Zeugen entscheiden: Sie konnte ihn als „possible defendant" isoliert einsperren oder im sog. freien Zeugenflügel („witness-wing") inhaftieren[69].

Die dritte Möglichkeit blieb den „freundlichen", den Zeugen der Anklage vorbehalten, nämlich das „Haus der freiwilligen Zeugen" in der Müggenhofer Straße 2 a. Hier mußten sich die Zeugen nur zur Verfügung der Anklagebehörde halten – mit der für Deutsche damals paradiesischen amerikanischen Armeeverpflegung und der Möglichkeit freien Ausgangs in die Stadt. Die (wie Schmitt) eingesperrten Zeugen hingegen waren so untergebracht:

„Eine ... jedem Ehrgefühl hohnsprechende Leibesvisitation leitete mein Leben als Zeuge ein. Mit schlappenden Schuhen ohne Schnürsenkel, die Hose festhaltend, da mir Gürtel und Hosenträger abgenommen worden waren, ohne Schlips, mit einem kleinen Pappkarton unter dem Arm, verließ ich die Untersuchungszelle, um in einer Einzelzelle zu verschwinden, die ich mit Ausnahme der täglichen ... auf dem Gefängnishof zu absolvierenden Spa-

---

[67] Urteil des amerikanischen Militärgerichts IV vom 11. 4. 1949 im Wilhelmstraßen-Prozeß, in: Der Wilhelmstraßen-Prozeß, S. 4.

[68] Den Richtern war die abweichende Praxis wohl nicht bekannt oder nicht gegenwärtig.

[69] In diesem Teil des Justizgefängnisses waren die Haftbedingungen für Zeugen gelockert, sie lebten in offenen Zellen und konnten sich gegenseitig besuchen, durften sich selbst rasieren, wozu sie wöchentlich eine Rasierklinge erhielten. Auch erhielten sie eine Ration Tabak, vgl. die Vernehmung des Zahnarztes Blaschke, in: *Kempner,* Das Dritte Reich im Kreuzverhör, 1969, S. 59, sowie besonders *Friedrich Grimm,* Mit offenem Visier. Aus den Lebenserinnerungen eines deutschen Rechtsanwalts, Leoni 1961, S. 265 ff.

ziergänge die nächsten sechs Wochen nicht wieder verlassen durfte ... Die Einrichtung der Zelle war spartanisch ... Tisch, Stuhl oder Schemel fehlten ebenso wie irgendeine Möglichkeit, Mantel, Mütze oder Handtuch aufzuhängen. Der Zelleninsasse konnte nur stehen ... (in alle Richtungen jeweils stets nur ein paar) Schritte gehen oder auf der Pritsche sitzen[70]."

Daß diese Beschreibung grosso modo auch für Schmitts Zelle zutraf, erhellt seine Bemerkung gegenüber Kempner am 21. April bei der Übergabe seiner Stellungnahme zum Thema Großraum:

„Es hat lange gedauert, weil ich den Tisch so spät bekommen habe."

Immerhin hatte Kempner ihm auch Papier und Schreibzeug verschafft, für Schmitt offensichtlich ein Lebenselixier, das ihn seine Umgebung leichter ertragen ließ, die zusätzlich so beschrieben wird:

„Die Zellen waren seit Jahren offensichtlich nicht instandgesetzt, verkommen und kalt. Die zwei bis drei täglichen Heizstöße von jeweils nur wenigen Minuten Dauer waren so schwach, daß sie meist gar nicht bis in die Rohre der Zellen drangen. Die Fenster schlossen nicht; viele Scheiben waren zerbrochen. Für Reparaturen fehlten sowohl Arbeitskräfte als auch Material. Nicht einmal Pappe stand zur Verfügung. Zu der Kälte kam Zugluft. Die Wände, von denen der Kalk in Stücken herunterfiel, waren verschmiert und dreckig. In den großen Rissen hausten Mäuse. Die Spülklosetts waren nicht in Ordnung und verpesteten mit ihrem Gestank die ganze Gefängnishalle. Die Beleuchtung bestand in den meisten Zellen aus so schwachen Lampen, daß die Inhaftierten meist nur in den kurzen Mittagsstunden lesen und schreiben konnten[71]."

Schmitt deutete den unerfreulichen Zustand seiner Zelle an, als er am 29. April auf die Absicht Kempners, sich „draußen" mit ihm weiter zu unterhalten, mit der Bemerkung reagierte:

„Das wäre mir aus gesundheitlichen Gründen angenehm."

Schmitt nutzte zwar Kempners Tisch und Schreibzeug nicht nur zur Abfassung der gebotenen Stellungnahmen. Seine Aufzeichnung: „Weisheit der Zelle – April 1947", schilderte jedoch nicht die tatsächlichen Umstände der Nürnberger Haft, sublimierte vielmehr die Lage des isolierten Gefangenen überhaupt[72]. Die äußere Miserabilität seiner Nürnberger Zeit läßt sich nur mittelbar aus den Briefen an seine Frau erschließen, mittelbar deshalb, weil er sie stets über sein Befinden zu

---

[70] Bei *Maser*, Nürnberg, S. 110–11; Bericht des Generals von Korman, Zeuge der Verteidigung, als „possible defendant" inhaftiert (S. 629).

[71] *Maser*, Nürnberg, S. 111/12.

[72] Ex captivitate salus, S. 79–91. In dem von *Günter Maschke* übersetzten Prolog zur spanischen Ausgabe des Buches schrieb *Schmitt* 1960: „Wenn das Opfer einer derartigen Maschinerie in einem Buche zu solchem Thema spricht, dann ist es weniger wichtiger, daß er sagt, was es *fühlt;* wichtig ist vor allem, daß es sagt, was es unter dem Zwang dieser Situation *denkt.* Alle Würde des Menschen faßt sich in seinem Denken zusammen" (*Tommissen,* Schmittiana II, S. 141). Mit dem letzten Satz zitierte *Schmitt* eine bekannte Sentenz von *Blaise Pascal.*

beruhigen suchte. Als erfahrener US-Häftling hatte er vorgesorgt und sich bei seiner Verhaftung entsprechend ausgerüstet:

„Es ist manchmal etwas kalt in der Zelle, aber ich friere nicht bei den guten Wolldecken. Das Kopfkissen und die schöne dicke Decke sind wunderbar, auch die Flanellbinde von der guten Tante . . . [unleserlich] und das Mützchen. Ich habe auch den Nescafe und das Fett aus den Dosen in die Zelle nehmen dürfen, auch den Zucker. Wenn Sie etwas in Dosen schicken, kann es nur umgegossen werden. Vorigen Mittwoch bin ich auch rasiert worden . . . [73]."

Drei Tage später erwähnt er noch einmal „Kaffee, Zucker und ein Stückchen Speck", außerdem: „Gestern bin ich wieder rasiert worden". Das bedeutete: Die Häftlinge, die eigenes Rasierzeug nicht besitzen durften, wurden alle sechs Tage zum Barbier geführt, eine Funktion, die von deutschen Kriegsgefangenen unter der Aufsicht amerikanischer Bewacher ausgeübt wurde[74]. Ob beabsichtigt oder nicht: die durchweg im fünften bis siebten Lebensjahrzehnt stehenden Häftlinge sahen sich ohne die gewohnte tägliche Naßrasur auf den Status von Landstreichern herabgewürdigt. Als besonderen Vorzug beschreibt Schmitt „die Erlaubnis, meine beiden Brillen tagsüber in meiner Zelle zu haben, abends muß ich beide abliefern[75]."

Unter normalen Bedingungen kann die Anklagebehörde allein auch einen mutmaßlichen Angeklagten („possible defendant") niemals längere Zeit in Untersuchungshaft nehmen. Die Inhaftierung ist nur aufgrund eines richterlichen Haftbefehls zulässig, wenn der Beschuldigte der Tat dringend verdächtig ist und (zusätzlich) ein Haftgrund besteht, z. B. Fluchtgefahr (§ 112 StPO). Nach der Inhaftierung ist der Beschuldigte unverzüglich, spätestens am Tage nach der Ergreifung einem Richter vorzuführen, der über die Dringlichkeit des Tatverdachts und die Haftgründe befindet und entweder die Fortsetzung, die Freilassung oder Aussetzung der Haft verfügt (§§ 114 ff. StPO). Grundsätzlich galt diese Regelung seit dem 19. Jh. überall in Europa; in den Vereinigten Staaten entscheidet eine „Jury" über die Fortdauer der Untersuchungshaft. In „Nürnberg" wie auch sonst in Deutschland unter der alliierten Besatzung galten diese Grundsätze nicht. Die Anklagebehörde entschied allein über die Verhaftung, den Haftbefehl vollzog das Militär. Die Fortdauer der Untersuchungshaft oder Freilassung verfügte vor Eröffnung eines Gerichtsverfahrens wiederum allein die Anklagebehörde. Strafprozessual betrachtet war das eine unzivilisierte Situation, sie ist aber deutbar durch die Besatzungslage in Deutschland. Auch die westlichen Besatzungsmächte internierten alle Personen, die sie als potentielle Gefahr für ihre Truppen und die Ziele der Besetzung betrachteten. Zwischen 1945 und 1948 befanden sich in den Internierungslagern der westlichen Besatzungszonen mindestens 200 000, wahrscheinlich um 290 000 Inter-

---

[73] Brief an seine Frau *Duška Schmitt* vom 6. 4. 1947. Die Eheleute Schmitt folgten der zu jener Zeit im französischen Großbürgertum noch anzutreffenden Sitte des gegenseitigen Siezens, was die vielen deutschen Gäste im Hause Schmitt zum Vergnügen der Tochter Anima stets zu verwirren pflegte.

[74] Die Nürnberger „Hausordnung für Gefangene" ist abgedr. bei *Maser*, Nürnberg, S. 105 ff.

[75] Geschrieben am 9.4. als Fortsetzung seines am 6.4. begonnenen Briefes an seine Frau.

nierte[76]. Eine richterliche Nachprüfung war ausgeschlossen, über die Entlassung entschieden die Militärbehörden mit oder ohne deutsche Nachprüfungsausschüsse. Es war dies auch in den anglo-amerikanischen Besatzungszonen der Habeas-corpus-Staaten kein Sonderrecht für Deutsche. Genauso war in den Vereinigten Staaten verfahren worden, als 1942 bis 1944 etwa 112 000 Personen japanischer Abstammung, davon 70 000 mit amerikanischer Staatsangehörigkeit, in Lagern des Mittelwestens interniert wurden. Congress und Supreme Court hatten diese Maßnahme als Sicherungsmaßnahme im nationalen Notstand (state of emergency) gerechtfertigt[77].

Die Nürnberger Anklagebehörden sahen bei der Inhaftierung von „possible defendants" keinen Anlaß, dem Habeas-corpus-Prinzip zu folgen: Konnten schon alle Ortsgruppenleiter der NSDAP, Regierungsräte und andere gefährliche Personen ohne richterliche Nachprüfung jahrelang interniert werden, dann durfte die Anklagebehörde erst recht mutmaßliche Kriegsverbrecher einsperren, sei es in Nürnberg selbst, sei es in besonderen Lagern wie Ludwigsburg in der amerikanischen Zone und Bad Nenndorf in der britischen Zone. Dieser Erst-recht-Schluß war juristisch absurd, denn die fehlende richterliche Nachprüfung der Internierung wurde mit dem bloßen Sicherungscharakter dieser Maßnahme begründet, durfte daher nicht auf „possible defendants" übertragen werden oder gar auf Zeugen. Nach dem KRG Nr. 10 konnte nur verhaftet werden, wer „der Begehung eines Verbrechens verdächtig ist" (Art. 3). Eine sehr weit gefaßte Klausel desselben Gesetzes ermächtigte die Besatzungsbehörden zu „geeigneten Maßnahmen ... damit Zeugen und Beweismittel im Bedarfsfalle verfügbar sind" (Art. 3 I c). Die Anklagebehörde verstand wohl die Inhaftierung im Nürnberger Justizgefängnis als eine solche „geeignete Maßnahme". Auch im Hinblick auf das zerstörte Nürnberg und mangelnden Wohnraum – die meisten noch intakten Häuser waren von der amerikanischen Besatzungsmacht, besonders den Anklage- und Justizbehörden belegt – wäre die strenge Einzelhaft im Gefängnis aber gewiß eine exzessive und daher unzulässige Interpretation des Gesetzes. Die Rechtsfrage steht indes hier nicht zur Debatte, nur das Faktum: Die Anklagebehörde entschied über das Schicksal von Zeugen und „possible defendants" ohne richterliche Kontrolle[78]. Selbst freiwillige Zeugen, die nur gebeten worden waren, sich an einem bestimmten Tag im Justizpalast zu melden, konnten wochen- und monatelang wie verurteilte Verbrecher in Einzelhaft gehalten werden, um ohne Verhör wieder entlassen zu werden[79]. Auf öffentliche Be-

---

76 Überblick und Nachweise bei *Quaritsch,* in: Der Staat 31, S. 533 ff. Ausführlich *Schöbener,* Die amerikanische Besatzungspolitik und das Völkerrecht, S. 434 ff.

77 Nachweise bei *Quaritsch,* a. a. O., S. 534.

78 *Robert Kempner* ist in seinem Aufsatz „Amerikanische Militärgerichte in Deutschland" auf diese Frage nicht eingegangen; sie war ihm aber bewußt, denn er bemerkt ausdrücklich, der Grundsatz „Habeas corpus" sei von den amerikanischen Behörden und Militärgerichten beachtet worden. Das galt jedoch nur, soweit sie Delikte verfolgten, die unter amerikanischer Besatzungshoheit begangen worden waren, also seit 1945 (vgl. FS Martin Hirsch, Baden-Baden 1981, S. 145, 148 ff.).

anstandung dieses Verfahrens behauptete die Militärregierung, diese Zeugen seien alle Verbrecher[80]. Unter diesen Umständen hatte Schmitt eigentlich noch Glück: Er brachte nur fünf Wochen im Nürnberger Gefängnis zu, wurde dreimal in zivilisierter Form vernommen – das soll bei Kempner nicht selbstverständlich gewesen sein[81] – und durfte sogar drei Stellungnahmen schreiben. Er verdankte dies dem persönlichen Interesse Kempners an dem berühmten Wissenschaftler, wofür sich Schmitt später mit dem Kompliment bedankte: „... aber mit Kempner bin ich ins Gespräch gekommen[82]."

Die weitreichenden und unüberprüfbaren Befugnisse ermöglichten der Anklagebehörde, auf Zeugen Druck auszuüben. Die Unterbringung im Justizgefängnis und im Zeugenhaus unterschieden sich mehr als deutlich, zumal für Zeugen und „possible defendants", die sich mindestens im fünften, meistens im sechsten und siebten Lebensjahrzehnt befanden[83]. Es lag nahe, die Entlassung aus dem Gefängnis und die Verlegung ins Zeugenhaus als Lohn für Wohlverhalten zu verstehen; welche Anklagebehörde der Welt hätte sich eine solche Chance entgehen lassen, Zeugen zum Reden (im Sinne der Anklage) zu bringen? Alle Umstände gestatten jedenfalls diese Vermutung: Kempner glaubte, die Anklagedrohung und die Einsamkeit der unwirtlichen Nürnberger Zelle würden Schmitt zu einer Stellungnahme veranlassen, die er im Wilhelmstraßen-Prozeß gegen die Staatssekretäre verwenden könnte. Mit einer solchen Technik ist Kempner auch sonst aufgefallen.

So etwa im Falle von Dr. Hans Globke (1898 – 1973), Kollege Kempners im preuß. Innenministerium bis zu dessen Emigration, seit 1950 Ministerialdirektor, Staatssekretär 1953 – 1963 in Adenauers Kanzleramt, das er zu einem hervorragenden Regierungsinstrument ausbaute. Globke hatte mit seinem neuen Vorgesetzten im Reichsinnenministerium, Staatssekretär Wilhelm Stuckart, die 1935 erlassenen Rassegesetze erläutert („Reichsbürgergesetz vom 15. September 1935 u. a.", München 1936). Im Wilhelmstraßen-Prozeß war er „freundlicher Zeuge" der Anklage, u. a. gegen seinen früheren Vorgesetzten und Co-Autor Stuckart[84]. Das an Globke gerichtete Schreiben Kempners vom 13. Mai 1950, ein sog. Per-

---

[79] *Maser,* Nürnberg, S. 120 f., unter Hinweis auf den Bericht des Generals von Korman.

[80] Mit diesem Argument antwortete *George S. Martin* („Die Zeit" vom 12. 2. 1948, S. 3) auf die Kritik von *Richard Tüngel* „Nürnberger Recht" („Die Zeit" v. 22. 1. 1948). Wäre dieser „Deputy Public Relations Officer" weniger überheblich oder doch intelligenter gewesen, hätte er alle Zeugen zum Sicherheitsrisiko erklärt, die normalerweise ohnehin in „automatic arrest" gehörten.

[81] Vgl. die Berichte von *Friedrich Grimm* über seine Vernehmungen in Nürnberg durch Kempner am 18. und am 24. 11. 1947 (FN 69), S. 263 f., 271 f.

[82] Glossarium, S. 205 (27. Oktober 1948).

[83] In seinen Briefen an seine Frau vom 6.5. und 8. 5. 1947 berichtete *Schmitt* über das Zeugenhaus: „Ich wohne ganz ordentlich in einem Zimmer und habe ein Bett mit frischer Wäsche ... Ich bin hier in einer durchaus angenehmen Situation als freiwilliger Zeuge, wohne in einem schönen Haus, bin ganz frei, bekomme sogar Zeugengeld, und esse mittags in der sog. Messe, amerikanisch. Sonst muß ich mich selbst verpflegen."

[84] *Stuckart* (geb. 1902) wurde im Wilhelmstraßen-Prozeß wegen Verbrechens gegen die Menschlichkeit zu drei Jahren, zehn Monaten und 20 Tagen Haft verurteilt, unter Anrechnung der genauso langen Untersuchungshaft wegen schwerer Herzerkrankung nach Urteilsverkün-

silschein, ist auszugsweise abgedruckt im „Spiegel" v. 4. April 1954, S. 21. Das Nachrichtenmagazin erläuterte: „Der Sozialistenführer Kurt Schumacher, der es geflissentlich ablehnte, Hans Globke zu empfangen, hat den Robert Kempner einmal gefragt, was denn hinter dieser Freundlichkeit wirklich stecke. Der Ankläger erwiderte ihm, die Amerikaner hätten sich fest vorgenommen, ihre wertvollsten Kronzeugen aus Nürnberg vor allen innenpolitischen Angriffen zu schützen. Hans Globke sei einer der kostbarsten Helfer der Anklage gewesen, dessen Tätigkeit sich nicht nur im Gerichtssaal niederschlug" (ebd.). Ähnlich verfuhr Kempner mit dem Ministerialdirektor im Auswärtigen Amt, Friedrich Wilhelm Gaus, von dem Wilhelm Grewe[85] Jahrzehnte später beziehungsreich meinte, er habe als Leiter der Rechtsabteilung des Auswärtigen Amtes bereits in Weimarer Zeit dem Außenminister Stresemann „wie ... auch Hitler gedient und den Ribbentrop / Molotow-Pakt von 1939 formuliert. Nach 1945 holten ihn die Amerikaner als Zeugen der Anklage nach Nürnberg, und er hat ihnen dort ebenso eifrig gedient wie seinen früheren Dienstherren". Den Fall Gaus erörterte Richard Tüngel in „Die Zeit" v. 17. 6. 1948 mit einer scharfen Kritik an Kempner („Der angeklagte Ankläger"), was Kempner nur zu einem unspezifizierten Rundumschlag gegen die „Gesellschaft der Freunde der Nürnberger Kriegsverbrecher" und den „Freundeskreis der Kriegsverbrecher" veranlaßte („Die Zeit" v. 14. 10. 1948, S. 2). Seine präzisen Erinnerungen an *Gaus* widerlegen jene Vorwürfe nicht (vgl. *Kempner,* Ankläger einer Epoche, S. 316 – 17). Zum Fall Gaus und vergleichbaren Fällen *H. Quaritsch,* Nürnberger Zeugen, in: Rechtshistorisches Journal 14 (1995), S. 569, 580 ff.

Der Jurist Schmitt ließ sich durch die in Aussicht gestellte Anklage wegen Angriffskriegs, Kriegs- und Humanitätsverbrechen nicht einschüchtern; er nutzte den Vorwurf für eine geschickte Selbstdarstellung. Den Zusammenhang von Drohung und Erwartung des Anklägers wird er seit dem zweiten Verhör durchschaut haben. Nach dem ersten Verhör war er noch auf seine Verteidigung bedacht gewesen, denn am 12. April 1947 schrieb er seiner Frau:

„Inzwischen bin ich vernommen und möchte Sie, mit Erlaubnis des Vernehmers, bitten, mir folgende Schriften von mir zu besorgen:

    1) Legalität und Legitimität,
    2) Diskriminierender Kriegsbegriff,
    3) den Aufsatz aus der Europ. Revue 1933 (Febr.)
    ,Weiterentwicklung des totalen Staats',

und sie an die Adresse ,Amerikanische Anklagebehörde, Nürnberg, Justizpalast' zu schikken, mit einem Vermerk für Prof. Carl Schmitt I.S.D. Wie Sie das postalisch machen, ob als Drucksache zusammen oder getrennt, oder als Paket, überlasse ich Ihnen. Die ,Völkerrechtliche Grossraumordnung' werde ich hier von der Anklagebehörde bekommen. Es handelt sich um die Frage (ich bin noch nicht angeklagt), wieweit ich die theoretische Untermauerung der Hitlerschen Grossraumpolitik befördert und dadurch Verbrechen gegen den Frieden (Angriffskrieg), gegen die Menschlichkeit und Kriegsverbrechen begangen habe.

---

dung entlassen (Wilhelmstraßen-Prozeß, S. 162 – 169, 278). Er starb 1954 bei einem Autounfall.

[85] *W. Grewe,* Ein Leben mit Staats- und Völkerrecht im 20. Jahrhundert, in: Freiburger Universitätsblätter 118 (1992), S. 35.

Ich wäre Ihnen dankbar, wenn Sie die Bücher bald schicken könnten, falls Sie sie zu Hause haben. Besonders wichtig ist mir der Aufsatz aus der Europ. Revue von 1933. Wenn Sie Ihr eigenes Exemplar opfern wollen, wäre das sehr lieb. Ich weiß, dass die Bücher nicht mehr zu beschaffen sind."

Wegen der schlechten Postverbindungen in jener Zeit wird er die Bücher nicht oder nicht rechtzeitig erhalten haben. Die ihm von der Anklagebehörde zugesagte „Völkerrechtliche Großraumordnung", aus der Kempner am 3. April zitiert hatte, erhielt er jedenfalls nicht (Verhör am 21. April).

Ob die Lektüre des Lammers-Gutachtens Kempner befriedigte oder enttäuschte, wissen wir nicht. Schmitt betrachtete den Gutachtenauftrag offenbar als eine willkommene Gelegenheit, eine interessante Frage mit einem respektablen wissenschaftlichen Aufsatz zu beantworten, eine Neigung, die ihn auch in Nürnberg nicht verließ. So hat er aus den Wochen im Nürnberger Justizgefängnis das Beste gemacht: Ex captivitate opus. Er schämte sich auch später seines Lammers-Textes nicht. Das ist seinem Nachwort von 1958 bei der ersten Veröffentlichung zu entnehmen:

„Die hier abgedruckten Darlegungen sind eine wörtliche Wiedergabe aus der schriftlichen Antwort, die ich am 29. April 1947 im Gefängnis in Nürnberg Herrn Dr. Robert Kempner überreicht habe[86]."

Auch die vierte und letzte Aufgabe, die der Ankläger ihm stellte, nachdem er ins Zeugenhaus übergewechselt war, bezog sich auf den Wilhelmstraßen-Prozeß. Schmitt unterbreitete seine Stellungnahme gleichfalls der Fachwelt und teilte bei der Veröffentlichung im Jahre 1958 den Anlaß mit:

„Der Aufsatz ... ist in allem Wesentlichen die wörtliche Wiedergabe einer schriftlichen Antwort, die ich am 13. Mai 1947 im Zeugenhaus in Nürnberg Herrn Dr. Robert W. Kempner überreicht habe. Die mir gestellte Frage lautete: Warum sind die Staatssekretäre Hitler gefolgt?[87]"

Der Text führt Überlegungen fort, denen Schmitt im Jahre 1932 die Monographie „Legalität und Legitimität" gewidmet hatte. Es geht hier nicht um die Richtigkeit seines Ergebnisses, sondern um die Frage, ob Schmitt den vermutlichen Erwartungen seines Auftraggebers entsprach. Schmitt machte, um es auf den Punkt zu bringen, den „juristischen Positivismus" und den „funktionalistischen Legalitätsbegriff" dafür verantwortlich, „daß hohe Beamte, die nicht einmal fanatische Hitler-Gläubige waren, bei offensichtlichen Unmenschlichkeiten mitgewirkt haben, ohne daß man sie deshalb für unzurechnungsfähige Geisteskranke, für moralische Idioten oder geborene Verbrecher ... halten muß". Diese von ihm selbst als „psychologisch und soziologisch" bezeichnete Deutung sollte erklären, was mit Werturteilen über individuelle Charaktere nicht zu erklären war. Als strafrechtlich

---

86 Verfassungsrechtliche Aufsätze, S. 437.

87 Verfassungsrechtliche Aufsätze, S. 448; unter dem Titel „Das Problem der Legalität" zuerst erschienen in der Zeitschrift „Die neue Ordnung", 1950, S. 270–275.

relevante Belastung waren diese Feststellungen ungeeignet; nach Schmitt waren nicht nur die meisten Amtsträger, sondern die meisten Deutschen kraft einer alten geistigen und religiösen Tradition in dieser legalistischen Denkweise befangen. Vielleicht hat den ehemaligen deutschen Juristen Kempner die Stellungnahme Schmitts interessiert, zumindest eine brauchbare Hintergrundinformation geliefert. Als Ankläger konnte er mit ihr sicher gar nichts anfangen und insofern hat er sein vermutliches Ziel bei Schmitt nicht erreicht. Gleichwohl behauptete Kempner später das Gegenteil:

> „Für die Anklage im Wilhelmstraßen-Prozeß, in dem ich US-Hauptankläger [sic] war, waren weitere Erklärungen von ihm sehr hilfreich und nützlich. Er hob nämlich mit interessanten Gründen die starke politische Bedeutung und Verantwortlichkeit von Hitlers Staatssekretären hervor. Ich war damals gerade mit der Durchführung der Anklage gegen acht Staatssekretäre Hitlers befaßt[88]."

> „Und er hat auch andere Sachen geschrieben. Warum Staatssekretäre angeklagt werden müssen etc.[89]."

Wären Schmitts Erklärungen wirklich „sehr hilfreich und nützlich gewesen", dann hätte Kempner den Staatsrechtslehrer Carl Schmitt für die Anklage in den Zeugenstand des Wilhelmstraßen-Prozesses geholt oder doch mindestens seine gutachtliche Stellungnahme zu Lammers und zur Frage: „Warum sind die Staatssekretäre Hitler gefolgt?" in den Prozeß in irgendeiner Weise eingeführt. Beides unterblieb. Schmitt war kein „freundlicher Zeuge der Anklage" gewesen. Globke, Gaus und andere, die sich diesen Titel verdient hatten, griff Kempner niemals in Zeitungsartikeln und Leserbriefen an; diese Aufmerksamkeit wurde nur Schmitt zuteil.

5. Die Entlassung

Das Ende der Haft und der Wechsel ins Zeugenhaus belegen urkundlich die förmliche Haftentlassung mit der Auflage, sich weiter als „voluntary witness" der Anklagebehörde zur Verfügung zu halten[90]. Robert Kempner erinnerte sich 1973, 1983 und 1991 anders, dazu mit vier Varianten. Zunächst erinnerte er sich so:

> „Als ich Carl Schmitt nach der Beendigung der Vernehmungen erklärte, er könne nach Hause gehen, war er ungläubig und fragte: ‚Bin ich denn nun entlassen?' Ich mußte ihm erst klarmachen, daß dies ohne weitere Verhandlung geschehen könne, aber nicht ausschließe, daß er sich gegenüber deutschen Stellen noch zu verantworten haben werde. –

---

88 Die Mahnung 32, Nr. 5 vom 1. 5. 1985.

89 Bei *Wollenberg*, 1991, S. 106.

90 RW 265–290, Nr. 5. *Schmitt* war registriert mit der Nummer ISM 31 G 7 250 112. Am 6. Mai 1947 („Dienstag nachm. 3 Uhr") schrieb *Schmitt* an seine Frau: „... eben bin ich aus der Haft entlassen worden und soll jetzt in das Haus für voluntary wittnesses, d. h. freiwillige Zeugen, wo ich als Zeuge zur Verfügung stehen muss, aber sonst frei bin, in die Stadt gehen darf usw. Wie lange das dauert, weiß ich noch nicht ..."

‚Was soll ich denn jetzt machen?', fragte er beim Herausgehen. ‚Vielleicht ist es das Beste, wenn ich in die Sicherheit des Schweigens flüchte.' Mein Schlußsatz zu ihm lautete: ‚Das hätten Sie schon viel früher tun sollen. Es ist gewiß auch jetzt das Richtige'[91]."

Zehn Jahre später wird die Rechtsbelehrung über die Verantwortung gegenüber deutschen Stellen ausgetauscht durch ein Element Nürnberger Atmosphäre:

> „Ich habe zu ihm gesagt: Gehen Sie nach Hause!
> Da sagt er: Ja, wie soll ich denn gehen? Ich bin doch verhaftet. –
> Gehen Sie nach Hause, Herr Schmitt! Von mir aus sind Sie entlassen! – Das konnte er gar nicht verstehen! -
> Er: Ist denn mein Haftbefehl aufgehoben? -
> Nun gehen Sie schon mit dem Herrn da! Das war ein Wachmann, kein MP, der war für sowas eingestellt – meistens waren das Displaced Persons, die die Army engagiert hatte. – Das ist hier so ähnlich wie bei Ihren Nazis: dort wurden Leute ohne Haftbefehl verhaftet, bei uns werden Personen oft ohne weiteres entlassen; gehen Sie"!
> Er: Wie soll ich mich nun verhalten?
> Ich sage: Was werden Sie denn nun machen?
> Da sagt er: Ich werde in die Sicherheit des Schweigens gehen[92]."

Nach zwei weiteren Jahren, in seinem „Nachruf" auf den Tod Carl Schmitts, in einer überlegten schriftlichen Fixierung also, schilderte Kempner die Entlassung so:

> „Nachdem ich seine schriftlichen Aufsätze geprüft hatte, erklärte ich ihm: Ihre Ausführungen mit dem Ergebnis, Sie seien kein Kriegsverbrecher, sind überzeugender als die mit dem Ergebnis, Sie seien ein Kriegsverbrecher. Sie sind von uns aus entlassen. Schmitt konnte dies erst gar nicht glauben. Er stellte die Frage: ‚Wie soll ich mich von jetzt ab verhalten?' Ich riet ihm: Gehen Sie in die Sicherheit des Schweigens. – Er versprach dies und hielt das Versprechen einige Jahre[93]."

Nunmehr war also die „Sicherheit des Schweigens" eine Prägung von Kempner selbst.

Zuletzt, sechs Jahre darauf, erinnerte er sich so:

> „Zur Nachprüfung seiner Aussagen ließ ich ihn in der Haft zwei Manuskripte anfertigen: In dem einen sollte er die Gründe für die Strafbarkeit seiner Tätigkeit ausarbeiten, in dem anderen die Gründe für seine angebliche Unschuld. Nach vier Wochen Haft erhielt ich das Gesamtergebnis: ‚Ich bin ein intellektueller Abenteurer.' Ich antwortete ihm kurz: ‚Fahren Sie nach Hause.' Seine Antwort war: ‚Können Sie mich denn so einfach entlassen?' Ich antwortete ihm: ‚Das ist meine Sache – ich bin nur ein juristischer Abenteurer. – Bei mir ist das so ähnlich wie früher bei den Nazis.' Mit vielem Dank verabschiedete sich Carl Schmitt mit der Erklärung: ‚Wenn Sie einmal Auskünfte über frühere juristische Kollegen brauchen, stehe ich gern zur Verfügung. Im übrigen ist der Rest meiner Tätigkeit Schweigen'[94]".

---

[91] Der Aufbau v. 24. 8. 1973, S. 9.

[92] Bei *Wieland*, Carl Schmitt in Nürnberg, in: „1999", S. 105, dort mit dem Zusatz, Kempners wissenschaftliche Mitarbeiterin, *Miss Jane Lester*, habe an zwei der drei Vernehmungen *Carl Schmitts* teilgenommen und diese Angaben dem Verfasser gegenüber bestätigt.

[93] Die Mahnung 32, Nr. 5 vom 1. 5. 1985.

Man könnte die offenkundigen Widersprüche als Gedächtnisfehler eines alten Herrn auf sich beruhen lassen, Kempner zählte 1973 bereits 74 Jahre. Aber auch in seriösen Publikationen wird das angeblich letzte Gespräch zwischen Schmitt und Kempner als „berühmt gewordener Dialog" bezeichnet[95], und der ebenfalls nur von Kempner berichtete letzte Satz Carl Schmitts über die „Sicherheit des Schweigens" ist in den Titel eines beachteten Werks der Schmitt-Literatur eingegangen[96]. Es lohnt sich also, den Wahrheitsgehalt dieser Berichte herauszuschälen.

Wie wenig sich Kempner in Sachen Schmitt auf sein Gedächtnis verlassen konnte, ist am Beispiel der Verteidigung und angeblichen Anklage in eigener Sache bereits dargetan. Was also ist hier sicher? Nach dem dritten Protokoll über das Verhör am 29. April versprach Kempner, sich um Schmitts Entlassung zu kümmern („Ich will sehen, daß Sie nach Hause kommen"), und zwar auf Bitte Schmitts nicht nach Berlin, sondern zu seinen Schwestern in Westfalen, also nach Plettenberg („Das wird heute erledigt"). Ein Zusammenhang zwischen Schmitts schriftlichen Stellungnahmen, dem Satz „Ich bin ein intellektueller Abenteurer" und der Entlassung („Gehen Sie nach Hause") bestand nicht. Das Abenteurer-Bekenntnis formulierte Schmitt im zweiten Verhör am 21. April.

Auch die Versionen 1983 und 1985 können nicht richtig sein. Haftentlassung und „Gehen Sie nach Hause" fielen nicht zusammen, weil Schmitt erst am 6. Mai das Nürnberger Justizgefängnis verlassen durfte, sich aber noch als Zeuge zur Verfügung halten mußte, genauer: Er mußte in Nürnberg seine vierte Stellungnahme („Staatssekretäre") für Kempner schreiben. Nun berichtet Schmitt zwar selbst, er habe dieses letzte Gutachten Kempner am 13. Mai 1947 im „Zeugenhaus überreicht"[97]. Es kann bei dieser Übergabe zu einem kürzeren oder längeren Gespräch gekommen sein. Darüber gibt es kein Protokoll. Aber dieses letzte Gespräch kann nicht den von Kempner 1983, 1985 und 1991 geschilderten Inhalt gehabt haben, weil Schmitt am 6. Mai bereits offiziell aus der Haft entlassen war. Es bedurfte infolgedessen weder großzügiger Gesten Kempners noch eines Vergleichs mit den NS-Inhaftierungspraktiken. Im übrigen stimmte auch dieser Vergleich nicht: Die westlichen Besatzungsmächte verhafteten und internierten nach Namenslisten, ohne individuellen (richterlichen) Haftbefehl.

Wie der erhaltene Entlassungsschein vom 6. Mai 1947 beweist, wurde in Nürnberg keineswegs aufgrund mündlicher Anweisung entlassen. Zwischen der Inaussichtstellung am 29. April und der tatsächlichen Entlassung vergingen immerhin sieben Tage. Es kann sich die so konkrete Schilderung (Wachmann aus dem Kreise der „Displaced Persons") auch deshalb nicht auf das Gespräch am 13. Mai bezie-

---

94 *Robert Kempner,* Leserbrief „Preußens Ende", FAZ v. 29. 4. 1991.

95 *Noack,* Carl Schmitt, S. 246, die Version 1983 zitierend.

96 *Dirk van Laak,* Gespräche in der Sicherheit des Schweigens – Carl Schmitt in der politischen Geistesgeschichte der frühen Bundesrepublik, Berlin 1993.

97 Verfassungsrechtliche Aufsätze, S. 448. Dieses Datum auch im Kopf der Stellungnahme IV.

hen, weil Schmitt zu diesem Zeitpunkt nicht mehr verhaftet, der Haftbefehl seit sieben Tagen aufgehoben war. Andererseits verbrachte Schmitt noch sechs weitere Tage im Zeugenhaus, er traf erst am 21. Mai in Plettenberg ein[98].

6. Kempners Erzählungen

Unglaubwürdig ist schließlich Kempners Bericht, mit dem er Schmitt, den er bereits zum „Ankläger der Staatssekretäre" gemacht hatte, nun auch noch zum Denunzianten seiner Kollegen stempeln wollte:

„Wenn Sie einmal Auskünfte über frühere juristische Kollegen brauchen, stehe ich gern zur Verfügung[99]."

Diese angebliche Zusage tauchte erstmals 1991 auf, obgleich Kempner den Anlaß – das Kaufmann-Zitat und seine Verwendung im Wilhelmstraßen-Prozeß – bereits früher mehrfach berichtet hatte[100].

Eine solche Erklärung Schmitts wäre auch nur sinnvoll gewesen, würde das Thema „frühere juristische Kollegen" in den drei Vernehmungen durch Kempner irgendwann einmal eine Rolle gespielt haben. Schmitt hatte zwar im ersten Verhör am 3. April einen früheren Kollegen ins Spiel gebracht, nämlich *Erich Kaufmann*[101], aber Kempner war darauf nicht eingegangen und hatte Schmitt zu Recht erwidert:

„Nun ist aber nicht Erich Kaufmann hier, sondern Sie."

Das Thema war beendet mit der Antwort Schmitts:

„Ich will ihn nicht belasten. Ich möchte auch nicht den Eindruck erwecken, diesen Mann zu belasten."

Eine Auskunft erteilte Schmitt erst sehr viel später. Kempner wollte nämlich das Kaufmann-Zitat verwenden, auf das sich Schmitt im ersten Verhör am 3. April berufen hatte. Dazu brauchte er den genauen Text und die Fundstelle; er wollte den Zeugen der Verteidigung Ernst von Weizsäckers, Erich Kaufmann, als Kriegshetzer entlarven und unglaubwürdig machen[102]. Auf diesen Einfall kam Kempner

---

98 *Tommissen,* Schmittiana II, S. 126.

99 Leserbrief „Preußens Ende", FAZ v. 29. 4. 1991.

100 *Kempner,* Ankläger einer Epoche, S. 130; *Wieland,* Carl Schmitt in Nürnberg, in: „1999", S. 103; *Wollenberg,* 1991, S. 107.

101 *Erich Kaufmann* (1880–1972), dt. Staats- u. Völkerrechtslehrer, Rechtsphilosoph, seit 1912 Prof. in Kiel, Königsberg, Bonn, Berlin (1927 Hon.-Prof., 1934 o. Prof.) und München (1946). 1927–1934, 1950–1958 Rechtsberater des Auswärtigen Amtes, 1934 als „Jude" zwangsentpflichtet und Entzug der Venia legendi, 1939 Emigration in die Niederlande. Schriftenverzeichnis in Festg. f. E. K. 1950, S. 401 f.; vgl. auch NDB, Bd. 11, 1977, S. 349 f. (*H. Liermann*).

102 *Kempner,* Ankläger einer Epoche, S. 130/31; *Wieland,* Carl Schmitt in Nürnberg, in: „1999", S. 103; *Wollenberg,* 1991, S. 107.

nach eigenem Vorbringen im Jahre 1983 jedoch erst, als Schmitt Nürnberg bereits verlassen hatte:

> „Ein paar Wochen später [nach dem letzten Gespräch mit Schmitt] ... wird in dem Prozeß gegen die Staatssekretäre ein gewisser Professor Erich Kaufmann als Verteidigungszeuge geladen, ein sehr bekannter jüdischer Völkerrechtler, der in Holland überlebt hatte ... Ich habe diesen Kaufmann ins Kreuzverhör genommen und ihm gesagt ... Und seltsamerweise fiel mir bei dieser Gelegenheit Carl Schmitt ein, wie er sagte, daß andere Leute noch viel größere Militaristen gewesen seien als er. Sofort telegraphierte ich dem Herrn Professor Schmitt in seine westfälische Heimat: Bitte sofort mitteilen, wer das vom Krieg als letztes Mittel des Völkerrechts gesagt hat und in welcher Zeitschrift es steht. Da er ein intellektueller Abenteurer war, hat er prompt geantwortet, dieses Zitat stamme von Professor Erich Kaufmann ...[103]"

Auf dem Veteranentreffen der Nürnberger Gedenkveranstaltung gerieten Kempner die Sachverhalte und Kausalitäten völlig durcheinander:

> „Da war in Nürnberg z. B. ein anderer belasteter [!] Professor: Erich Kaufmann, der für den Staatssekretär Ernst von Weizsäcker ausgesagt hatte. Und da sagte mir Carl Schmitt: ‚Ich will Sie aufklären, was der Erich Kaufmann getan hat. Der war viel mehr für den Krieg und für militärische Sachen als ich. Und jetzt kommt er hier als Verteidigungszeuge.' Ich habe diese Hinweise zur Kenntnis genommen, aber eines Tages dem Schmitt telegraphiert: ‚Bitte Stellung nehmen, warum Erich Kaufmann ein viel schlimmerer Kriegshetzer ist als Sie.' Ich war erstaunt, von Carl Schmitt ein Telegramm und eine Mitteilung zu erhalten, wo er alles Belastungsmaterial gegen seinen früheren Kollegen der Anklage überlassen hatte. Man kann dazu nur sagen: Schweinerei[104]!"

An diesem Bericht ist so gut wie alles falsch. In einer Schmitt-Debatte Erich Kaufmann einen „anderen belasteten Professor" zu nennen, ist nur mit geistiger Verwirrung zu erklären; der Herausgeber hat weder Kempner noch sich selbst einen Gefallen getan, einen so unverzeihlichen Fehler unkorrigiert zu lassen. Doch möge dieser groteske Lapsus auf sich beruhen bleiben. Zur Sache selbst: Schmitt zitierte Kaufmann am 3. April 1947. Er war kein Hellseher, konnte daher nicht wissen, daß im Wilhelmstraßen-Prozeß, der am 6. Januar 1948 begann und am 14. April 1949 endete, Erich Kaufmann als Zeuge der Verteidigung auftreten würde, und zwar am 3. Juni 1948. Infolgedessen konnte Schmitt auch nicht auf Erich Kaufmann als „Verteidigungszeugen" Bezug nehmen und sich dadurch entlasten wollen. Natürlich hatte das Telegramm an Schmitt nicht den Text, den Kempner 1986 zu repetieren behauptete. Ebensowenig hatte Kempner von Schmitt eine Mitteilung erhalten über „alles Belastungsmaterial gegen seinen früheren Kollegen Kaufmann". Chuzpe besonderer Art war sein Werturteil von 1986 über diese angebliche Denunziation. Was jetzt eine „Schweinerei" war, hatte er drei Jahre vorher als „sehr anständig" beurteilt:

> „Später kam die ‚Freundlichkeit', daß er uns informiert hat über seinen Kollegen Erich Kaufmann – prompt, sehr anständig – im Wilhelmstraßen-Prozeß, das war bei der Verteidi-

103 *Kempner,* Ankläger einer Epoche, S. 130.
104 *Wollenberg,* 1991, S. 106 / 07.

gung von Weizsäcker, bei der Kaufmann als Zeuge der Verteidigung aussagte; Schmitt, inzwischen wieder in Plettenberg in Freiheit, ist von mir telegraphisch nach der Belegstelle gefragt worden für das Kaufmann-Zitat, das er in seinem Verhör genannt hatte[105]."

Im einzelnen: Kempner fragte Schmitt nicht „ein paar Wochen später", sondern 13 Monate nach der Entlassung aus dem Nürnberger Justizgefängnis. Die Vorgänge und Daten sind belegt[106].

Kempner schrieb am 26. Mai 1948:

> „Sehr verehrter Herr Professor Schmitt. Bei einer unserer Unterhaltungen erwaehnten Sie, dass Professor Dr. Kaufmann in seinen Schriften in viel staerkerem Masse als Sie nationalistische Tendenzen verfolgt habe. Wuerden Sie bitte so freundlich sein, mir umgehend mitzuteilen, auf welche Schriften sich dies bezog, da ich diese Angelegenheit ohne Ihre Hilfe schwerlich kontrollieren kann. Freiumschlag anbei."

Er hatte diesen Brief adressiert an „Herrn Professor Karl Schmitt, Plettenberg / Westf.". Wahrscheinlich kamen ihm wegen dieser Anschrift Bedenken hinsichtlich der Zustellungsfähigkeit. Deshalb erkundigte er sich in Berlin an der alten Adresse Kaiserstuhlstraße 19 nach der genauen Anschrift. Ein Hausbewohner, Schmitts einstiger Schüler Werner Blischke, teilte Kempner die neue Anschrift am 27. Mai 1948 mit[107]. Jetzt hatte es Kempner plötzlich eilig. Er telegraphierte bereits am nächsten Tage an „Prof. Carl Schmitt, Brockhauser Weg 10, Plettenberg 2":

> „Erbitte drahtlich Zitate von Schriften, aus denen sich angebliche Nationalsozialistische und Bellizistische Haltung von Erich Kaufmann ergibt. R. Kempner, US Prosecution, Nürnberg, Zimmer Nr. 127."

Nach dem handschriftlichen Entwurf, den Schmitt aufbewahrte, telegraphierte er am 28. Mai, vormittags 11.30 Uhr, an Kempner:

> „Zitat Erich Kaufmann, Das Wesen des Völkerrechts, 1911, S. 146: Nicht die Gemeinschaft frei wollender Menschen, sondern der siegreiche Krieg ist das soziale Ideal. . . . [unleserlich]. Brief folgt gleichzeitig. C. S."

In seinem Brief vom 28. Mai 1948 beklagte sich Carl Schmitt zunächst einmal über den Verlust seiner Bibliothek:

> „. . . Auch meine briefliche Antwort kann nicht sehr eingehend ausfallen, weil mir jedes Material fehlt. Meine (in 30jähriger Berufsarbeit erwachsene) Bibliothek ist im Oktober

---

105 *Wieland,* Carl Schmitt in Nürnberg, in: „1999", S. 103.

106 Alle Unterlagen, die im folgenden zitiert werden, besitzt im Original Herr Kollege *Piet Tommissen,* Brüssel, der mir freundlicherweise Einsicht gewährte und Kopien überließ.

107 Das Telegramm vom 27. Mai 1948, gerichtet an Carl Schmitt, Plettenberg, Brockhäuser Weg 10, lautet: „Habe Ihre Anschrift heute auf Anfrage Kempners, Nürnberg, mitgeteilt. Werner Blischke" (RW 265 – 61, Nr. 1).
Der Jurist *Werner Blischke* (1917 – 1984) war von 1954 – 1981 in der Verwaltung des Deutschen Bundestages tätig, zuletzt als Ministerialdirigent. *Schmitt* hatte den wegen schwerer Kriegsverletzung demobilisierten Studenten *Blischke* mit Ehefrau in sein Haus aufgenommen und ihm die Mansardenwohnung überlassen, als er Anfang 1945 ausgebombt worden war (mitgeteilt von Frau *Anni Stand* [1915 – 1997] am 6. 3. 1994).

1945 von ... [unleserlich] amerikanischer Stelle beschlagnahmt worden. Doch findet sich in der beigefügten Broschüre ‚Der Begriff des Politischen‘ auf S. 21 eine Anmerkung, die jene Äußerung Kaufmanns behandelt. Das beigefügte Exemplar der Broschüre fand sich noch zufällig im Besitz meiner Frau; sie stellt es gern zur Verfügung und wäre für eine gelegentliche Rückgabe dankbar.

Als ich während meiner Vernehmung vom 3. April den Namen Erich Kaufmann nannte, dachte ich an den zitierten Satz aus seinem Buch ‚Das Wesen des Völkerrechts‘, zugleich an seine Schrift aus dem Jahre 1917 oder 1918: ‚Bismarcks Erbe in der Reichsverfassung‘, eine Schrift, die vom deutschnationalen Standpunkt die These vertritt: dieser Krieg (der 1. Weltkrieg) ist ein Verfassungskrieg, nämlich der westlichen Demokratien gegen die Verfassung Bismarcks[108].

... [unleserlich] Soviel ich mich erinnere, geschah meine Erwähnung Kaufmanns *incidenter*, als ich zeigen wollte, daß sich die Völkerrechtswissenschaftler von rechts bis links, von Bellizismus bis Pazifismus auf allen Fronten verteilen. Im übrigen bin ich hier im allgemeinen zurückhaltend, weil Kaufmann seit fast 20 Jahren in einer offenen und heftigen Gegnerschaft gegen mich steht, bis auf den heutigen Tag. Das hat mich s. Zt. nicht gehindert, bei meinem Freund, dem preußischen Finanzminister Joh. Popitz, dafür einzutreten, daß Kaufmann mit allem Respekt emeritiert würde und sein Gehalt unbeanstandet weiter bezog[109]. Ich empfinde die Gegnerschaft seit langem als eine sehr tiefgehende geistig-wissenschaftliche Spannung. Wie Kaufmann darüber denkt, weiß ich nicht. In vorzüglicher Hochachtung[110].“

Am 1. Juni reagierte Kempner mit einer Empfangsbestätigung:

„Sehr geehrter Herr Professor Schmitt! Ich bestaetige mit bestem Dank die prompte Erledigung unserer Anfrage. Mit vorzueglicher Hochachtung.“

Kempner leitete Schmitt am 7. Juni 1948 das Protokoll der Vernehmung des Zeugen Erich Kaufmann im Wilhelmstraßen-Prozeß mit folgendem Begleittext zu:

„In der Anlage übersende ich Ihnen mit bestem Dank das Buch. Ich füge Abschrift der Aussage von Prof. Kaufmann bei, die Sie sicher interessiert[111].“

---

[108] *Erich Kaufmann*, Bismarcks Erbe in der Reichsverfassung, Berlin 1917, neu in: *Erich Kaufmann*, Gesammelte Schriften I, S. 143–223.

[109] Im sog. Wilhelmstraßen-Prozeß erklärte *Kaufmann* – Zeuge der Verteidigung – auf Fragen *Kempners*, das Ministerium habe ihn 1934 „mit voller Pension“ emeritiert; auch nach Holland sei ihm die Pension zunächst teilweise, dann ganz überwiesen worden, und zwar zuletzt am 7. 12. 1941. Ob die Pensionszahlung bereits ab 1934 auf einem individuellen Erlaß des Reichsfinanzministers („Härtefall“) oder erst 1939 nach der Emigration beruhte, geht aus den beiläufigen Angaben *Kaufmanns* nicht hervor (Aussage am 3. 6. 1948, unveröff. Protokoll).

[110] Der zweite Teil des Textes bereits abgedruckt bei *Tommissen*, S. 132. *Schmitt* verschwieg seine eigene „offene und heftige Gegnerschaft“ gegenüber *Kaufmann*, s. dazu im folgenden.

[111] Das „Kreuzverhoer des Universitaetsprofessor Erich Kaufmann, Muenchen, von 1939–1946 als Refugee in Holland, durch den Anklagevertreter Dr. R. M. W. Kempner“ geht über mehr als acht engzeilige Schreibmaschinenseiten.

Sicher sind daher nur diese Sachverhalte: Die protokollierten Verhöre am 3., 21. und 29. April 1947, die drei schriftlichen Stellungnahmen Schmitts, von denen nur die Stellungnahmen I („Großraum") und III („Lammers-Gutachten") Aufträgen Kempners entsprachen, die Stellungnahme II („Angriffskrieg") auf Schmitts eigener Initiative beruhte. Wann und in welcher Form Kempner die Stellungnahme IV („Staatssekretäre") anforderte, ist ungewiß. Das Datum der Übergabe am 13. Mai 1947 beruht auf dem Vermerk des in Nürnberg hergestellten handschriftlichen Textes. Was bei dieser Übergabe gesprochen wurde, ob an diesem Tage überhaupt das letzte Gespräch zwischen Schmitt und Kempner stattfand, ist ebenfalls ungewiß. Da Schmitt erst am 19. oder 20. Mai Nürnberg verließ, zögerte sich das Ende seines Status als „volontary witness" mit Anwesenheitspflicht in Nürnberg vermutlich so lange hinaus, sei es wegen bürokratischer Langsamkeit, sei es, weil Kempner erst nach der Lektüre der Stellungnahme IV eine entsprechende Anordnung traf.

Die Angaben Kempners über das letzte Gespräch mit Schmitt sind unbrauchbar: Sie widersprechen sich und den feststehenden Tatsachen. Allein der Satz über die „Sicherheit des Schweigens" kann als wahrscheinlich angenommen werden. Der Satz entspricht dem Stile Schmitts, nicht aber Kempners, und mochte die Bedürfnisse Schmitts im Frühjahr 1947 nach der einjährigen Haft im Internierungslager und den fünf Wochen im Nürnberger Justizgefängnis ausdrücken[112].

Kempners Äußerungen über Schmitt zwischen 1973 und 1991, zuletzt also in seinem 92. Lebensjahr, sind so handgreiflich falsch, so widersprüchlich und so leicht widerlegbar, daß nicht angenommen werden kann, er habe bewußt Legenden geschaffen, um sich selbst als überlegene Figur gegenüber einem Schmitt darzustellen, „der seine Dienste jedem zur Verfügung stellt, der gerade die Macht ausübt", wie einer seiner Interviewer aus Kempners Erzählungen folgerte[113]. Seit seinem achten Lebensjahrzehnt war Kempner in Sachen Schmitt offenbar nicht mehr Herr seines Gedächtnisses[114]. Er ist in dieser Zeit keine Quelle für die Historiographie, sondern ein Fall für die Geriatrie. Was Schmitt anging, lebte er in einer Welt der Phantasie, in der die Realität nur noch mit Bruchstücken der Erinnerung vertreten war. Man könnte ihn einen Münchhausen der Zeitgeschichte nennen, wären da nicht die bösartigen Akzente, die er selbst setzte, nicht seinen Hörern und Interpreten überließ: Schmitt als Ankläger der deutschen Staatssekretäre, Denunziant sei-

---

112 Den im Sommer 1946 im Internierungslager geschriebenen Text „Ex captivitate salus" hatte *Schmitt* mit der Notwendigkeit und der verbindenden Kraft des Schweigens enden lassen (Ex captivitate salus, S. 75, 78). – Zwei Jahre später reimte er: „Sieh dir genau den Autor an, / der schön vom Schweigen reden kann. / Solange er vom Schweigen spricht, / solange nämlich schweigt er nicht" (Glossarium, S. 194 [23. 8. 1948]).

113 *Wieland,* Carl Schmitt in Nürnberg, in: „1999", S. 106, unter Hinweis auf „Brüning, Papen und Schleicher, Hitler, die sowjetischen und amerikanischen Besatzungsarmeen".

114 Wohl nicht nur im Fall Schmitt; vgl. die von *Rudolf Morsey* sorgfältig belegten „Erinnerungsfehler" des Autors und Herausgebers *Kempner* in: Die Verwaltung 16 (1983), S. 507 – 515; *ders.,* Historisches Jahrbuch 105 (1985), S. 321 f.

ner Kollegen, ein verächtliches Subjekt, ein Schwein[115]. Seine Gesprächspartner, offenbar weder als Juristen noch als Historiker geschult, die „oral history" von beteiligten Zeitzeugen kritisch zu überprüfen, nahmen alles als lautere historische Wahrheit, was der alte Herr, der berühmte „Ankläger von Nürnberg", zum Thema Schmitt fabulierte; sie wollten dergleichen wohl hören und kolportieren, es bestätigte ihre Vorurteile: de hoste nil nisi male.

7. Ausklang

Hätte Schmitt die Rückfragen Kempners vom 26. und 27. Mai 1948 nach der Fundstelle des Kaufmann-Zitats ignorieren können? Schmitt durfte mit einer erneuten Inhaftierung und Überstellung nach Nürnberg rechnen, dazu besaß Kempner noch genügend Kompetenzen und Vollzugsmittel; Gründe hätte er jederzeit gegen Schmitt geltend machen können, wenn es solcher überhaupt bedurfte. Schmitt wird eine Weigerung aber auch aus einem anderen Grunde nicht ernstlich erwogen haben. Die Frage nach der Fundstelle und dem genauen Text für ein Zitat trifft bei Wissenschaftlern, zumal den zitierfreudigen Juristen, einen professionellen point d'honneur. Wer zitiert, muß seine Quelle nachweisen, das wird im ersten Semester gelernt. Schmitt ging allerdings in seinen Schriften mit den Quellen häufig nicht besonders sorgfältig um. Seine lateinischen Zitate zu verorten, überließ er gern der Findigkeit des Lesers, gelegentlich verzichtete er ganz auf die Kennzeichnung einer literarischen Anleihe, anscheinend um Glätte und Eleganz der Darstellung zu erhalten[116]. Hier lag die Sache anders. Er hatte im ersten Verhör einen Kollegen ins Spiel gebracht und sollte nun seine Behauptung beweisen. Eine Weigerung hätte seine Glaubwürdigkeit nachträglich beschädigen können. Das kann den naiven Eifer seiner Antworten auf Kempners Anfragen erklären. Außerdem: Die Zitate vermochten in seinen Augen dem Autor nicht zu schaden: Kaufmann war in Deutschland seit 1945 persona gratissima. Die genannten literarischen Äußerungen aus den Jahren 1911 und 1917 konnten ihn 1948 unmöglich belasten, vielmehr nur zeigen, daß jüdische Deutsche vor 1933 wie andere Deutsche im rechtspolitischen Spektrum nicht nur auf der Linken oder in der Mitte anzutreffen waren.

Schmitt konnte im Mai 1948 nicht wissen, daß Kempner am 3. Juni mit Zitaten aus dem Jahre 1911 versuchen würde, Kaufmanns Glaubwürdigkeit als Zeuge der Verteidigung im Wilhelmstraßen-Prozeß zu erschüttern; vielleicht hätte ihn diese

---

[115] So dachte er 1947 über *Schmitt* nicht; das geht aus einem Brief hervor, den *Rudolf Diels* am 26. 9. 1947 aus dem Nürnberger Zeugenhaus an *Schmitt* schrieb: „Ich konnte noch eine Unterhaltung über Ihr Buch [‚Legalität und Legitimität', 1932] mit dem Herrn Chief Prosecutor führen, in der er sich fast enthusiastisch über Sie ausließ." *Schmitt* traf *Diels* am 7. Mai 1947 im Zeugenhaus (Brief an *Duška Schmitt* vom 8. 5. 1947).
Rudolf Diels (1900–1957), seit 1930 im preuß. Innenministerium Kollege *Kempners*. 1933 Gründer der Gestapo, 1934 abgelöst, dann Regierungspräsident Köln, 1940 Hannover. In Nürnberg Zeuge der Anklage.
[116] So anscheinend in dem FN 72 erwähnten Fall.

Folge seines Quellenhinweises auch nicht gestört. Inzwischen haben Medienberichte über amerikanische Strafprozesse die seltsamen Gebräuche von Verteidigern und Anklägern bekannt gemacht; die persönliche Verdächtigung und Diffamierung von Zeugen ist auch hierzulande nicht mehr unüblich. Was sich Kempner 1948 gegenüber Erich Kaufmann leistete, ging allerdings über das erwartbare Maß an Nachdruck und Schärfe hinaus.

Im sog. Wilhelmstraßen-Prozeß hatte die Verteidigung Ernst von Weizsäckers[117] als sachverständigen Zeugen Erich Kaufmann geladen. Kempner versuchte, den Sachverständigen mit einer überraschend präsentierten und scheinbar belastenden Antwort des Auswärtigen Amtes auf ein Ersuchen des deutschen Gesandten in der Slowakei zur Judendeportation in die Enge zu treiben. Kaufmann las und belehrte in einer improvisierten, aber überlegenen Erklärung, wie ein solches Schriftstück unter Berücksichtigung diplomatischer Sprech- und Schreibkünste zu verstehen sei. Daraufhin versuchte Kempner, Kaufmann selbst zu verdächtigen, weil er als jüdischer Rechtslehrer nur emeritiert und erst 1939 in die Niederlande emigriert war, ohne wie andere Juden während des Krieges in den Osten deportiert zu werden. Als auch dieser (schäbige) Versuch fehlschlug, präsentierte Kempner – mehrfach vom Vorsitzenden wegen unzulässiger Abschweifungen unterbrochen – seine Lesefrüchte aus Kaufmanns Schrift von 1911. Auf ein Zitat über die Funktion des Krieges im Völkerrecht und in der großen Politik reagierte Kaufmann wie ein verärgerter, aber noch nachsichtiger Lehrer; das zweite Zitat über den „siegreichen Krieg als das soziale Ideal" parierte er unwillig und aggressiv. Dann wollte Kempner ihn als Gegner des Young-Plans (1929) und Komplizen Schachts[118] vorführen. Auch dieses Unternehmen scheiterte, Kaufmann konnte auf das Vorwort seines damaligen Gutachtens für Schacht verweisen, seine Stellungnahme zu einer Spezialfrage dürfe nicht als Ablehnung des Young-Planes insgesamt gedeutet werden. Als völkerrechtlicher Berater der Reichsregierung mußte er ohnehin die Annahme des Young-Plans befürworten. Mit seiner letzten Frage verhalf Kempner dem Sachverständigen unfreiwillig zu einem eindrucksvollen Abgang:

Kempner: „Ist das derselbe Schacht, fuer den Sie kuerzlich bereit waren, als Sachverstaendiger aufzutreten?"

Kaufmann: „Derselbe Schacht, wie ich ja fuer jeden, der nach meiner Meinung Unrecht erleidet, bereit bin, fuer ihn in die Bresche zu springen."

Die kluge Journalistin und Schriftstellerin Margret Boveri[119] schilderte das Verhör bereits im gleichen Jahr als Duell der Vertreter „zweier entgegengesetzer Lebenshaltungen: der Deutsche jüdischer Abstammung, der auswanderte, und der

---

117 *Ernst Frhr. v. Weizsäcker* (1882–1951), im Auswärtigen Amt seit 1920, 1938 Staatssekretär, 1943–1945 Botschafter beim Vatikan (Vater des Bundespräsidenten *Richard v. W.*).

118 *Hjalmar Schacht* (1877–1970), Reichsbankpräsident 1924–1930, Reichswirtschaftsminister 1934–1937; nach dem 20. 7. 1944 im KZ Ravensbrück, im Nürnberger IMT-Prozeß freigesprochen, von dt. Behörden bis 1948 inhaftiert.

119 Der Diplomat vor Gericht, Berlin 1948, S. 21–25.

Deutsche jüdischer Abstammung, der geblieben ist." Dieser Gegensatz war stilisiert; Kaufmann war 1939 in die Niederlande, Kempner Ende 1935 nach Italien, 1939 in die Vereinigten Staaten emigriert[120]. Was die Autorin vielleicht nicht wußte, jedenfalls nicht sagte: Es standen sich die Vertreter politischer Lager gegenüber. Kempner gehörte in Weimar zur äußeren Linken, Kaufmann zur konservativen Rechten. Vielleicht war es auch dieser Gegensatz, der Kempner veranlaßte, Kaufmann so anzugreifen. Jedenfalls war es übertrieben, den Disput als Auseinandersetzung zweier „völkerrechtlicher Professoren" zu bezeichnen; Kaufmann hätte es sich wahrscheinlich verbeten, mit dem „Gastprofessor" Kempner in Erlangen (1946–1948) nach Fach und Rang auf eine Stufe gestellt zu werden.

Kempner selbst erinnerte sich 1983 nur unscharf an den „jüdisch-nationalen Professor", den er im Weizsäcker-Prozeß verhörte, übrigens im Zusammenhang mit Carl Schmitt. In seiner Darstellung erscheint Kaufmann als dreister Lügner, den er über die Eigenarten des „Reichsgesetzblatts" aufklären muß. An die Präsentation des von Schmitt bezogenen Zitats erinnert er sich nicht mehr, wohl aber an die eigene Lesefrucht:

„Haben Sie einmal geschrieben, der Krieg sei das letzte Mittel im Völkerrecht? Und damit war er natürlich als Entlastungszeuge geliefert. So sind die Leute, genieren sich gar nicht und denken, man findet das nicht. Man dachte natürlich, das macht Eindruck auf die Richter, wenn ein jüdischer Professor versucht, ein paar verbrecherische Staatssekretäre rauszureißen[121]."

Es ist kaum vorstellbar, das Zitat aus dem 1911 erschienenen Buch würde amerikanische Berufsrichter im Jahre 1948 dazu veranlassen, den Verfasser als sachverständigen Zeugen für unglaubwürdig zu halten, der dem Gericht so nachdrücklich sein Können vorgeführt hatte.

Den Richtern des Nürnberger Militärgerichts IV war allerdings nicht bekannt, daß erst der Kellogg-Pakt (1928) die Legalität des zwischenstaatlichen Krieges auf den Verteidigungskrieg beschränkte, *Kaufmann* also 1911 von einer anderen Rechtslage ausgehen durfte. Statt dessen meinten sie, die Angriffskriege „von Cäsar bis Hitler" seien schon immer Unrecht und Bruch des Völkerrechts gewesen; „wozu wäre es dann [sonst] nötig, Erklärungen und Rechtfertigungsversuche vorzubringen?" Die Richter waren außerstande, zwischen Behauptung und Geltung von Völkerrecht zu unterscheiden. Den Gipfel der Naivität und Unwissenheit erreichten die amerikanischen Richter, als sie das angeblich seit unvordenklichen Zeiten bestehende völkerrechtliche Unrecht des Angriffskrieges mit diesem Satz zu belegen glaubten: „Friedrich der Große wurde von dem Kaiserlichen Rat unter Androhung der Verbannung nach Regensburg vorgeladen, um sich wegen des Einfalls in Sachsen zu verantworten, der ihm als Friedensbruch zur Last gelegt wurde" (Der Wilhelmstraßenprozeß, S. 4). Die Zugehörigkeit Friedrichs als Kurfürst von

---

120 s. International Biographical Dictionary of Central European Emigrés 1933–1945, Vol. I (München 1980), S. 360.

121 *Kempner,* Ankläger einer Epoche, S. 131.

Brandenburg zum Verband des „Heiligen Römischen Reiches" war den Richtern offenbar unbekannt; gegen Kaiser und Reich Krieg zu führen, verbot das Reichsverfassungsrecht. Die mit der Reichsexekution gegen Preußen beauftragte Reichsarmee operierte im Siebenjährigen Krieg nicht allzu glücklich, besetzte 1760 allerdings Dresden. Der Friedensvertrag von Hubertusburg 1763 zwischen Friedrich und Maria Theresia bestätigte den status quo ante, bezog das Reich erst durch Art. XIX in den Vertrag ein, wofür der Reichstag, der seine Armee auflösen und nach Hause schicken durfte, der Kaiserin „ehrerbietigste Danksagung abstattete". Reichsacht und Reichsexekution waren vergessen. Der Vertrag und die zusätzlichen Erklärungen bei *Martens*, Recueil de Traités, Bd. 1, Göttingen 1817, S. 136 – 174.

Es ist nicht feststellbar, ob oder in welchem Maße Kempner mit seinen Zitaten die Richter beeinflussen konnte. Sie verurteilten v. Weizsäcker am 11. April 1949 zu einer Gefängnisstrafe von sieben Jahren; er sei schuldig des Verbrechens gegen den Frieden (Einmarsch in die Tschechoslowakei am 15. 3. 1939) und gegen die Menschlichkeit; er habe zwar häufig, aber nicht in jedem Falle der „Judenverschikkung" ausdrücklich widersprochen[122]. Obgleich die Nürnberger Militärgerichte in erster und letzter Instanz entschieden, nahm das Militärgericht IV den Wilhelmstraßen-Prozeß wieder auf. Durch Beschluß vom 12. Dezember 1949 wurde u. a. der Schuldspruch gegen Weizsäcker wegen Verbrechens gegen den Frieden aufgehoben, der Schuldspruch wegen Verbrechens gegen die Menschlichkeit bestätigt. Die Strafe wurde von sieben auf fünf Jahre herabgesetzt[123]. Das von Kempner präsentierte Schreiben des deutschen Gesandten in der Slowakei spielte auch hier keine Rolle[124]. Nach Überprüfung der Urteile durch die Militärgouverneure Clay und McCloy[125] wurde v. Weizsäcker im Oktober 1950 entlassen; er starb am 4. August 1951.

---

[122] Wilhelmstraßen-Prozeß, S. 21 / 22, 82 – 99. Der Richter *Leon W. Powers* legte in seiner umfangreich und logisch begründeten „abweichenden Meinung" u. a. dar, weshalb v. *Weizsäcker* weder des Verbrechens gegen den Frieden noch gegen die Menschlichkeit schuldig sei (ebd., S. 291 / 92, 300 – 303); er habe vielmehr „in seinem Bemühen um die Aufrechterhaltung von Gesittung und Frieden eine heldenhafte Rolle gespielt" (S. 292).

[123] Der Präsident des Gerichts, *William C. Christianson*, erklärte in seiner abweichenden Meinung, weshalb er v. *Weizsäcker* dennoch des Verbrechens gegen den Frieden für schuldig halte (S. 327 / 28), *Leon W. Powers*, weshalb er den aufhebenden Beschlüssen zugestimmt habe (S. 335).

[124] Wilhelmstraßen-Prozeß, S. 322 – 328.

[125] Über die rechtstechnischen Mittel s. *Quaritsch*, in: FS H. J. Arndt, Bruchsal 1993, S. 250 ff.

II. Carl Schmitt: Kriegsverbrecher oder Sachverständiger?

1. Das erste Verhör

OFFICE OF U.S. CHIEF OF COUNSEL FOR WAR CRIMES
APO 696-A
EVIDENCE DIVISION
INTERROGATION BRANCH

INTERROGATION SUMMARY NO. 1842

Interrogation of: Carl SCHMITT, Professor

Interrogation by: Dr. Kempner, 3 April 1947, Nuremberg

Division & Att'y: Ministries – Dr. Kempner

Compiled by: D. Purcell

SUMMARY

Subject doubts that his writings could be interpreted as setting forth the ideological principles for a war of aggression. He points out that the Großraum concept was not peculiar to HITLER, and recommends that his writings should not be judged until they have been thoroughly studied in their scientific context. He states that lectures he held abroad, in the Balkans, Spain, France, etc., were financed partly by the inviting societies, partly by German offices.

DISTRIBUTION:

General Taylor	1	Library (Rm. 307)	1
Mr. Ervin	1	Library of Congress	2
Mr. LaFollette	1	German War Doc. Project	2
Mr. DuBois	1	Mr. Rapp	5
Mr. Raugust	1	Each Division	8
Mr. Anspacher	1	Mr. Sprecher	8
Mr. J. Kaufman (Rm. 313)	1	Mr. Lyon	10
Dr. Kempner	1	Mr. Thayer	10
WD, G-2	1		

INTERROGATION # ....

> Vernehmung des Karl [sic!] SCHMITT
> durch Mr. KEMPNER,
> present Miss Jane Lester
> am 3. April 1947 nachmittags,
> Stenografin: Irmtrud Maurer

Es erscheint aus der Haft vorgeführt, Herr Carl SCHMITT, geb. 11. Juli 88 in Plettenberg, verheiratet, wohnhaft in Berlin-Schlachtensee.

F.: Sie brauchen nicht auszusagen, Herr Professor SCHMITT, wenn Sie nicht wollen und wenn Sie denken, daß Sie sich belasten. Aber wenn Sie aussagen, dann wäre ich Ihnen dankbar, wenn Sie die reine Wahrheit sagen, nichts verschweigen und nichts hinzusetzen werden. Wollen Sie das?

A.: Ja, selbstverständlich.

F.: Und wenn ich auf etwas komme, durch das Sie sich belasten könnten, so können Sie einfach sagen, ich möchte darüber nicht sprechen.

A.: Ich bin bei C.I.C. und im Lager schon vernommen worden [1] Ich würde mich freuen, wenn ich alles sagen kann, was ich weiß. Ich möchte aber wissen, was mir zum Vorwurf gemacht wird. Alle bisherigen Vernehmungen endeten schließlich in wissenschaftlichen Erörterungen.

F.: Ich weiß nicht, wonach andere Herren Sie gefragt haben. Ich sage Ihnen ganz offen, woran ich interessiert bin; an Ihrer Mitwirkung direkt und indirekt der Planung von Angriffskriegen, von Kriegsverbrechen und von Verbrechen gegen die Menschlichkeit.

A.: Planung von Angriffskriegen ist ein neuer Tatbestand, der sehr weit ist.

F.: Ich nehme an, daß Sie als Professor des öffentlichen Rechts genau wissen, was ein Angriffskrieg ist. Stimmen Sie mit mir darüber überein, daß Polen, Norwegen, Frankreich, Rußland, Dänemark, Holland überfallen worden sind? Ja oder nein?

A.: Selbstverständlich, selbstverständlich.

F.: Haben Sie nicht die ideologischen Grundlagen für derartige Dinge geschaffen?

A.: Nein.

F.: Können nicht Ihre Schriften den Eindruck erwecken, als ob Sie das getan haben?

A.: Das glaube ich nicht; für den, der sie gelesen hat.

F.: Haben Sie eine neue Völkerrechtsordnung erstrebt im Sinne der Hitlerischen Ideen?

A.: Nicht im Sinne der Hitlerischen Ideen und nicht erstrebt, sondern eine Diagnose gestellt.

F.: Wie standen Sie zu der Judenfrage, ganz allgemein, und wie sie im 3. Reich behandelt wurde?

A.: Für ein großes Unglück, und zwar von Anfang an.

F.: Haben Sie den Einfluß Ihrer jüdischen Kollegen, die Völkerrechtslehrer waren, für ein Unglück gehalten?

A.: Außer Erich KAUFMANN war kein jüdischer Rechtslehrer da. Er war Militarist und Bellizist. Der Satz stammt von ihm: „Das soziale Ideal ist der Sicherheitskrieg" [2] aus der Schrift „Die clausula rebus sic stantibus" und die „Grundlage des Völkerrechts".

F.: Nun ist aber nicht Erich Kaufmann hier, sondern Sie.

A.: Ich will ihn nicht belasten. Ich möchte auch nicht den Eindruck erwecken, diesen Mann zu belasten.

F.: Würden Sie nicht sagen, daß ein gewisser Unterschied zwischen einem jüdisch beeinflußten Völkerrecht und Staatsrecht war und dem, wie Sie es gelehrt und propagiert haben?

A.: Dafür war die Haltung der jüdischen Kollegen nicht einheitlich genug.

F.: Sie haben in dieser Richtung nie etwas geschrieben?

A.: Nein.

F.: Sie haben nie etwas geschrieben?

A.: Ich habe nur einmal geschrieben, daß in der Gebietstheorie die jüdischen Theoretiker keinen Sinn für diese Gebietstheorie haben.

F.: Wo haben Sie das geschrieben?

A.: In einem kleinen Aufsatz einer Zeitschrift der Raum-Forschung 1940–41 [3].

F.: Wie heißt der Aufsatz?

A.: Ich kann mich wirklich nicht auf den Titel besinnen.

F. Wer hat die Zeitschrift herausgegeben?

A.: Die Reichsstelle für Raumforschung.

F.: Wieviel Seiten hatte der Aufsatz?

A.: Die „Völkerrechtliche Großraumordnung" hatte 50 große Oktavseiten [4].

F.: Wieviel Auflagen?

A.: Ich glaube 5 oder 6. Da ist der Aufsatz aus der Zeitschrift für deutsche Raumforschung abgedruckt worden, und zwar im deutschen Rechtsverlag. Es war ein Verlag des NS Juristenbundes.

F.: Sie hatte ein Hakenkreuz in ihrem Verlagssymbol?

A.: Ja, sicher [5].

F.: Wenn man Ihre Schriften liest, so bekommt man einen ganz anderen Eindruck, als wie Sie es jetzt darstellen.

A.: Wenn man sie ganz liest, hat es mit Jüdischem sehr wenig zu tun.

F.: Sie geben aber zu, daß das absolut eine Völkerrechtstheorie des Lebensraumes ist?

A.: Ich sage Großraum.

F.: HITLER war auch für den Großraum.

A.: Das waren sie wohl alle gewesen, auch Angehörige anderer Staaten.

F.: Wenn man diesen Aufsatz liest, ist es doch der reinste Hitlerstil.

A.: Nein. Ich bin stolz darauf, daß ich seit 1936 damit nichts zu tun hatte.

F.: Vorher ist also der Hitlerstil bei Ihnen zu finden.

A.: Nein, das habe ich nicht gesagt. Bis 1936 habe ich es für möglich gehalten, diesen Phrasen einen Sinn zu geben.

F.: Sie haben die Redaktion von verschiedenen Zeitschriften übernommen, die Sie vorher nicht hatten. Die deutsche Juristenzeitung zum Beispiel?

A.: Von 1934 bis 1936 [6].

F.: Wäre es nicht besser gewesen, sich damit nicht zu beschäftigen?

A.: Ja, jetzt kann man das sagen.

F.: Dem Beschuldigten wird seine Schrift „Völkerrechtliche Großraumordnung", 4. Auflage vorgehalten und folgender Satz auf Seite 63 vorgelesen:
„Diese jüdischen Autoren haben natürlich die bisherige Raumtheorie so wenig geschaffen, wie sie irgend etwas anderes geschaffen haben. Sie waren doch auch hier ein wichtiges Ferment der Auflösung konkreter raumhaft bestimmter Ordnungen."

F.: Wollen Sie bestreiten, daß das der reinste Goebbelsstil ist? Ja oder nein?

A.: Ich bestreite, daß das Goebbelsstil ist nach Inhalt und Form. Ich möchte betonen, den hochwissenschaftlichen Zusammenhang der Stelle zu beachten. Der Intention, der Methode und der Formulierung nach eine reine Diagnose.

F.: Wollen Sie noch irgend etwas sagen?

A.: Ich bin hier als was? Als Angeklagter?

F.: Das wird sich noch herausstellen.

A.: Alles, was ich gesagt habe, insbesondere dieser Satz ist nach Motiv und Intention wissenschaftlich gemeint, als wissenschaftliche These, die ich vor jedem wissenschaftlichen Kollegium der Welt zu vertreten wage.

F.: Wir sind aber hier vor einem Strafgericht. Sie waren der leitende, einer der führenden Juristen des 3. Reiches.

A.: Jemand, der 1936 im „Schwarzen Korps" öffentlich diffamiert worden ist, kann nicht so bezeichnet werden [7].

F.: Wie stimmt Ihre Auffassung mit der Tatsache überein, daß Sie nach 1936 in Budapest, Bukarest, Salamanka, Barcelona, in dem berüchtigten Spionage- und Propaganda-Institut „Deutsches Institut Paris" und anderen Stellen vom Nazireich finanzierte Vorträge gehalten haben [8]?
Haben Sie Vorträge gehalten? Ja oder nein?

A.: Ja, ich habe Vorträge gehalten. Sie sind nicht bezahlt worden.

F.: Wer hat Ihnen die Reise bezahlt?

A.: Teils die einladenden Gesellschaften, teils deutsche Stellen.

F.: Also das Nazireich?

A.: Das war für mich eine Tribüne; eine andere hatte ich nicht.

F.: Sie sehen, daß diese Sache mit der Diffamierung auf der einen Seite und auf der anderen Seite Ihre Vorträge ein gewisser Gegensatz ist, der mir etwas schwer verständlich ist.

A.: Wenn Sie Interesse an einer Erklärung haben, gebe ich sie gern. Es ist das erste Gespräch, das ich darüber seit 1933 führe. Es ist mein Wunsch, darüber zu sprechen.

F.: Es handelt sich um die Frage, inwieweit haben Sie die Kriegsverbrechen, die Verbrechen gegen die Menschlichkeit, die zwangsweise Ausdehnung und Ausweitung des Großraumes wissenschaftlich untermauert? Wir stehen auf dem Standpunkt, daß die ausführenden Organe in Verwaltung, Wirtschaft und Armee nicht wichtiger sind, als die Herren, die die Theorie, den Plan zu der ganzen Sache erdacht haben. Wollen Sie evtl. aufschreiben, was Sie zu sagen haben? Inwieweit haben Sie die theoretische Untermauerung der Hitlerischen Großraumpolitik gefördert?

A.: Ich werde es aufschreiben. Das wäre also die Frage.

Anmerkungen zur Vernehmung am 3. April 1947

[1] *Schmitt* war zwischen dem 26. 9. 1945 und dem 10. 10. 1946 zunächst im US Interrogation Center, seit dem 31. 10. 1945 in zwei Berliner Internierungslagern der Besatzungsmacht in Haft; s. dazu hier S. 11 ff.

[2] Vermutlich ein Hör- oder Übertragungsfehler; das soziale Ideal war der „siegreiche Krieg"; vgl. dazu und zu dem Autor *Erich Kaufmann*: H. *Quaritsch*, Eine sonderbare Beziehung: Carl Schmitt und Erich Kaufmann, in: FS W. Schuller, Konstanz 2000.

[3] „Der neue Raumbegriff in der Rechtswissenschaft", in: Raumforschung und Raumplanung, 4. Jg. 1940, S. 440 – 443.

[4] Die Schrift „Völkerrechtliche Großraumordnung mit Interventionsverbot für raumfremde Mächte" war 1939 selbständig erschienen, und zwar im „Deutschen Rechtsverlag" (4. Aufl., Berlin 1941). Die fünfte Auflage, ein Neudruck der vierten, erschien Berlin 1991. Der Text ist erneut abgedruckt in: *Carl Schmitt*, Staat – Großraum – Nomos (S. 269 – 320), mit einem opulenten Anmerkungsapparat von *G. Maschke* (S. 321 – 341) und einem „Anhang des Herausgebers" (S. 341 – 371), der zugleich der umfänglichste Forschungsbericht zum Thema ist.

[5] Hier irrte *Schmitt*, der Verlag führte erst seit 1940 ein Verlagssignet – ohne Hakenkreuz oder ähnliche Bezugnahmen auf NS-Symbole, vgl. *P. Tommissen*, Schmittiana V, S. 164. Die Zeitschrift „Raumforschung und Raumplanung" (vgl. Anm. 3) hatte als Erzeugnis des Kurt Vowinckel-Verlages (Heidelberg, Berlin) überhaupt kein Verlagssignet.

[6] *Schmitt* war Herausgeber der Deutschen Juristen-Zeitung von 1934 (39. Jg., Heft 11) bis 1936 (41. Jg., Heft 24). Zu den zwölf Mitherausgebern zählten *Victor Bruns* und *Johannes Popitz*. Die „Zeitschrift für ausländisches Öffentliches Recht und Völkerrecht" nannte ihn von 1933 bis 1944 (Bd. IV-XII) als Mitherausgeber; Herausgeber war *Victor Bruns*.

[7] X, Eine peinliche Ehrenrettung, in: Das Schwarze Korps v. 3. 12. 1936, Nr. 49, S. 14; X, Es wird immer noch peinlicher!, ebd., v. 10. 12. 1936, Nr. 50, S. 2. Die Artikel reagierten auf einen ausführlichen Text, den *Schmitts* Schüler *Günther Krauss* über seinen Lehrer unter dem Titel veröffentlicht hatte „Von der Kirche über den Staat zum Reich", in: Jugend und Recht, Herbst 1936. *Schmitt* hatte den Entwurf gelesen und *Krauss* aufgefordert, den Artikel nicht zu publizieren. *Krauss* hatte seinen Text jedoch der Redaktion bereits eingesandt. Über diesen Vorgang, der *Schmitts* Karriere im Dritten Reich endgültig beendete, *G. Krauss*, in: Schmittiana III, S. 50.

[8] Zwischen 1941 und 1944 trug *Schmitt* zumeist auf Einladung von Fakultäten oder universitätsnahen Instituten insgesamt zwölfmal in Frankreich, Spanien, Portugal, Rumänien und Ungarn vor; über Zeitpunkte, Ort und Themen vgl. FN 45.

2. Das zweite Verhör

OFFICE OF U.S. CHIEF OF COUNSEL FOR WAR CRIMES
APO 696 A
EVIDENCE DIVISION
INTERROGATION BRANCH

INTERROGATION SUMMARY NO. 1992

Interrogation of: Carl SCHMITT, Professor of Constitutional Law

Interrogation by: Dr. Kempner, 21 April 1947, Nuremberg

Division & Att'y: Ministries – Dr. Kempner

Compiled by: D. Purcell

SUMMARY

Subject states that he was in no decisive position, nor did he in any way aid in the preparations for offensive war. He portrays himself as an intellectual adventurer who is accustomed to accept the risk and to pay the cost. New thoughts and knowledge come into being only through such adventuring, he points out, observing that Christianity also resulted in the murder of millions.

It is also brought out in the interrogation that LAMMERS was Chief of the Reich Chancellary, a focal point of activity.

DISTRIBUTION:

General Taylor	1	Library (Rm. 307)	1
Mr. Ervin	1	Library of Congress	2
Mr. LaFollette	1	German War Doc. Project	2
Mr. Anspacher	1	Mr. Rapp	5
Mr. DuBois	1	Mr. Sprecher	8
Mr. Raugust	1	Each Division	8
Mr. J. Kaufman (Rm. 288)	1	Mr. Lyon	
Mr. Adams (Rm. 344)	1	Mr. Thayer	10
Dr. Kempner	1		
WD, G-2	1		

INTERROGATION #...........

Vernehmung des Professor Carl SCHMITT
durch MR. DR. R. M. W. KEMPNER,
present Miss Rentelen
am 21. April von 14.00 bis 14.30 Uhr
Stenografin: Irmtrud Maurer.

Es erscheint Herr Professor Carl SCHMITT, geb. 11. 7. 88.

F.: Waren Sie so freundlich, die Dinge aufzuschreiben?

A.: Es hat lange gedauert, weil ich den Tisch so spät bekommen habe. Darf ich es Ihnen überreichen?

F.: Ich muß mir das natürlich in Ruhe einmal durchlesen.
Wer hatte Sie zum Deutschen Institut in Paris eingeladen?

A.: Der Leiter Dr. EPTING. Auf Veranlassung bestimmter Herren, die er kannte. Der Vortrag war ein Vorwand für die Reise. Ich kam dort auch mit Pierre LINN zusammen, ein jüdischer Freund mit seiner Frau.

F.: Mich interessiert das Deutsche Institut.

A.: Ich hatte sehr wenig damit zu tun. Der Leiter war EPTING [1]. Die treibende Kraft zu meiner Einladung war Dr. BREMER [2]. Er hatte viele Freunde, auch Franzosen wie Alfred FABRE de Luce [3].

F.: Wollen Sie so gut sein, die Seiten mit Ihrem Anfangsbuchstaben C.S. unterzeichnen? Sind die Sachen alle richtig? Dann schreiben Sie bitte: Die Richtigkeit obiger Ausführungen wird an Eides statt versichert.

A.: Jawohl. Darf ich noch etwas fragen?

F.: Welche Fragen haben Sie noch?

A.: Sie wollten mir die „Völkerrechtliche Großraumordnung" leihen.

F.: Haben Sie die nicht bekommen?

A.: Nein, ich habe noch keine Antwort von meiner Frau. Darf ich meine Frau bitten, daß sie mir das Manuskript der Vorträge über die Lage der europäischen Rechtswissenschaft schickt? Das Manuskript liegt noch beim Verlag. Der Vortrag war nämlich für eine Festschrift für POPITZ [4] gedacht. Ich habe kein Wort gesagt, was nicht in diesem Manuskript steht. Das gibt vielleicht das beste Bild über meine Ausführungen, die ich in Bukarest, Budapest, Madrid, Barcelona, Coimbra machte.

F.: Haben Sie sich nun irgendwie abfinden können mit Ihrer Rolle, die Sie im Dritten Reich hatten, und der Vorbereitung krimineller Handlungen, wie ich sie auffasse?

A.: Es handelt sich nicht eigentlich darum, daß hier Tatsachen streitig sind. Ich gebe sie zu. Es geht um die Deutung und um die juristische Wertung. Ich kann als langjähriger Professor der Rechtswissenschaft das Denken nicht lassen.

F.: Das sollen Sie auch nicht. Um uns noch einmal klar zu machen, wie die Theorie der Staatsanwaltschaft ist: Haben Sie an der Vorbereitung usw. von Angriffskriegen und anderer damit verbundener Straftaten an entscheidender Stelle mitgewirkt? Ihre Antwort darauf ist? Können Sie das in einem Satz präzisieren?

A.: Ich habe weder an einer entscheidenden Stelle gestanden, noch habe ich an der Vorbereitung von Angriffskriegen mitgewirkt.

F.: Unsere Theorie über das Wort: „entscheidende Stelle": Steht nicht einer der führenden Universitätsprofessoren auf diesem Gebiet, an einer mindestens so entscheidenden Stelle, wie andere hohe Staats- oder Parteibeamte?

A.: Auch in einem totalitären Staat?

F.: Ja, gerade in einem totalitären System. Und dann weiter:
Was wir unter Angriffskriegen verstehen, ist sehr klar im Urteil des IMT ausgedrückt, das Sie kennen.

A.: Ja, es wäre mir angenehm, wenn ich noch den vollen Text haben könnte. Ich habe ja gar kein Material. Ich habe noch eine letzte Frage, die mit dem Vorhergegangenen nicht zusammenhängt. Sie erwähnten den Namen Radbruch [5]. Ich kenne ihn weniger. Wenn Sie sich über meine Tätigkeit als Professor in den letzten 10 Jahren erkundigen wollen, bitte ich Sie, bei Kollegen zu fragen, die mich wirklich gekannt haben.

F.: Wen z. B.?

A.: Carl BRINKMANN [6]. Er war in Berlin bis 1944 und ist jetzt in Erlangen.

F.: Ich werde ihn gern mal fragen. War er Parteigenosse?

A.: Nein, sonst wäre er nicht jetzt Ordinarius in Erlangen. Ich glaube nicht, daß er Parteigenosse war. Es ist ihm vielleicht nicht angenehm, das zu tun. Dr. Carl Schmitt Mythos ist ein reiner Mythos. Carl Schmitt ist eben ein sonderbarer Mensch, nicht nur Professor, er ist auch noch aus Anderem zusammengemixt. Ich habe das bemerkt, wie ich von Dr. Flechtheim vernommen wurde. Sie können sich informieren.

F.: Ich habe meine Quellen.

A.: RADBRUCH ist ein Politiker. Er konstruiert sich irgend etwas zurecht und versteht nicht, daß ein Mensch ruhig am Schreibtisch sitzen kann.

F.: Ist Rousseau von seinem Schreibtisch weggegangen?

A.: Nein.

F.: Wer ist noch nicht von seinem Schreibtisch weggegangen?

A.: Thomas HOBBES.

F.: Es ist sehr schwer, eine strafrechtliche Entscheidung zu treffen.

A.: Darf ich Ihnen offen sagen, ich bin 3 Wochen in der Einzelhaft ...

F.: Wollen Sie nicht allein sein?

A.: Ich bitte darum, auch weiter allein zu sein. Es wurden mir damals, als ich in Arrest kam, alle möglichen Fragen gestellt. Ich sagte darauf nur: Ich möchte über meinen Fall von meinem Niveau aus sprechen können. Ich habe nur den Wunsch, mir selber klar zu werden. Dafür ist mir mein Name, meine Physiognomie zu gut. Ich hatte Hunderte von Schülern in allen Ländern, Tausende von Zuhörern.

F.: Soweit sich das auf Hörer bezieht, schwankt Ihr Charakterbild in der Geschichte.

A.: Das wird immer so sein, wenn jemand in solcher Situation Stellung nimmt. Ich bin ein intellektueller Abenteurer.

F.: Sie haben intellektuelles Abenteurerblut!?

A.: Ja, so entstehen Gedanken und Erkenntnisse. Das Risiko nehme ich auf mich. Ich habe immer noch meine Zeche bezahlt. Ich habe noch nie den Zechpreller gespielt.

F.: Wenn aber das, was Sie Erkenntnissuchen nennen, in der Ermordung von Millionen von Menschen endet?

A.: Das Christentum hat auch in der Ermordung von Millionen Menschen geendet. Das weiß man nicht, wenn man es nicht selber erfahren hat. Ich fühle mich gar nicht, etwa wie mancher als unschuldig Gekränkter, dem etwas Entsetzliches passiert.

F.: Aber das können Sie nicht vergleichen. Und ist es nicht einfach gesagt eine strafrechtliche Untersuchung Ihrer Struktur?

A.: Da kann ich Ihnen vieles sagen. Wenn ich gefragt werde, macht es mir Freude, meine Ansicht ehrlich auszusprechen.

F.: Ich möchte Sie gern etwas fragen, ohne Ihre eigenen Dinge zu berühren. Nehmen wir mal einen Fall auf einem anderen Gebiet. Sie kennen Herrn LAMMERS und als Staatsrechtler seine Stellung. Sie wissen, was ein Reichsminister ist?

A.: Persönlich habe ich ihn 1936 einmal gesehen. Er war Chef der Reichskanzlei, wo sich alles konzentriert.

F.: Wie erklären Sie psychologisch, daß ein Mann wie Lammers als alter Berufsbeamter Hunderte von furchtbaren Sachen unterschrieb?

A.: Das verstehe ich nicht. Das habe ich nicht getan.

F.: Das bezieht sich nicht auf Sie, Sie haben solche Dinge vermieden. Wie erklären Sie, daß ein Diplomat wie Herr von WEIZSÄCKER als Staatssecretär Hunderte solche Sachen unterschrieben hat?

A: Ich möchte Ihnen eine schöne Antwort darauf geben. Die Frage hat eine große Bedeutung, ein vornehmer Mann wie der Herr von WEIZSÄCKER ... Ich muß mich nur hüten ...

F.: Da können Sie in's Verfassungsrechtliche hineinkommen; bei diesem Thema. Jetzt frage ich Sie nicht über Lammers persönlich, sondern über die Stellung des Chefs der Reichskanzlei in einem totalitären Staat. Ich frage Sie als Staatsrechtler, weder als Beschuldigten noch als Angeschuldigten oder Zeugen. Ich frage Sie hier rein als Sachverständigen, warum diese Stellung wichtiger ist als die anderer Reichsminister?

A.: Vielleicht war BORMANN [7] wichtiger.

F.: Das ist nicht ganz zutreffend. Die Stellung von Bormann ist erst 41 – 42 wichtig geworden.

A.: Ich will versuchen, es so gut wie möglich schriftlich für Sie zu formulieren.

F.: Im Bismarckschen Reich hätte ich gesagt: Lammers hatte die Klinke zur Tür des Diktators. Erklärt das die Bedeutung seiner Stellung?

A.: Ja.

F.: Schreiben Sie es einmal in einer kleinen Abhandlung auf.

Interrogator: ....
                  Dr. R. M. W. Kempner

Witness: ....
                  Miss Rentelen

Stenographer: ....
                  Irmtraud [sic!] Maurer

Anmerkungen zur Vernehmung am 21. April 1947

[1] *Karl Epting* (1905 – 1979), Leiter des Deutschen Instituts in Paris 1940 – 1944; über ihn und das Institut ausführlich *Michels*, Das Deutsche Institut in Paris 1940 – 1944, S. 19 ff. u. durchgehend; s. auch *G. Maschke*, in: C. Schmitt, Staat – Großraum – Nomos, S. 216 f.

[2] *Karl-Heinz Bremer* (1911 – 1942) war Leiter der wissenschaftlichen Abteilung des Deutschen Instituts in Paris; 1936 – 38 Lektor an der École Normale Supérieure in Paris, Übersetzer der Werke von *Henri de Montherlant. B.* fiel 1942 in Rußland. Einige Details m. weit. Nachw. jetzt bei *Hausmann*, „Deutsche Geisteswissenschaft" im Zweiten Weltkrieg, S. 281 ff.

[3] *Alfred Fabre-Luce* (1899 – 1983), franz. Schriftsteller; in den zwanziger Jahren Kritiker des Vertrages von Versailles und der französischen Rhein-Politik. Seine Bücher wurden seit Weimarer Zeit auch in Deutschland übersetzt. Als Anhänger der Vichy-Regierung und scharfer Kritiker de Gaulles noch in den sechziger Jahren heute in Deutschland so gut wie vergessen.

[4] *Johannes Popitz* (1884 – 1945) war 1925 – 1929 Staatssekretär im Reichsfinanzministerium, seit 1922 Professor für Steuerrecht in Berlin, einflußreicher Steuerpolitiker und Finanztheoretiker. Unter Reichskanzler Schleicher Reichsminister ohne Geschäftsbereich und kommissarischer Leiter des preußischen Finanzministeriums. Von April 1933 bis Juli 1944 preußischer Finanzminister. Seine Beziehungen zum innerdeutschen Widerstand seit 1938 erläutert *Gerhard Schulz*, Über Johannes Popitz, in: Der Staat 24 (1985), S. 485 – 511. Seinem Verhältnis zu Schmitt widmet sich *Lutz-Arwed Bentin*, Johannes Popitz und Carl Schmitt, München 1972, bes. S. 123 ff. *Popitz* wurde nach dem Attentat vom 20. 7. 1944 am 3. 10. 1944 zum Tode verurteilt und am 2. 2. 1945 in Berlin-Plötzensee hingerichtet.

[5] *Gustav Radbruch* (1878 – 1949), Strafrechtslehrer und Rechtsphilosoph, Privatdozent Heidelberg 1903, o. Professor Kiel 1919, Heidelberg 1926 – 1933, Mitglied der Verfassunggebenden Nationalversammlung (SPD), MdR 1920 – 1924, Reichsjustizminister 1921 – 22, 1923. Zwangsweise emeritiert 1933 – 1945.

[6] *Carl Brinkmann* (1885 – 1954), Nationalökonom und Soziologe, o. Prof. in Heidelberg 1923, Berlin 1942, Erlangen 1946 (Vertretung), seit 1947 in Tübingen.

[7] *Martin Bormann* (1900 – 1945), seit 1941 Leiter der Parteikanzlei, 1943 „Sekretär des Führers", im Nürnberger IMT-Prozeß in absentia zum Tode verurteilt (*B.* war am 2. 5. 1945 nach dem Ausbruch aus dem Bunker der Reichskanzlei gefallen).

3. Das dritte Verhör

OFFICE OF U.S. CHIEF OF CONSEL FOR WAR CRIMES
APO 696 A
EVIDENCE DIVISION
INTERROGATION BRANCH

INTERROGATION SUMMARY NO. 2161

Interrogation of:	Carl SCHMITT, Professor of Law and Political Science
Interrogated by:	Dr. Kempner, 29 April 1947, Nuremberg
Division & Att'y:	Ministries – Dr. Kempner
Compiled by:	M. B. Morrison

SUMMARY

Subject states that he felt superior to National-Socialism. HITLER was uninteresting, to his way of thinking. SCHMITT joined the Party in 1936 [1]. When asked if he is not ashamed of having written that German courts should be under the control of National-Socialism, he states that he was forced to write such things by the National Socialist Legal Bund and that, at that time, in 1933, he did not realize that HITLER was a dictator. Such an absolute dictatorship was something new. He believes that the only parallel case is the Bolshevistic dictatorshiph and LENIN. Subject considers Hitlerism a disgrace.

DISTRIBUTION:

General Taylor	1	WD, G-W2	1
Mr. Ervin	1	Library	1
Mr. LaFollette	1	Library of Congress	2
Mr. Dreyer	1	German War Doc. Proj.	2
Mr. DuBois	1	Mr. Rapp	2
Mr. Raugust	1	Mr. Lyon	3
Mr. Adams	1	Each Division	8
Mr. J. Kaufman	1	Mr. Levy	8
Dr. Kempner	1	Mr. Thayer	20
Mrs. Uiberall	1		

INTERROGATION #............

> Vernehmung des Carl SCHMITT
> durch MR. DR. R. M. W. KEMPNER.
> present: Miss Lester, Miss Rentelen, Mr. Debbs
> am 29. April 1947 vormittags
> Stenografin: Irmtrud Maurer.

F.: Wie geht es Ihnen, Herr Professor SCHMITT? Haben Sie etwas aufgeschrieben?

A.: Ja. Ich habe Ihnen die beiden Ausarbeitungen mitgebracht und habe sie paraphiert. Ich wußte nicht mehr genau den Wortlaut Ihres Vorwurfes: „Haben Sie an der Vorbereitung von Angriffskriegen mitgewirkt usw.?"

F.: Versichern Sie die Richtigkeit Ihrer Angaben an Eides Statt?

A.: Ich versichere die Richtigkeit der Angaben von Seite 1–17 an Eides Statt. Das ist eine Ausarbeitung, ein Gutachten.

F.: Schreiben Sie bitte am Ende Ihrer Ausarbeitung: Ich versichere, oben stehendes Gutachten nach bestem Wissen und Gewissen abgegeben zu haben.

A.: Ja. Das Gutachten steht auf Seite 1–15.

F.: Ich werde mir das sehr genau ansehen.

A.: Ich bin glücklich, wieder einen Leser gefunden zu haben. Im allgemeinen sind meine Schriften sehr schlecht gelesen worden. Ich fürchte oberflächliche Leser.

F.: Ich lese es nicht nur vom Standpunkt des Strafrechts, sondern auch vom Standpunkt des Verfassungsrechts aus.

A.: Ich habe es mit großem Interesse geschrieben.

Professor Carl SCHMITT überreicht Aufzeichnung über die staatsrechtliche Stellung des Reichsministers und Chefs der Reichskanzlei – Seite 1–15.

Kann man nicht zum Ausdruck bringen, daß ich das nicht auf eigene Initiative tat?

F.: Die Aufzeichnung über die staatsrechtliche Stellung des Reichsministers und Chefs der Reichskanzlei hat Professor Carl SCHMITT auf Veranlassung des Vernehmenden gemacht.

Haben Sie Scheu, es aus eigener Initiative zu tun?

A.: Das nicht. Es ist vielleicht ungehörig in meiner Lage.

F.: Prof. C. SCHMITT überreicht ferner seine eigene Stellungnahme zu dem Vorwurf über die Mitwirkung an Angriffskriegen.

Waren Sie Mitglied der SS?

A.: Nein.

F.: Inwieweit haben Sie an der ideologischen Vorbereitung der SS-Ideologie mitgewirkt?

A.: Überhaupt nicht. Ich war ein Gegner der SS. Ich wurde im „Schwarzen Korps" öffentlich beleidigt und diffamiert [2].

F.: Kennen Sie Gottlob BERGER [3]?

A.: Ich habe ihn niemals gesehen.

F.: Waren Sie nicht das Ideal der SS-Professoren BOEHM [4] usw.?

A.: Das kann man nicht sagen, wenn in einem totalitären System ein Staatsrat öffentlich angespuckt wird, wie es das „Schwarze Korps" z. B. gemacht hat.

F.: Nachdem Sie angespuckt wurden, sind Sie nach Salamanca, Paris, Madrid usw. gefahren? [5]

A.: Das geschah 1943 auf besondere Einladung der Fakultäten.

F.: Sie hatten mit der SS nichts zu tun?

A.: Ich stand im schärfsten Gegensatz zu ihr. Ich wurde heimlich von der SS beobachtet und kontrolliert [6].

F.: Haben Sie nicht gesagt, die deutsche Gesetzgebung und die deutsche Rechtsprechung haben vom nationalsozialistischen Geist erfüllt zu werden?
Ja oder nein?
Haben Sie das gesagt zwischen 1933 und 1936?

A.: Ja. Ich war von 1935 bis 1936 Leiter der Fachgruppe. Ich fühlte mich damals überlegen. Ich wollte dem Wort Nationalsozialismus von mir aus einen Sinn geben.

F.: HITLER hatte einen Nationalsozialismus, und Sie hatten einen Nationalsozialismus.

A.: Ich fühlte mich überlegen.

F.: Sie fühlten sich Adolf HITLER überlegen?

A.: Geistig unendlich. Er war mir so uninteressant, daß ich gar nicht darüber sprechen will.

F.: Wann haben Sie dem Teufel abgeschworen?

A.: 1936.

F.: Schämen Sie sich nicht, damals derartige Dinge geschrieben zu haben, wie z. B., daß die Rechtsprechung nationalsozialistisch sein soll?

A.: Ich habe das 1933 geschrieben.

F.: Stellt Ihnen das ein gutes oder schlechtes Zeugnis aus?

A.: Es war eine These. Der N.S. Juristenbund riß es mir gewissermaßen aus der Zunge heraus. Es war damals eine Diktatur, die ich noch nicht kannte.

F.: Sie kannten keine Diktatur?

A.: Nein. Diese totale Diktatur war in der Tat etwas Neues. Die Methode HITLERS war neu. Es gab nur eine Parallele, das war die bolschewistische Diktatur von Lenin.

F.: War das etwas Neues?

A.: Ja, sicher.

F.: Sie haben in Ihrer eigenen Bibliothek Schriften über die totalitäre Diktatur.

A.: Nicht totalitär.

F.: Schämen Sie sich, daß Sie damals derartige Dinge geschrieben haben?

A.: Heute selbstverständlich.
Ich finde es nicht richtig, in dieser Blamage, die wir da erlitten haben, noch herumzuwühlen.

F.: Ich will nicht herumwühlen.

A.: Es ist schauerlich, sicher. Es gibt kein Wort darüber zu reden.

F.: Ich finde es besser, wenn wir uns draußen über solche Sachen unterhalten, nicht hier in Haft.

A.: Das wäre mir aus gesundheitlichen Gründen angenehm. Ich finde es auch im Interesse der Sache besser. Dieses Gutachten leidet doch unter dieser Situation.

F.: Ich will sehen, daß Sie nach Hause kommen.

A.: Meine Frau gibt die Wohnung in Berlin auf. Wir haben nun keine andere Unterkunft als bei meinen Schwestern in Westfalen. Können Sie nicht sehen, daß ich dort hinkomme und nicht automatisch nach Berlin geleitet werde?

F.: Das wird heute erledigt.

A.: Ich bitte darum.

Interrogator: ....
Dr. R. M. W. Kempner

Witness: ....
Miss Rentelen

Stenographer: ....
Irmtrud Maurer

Anmerkungen zur Vernehmung am 29. April 1947

1] Irrtum. *Schmitt* gab Ende April 1933 in Köln sein Aufnahmegesuch ab, 1937 wurde der Beginn seiner Mitgliedschaft wie für Hunderttausende andere aus dieser Zeit auf den 1. Mai 1933 datiert.

[2] Vgl. Anm. 7 zur Vernehmung am 3. April 1947.

[3] *Gottlob Berger* (1896–1975), seit 1940 SS-Obergruppenführer, Mitarbeiter Himmlers. *Berger* wurde im sog. Wilhelmstraßen-Prozeß zu 25 Jahren Haft verurteilt, die Strafe 1951 auf zehn Jahre ermäßigt, er selbst noch im gleichen Jahre entlassen.

[4] *Max Hildebert Böhm* (1891–1968), Ethnosoziologe („Das eigenständige Volk. Volkstheoretische Grundlagen der Ethnopolitik und Geisteswissenschaften", Göttingen 1932).

[5] Vgl. FN 45.

[6] Das Original der Schmitt-Akte des Nachrichtendienstes (SD) der SS verwahrt die „Wiener Library" in London; sie umfaßt 299 Blatt Schreibmaschinentext; der Mikrofilm befindet sich im Bundesarchiv.

4. Stellungnahme I

Nürnberg, 18 / 4 47
(überreicht 21 / 4 47). An Herrn Prof. Dr. Robert M. W. Kempner.

Beantwortung der Frage:
Wieweit haben Sie die theoretische Untermauerung
der Hitlerschen Grossraumpolitik gefördert?

Ich schicke voraus, dass das Wort „Grossraum" nicht von mir erfunden ist. Es ist seit 1923 in den deutschen Sprachgebrauch eingedrungen und keineswegs mein Monopol [1]. Es ist ein überaus vieldeutiges Schlagwort geblieben. Ich habe mich bemüht, die Klärung eines modernen Raum-Begriffes mit den Mitteln und Methoden meiner Fachwissenschaft zu fördern und zu formulieren. Meine Tätigkeit war wissenschaftliche Forschungsarbeit, die bei keinem Ergebnis stehen blieb, sondern jede gewonnene Erkenntnis als Antrieb zu weiterer Erkenntnis benutzte. Ich habe diesen Standpunkt unbeirrten wissenschaftlichen Weiter-Denkens in aller Schärfe und an auffälliger Stelle, nämlich in meinem Vorwort zu meiner Schrift „Völkerrechtliche Grossraumordnung" ausgesprochen und von mir selbst und von dieser meiner Schrift gesagt: „Wir sind Seefahrer auf hoher See und jedes Buch kann nicht mehr als ein Logbuch sein".* [2]

Damit habe ich meinen Abstand zu jeder politischen Festlegung und zu jedem Régime präzisiert und zwar gerade auch mit Bezug auf das Raum- und Grossraumproblem in der Völkerrechtswissenschaft. Darüber, dass ich mich als wissenschaftlich ernst zu nehmenden Gelehrten meines Faches legitimiert habe, brauche ich mich hier wohl nicht zu verbreiten. Ich bin den Weg unbeirrter wissenschaftlicher Beobachtung gegangen, gleichgültig, ob die Lautsprecher der jeweiligen Tagespolitik mir Beifall spendeten oder mich diffamierten, ob sie meine Formulierungen annektierten oder ignorierten. Das politische Interesse, das die wechselnden Machthaber und Régime an wissenschaftlichen Theorien nehmen, ändert sich fortwährend. Der wissenschaftliche Forscher kommt dadurch mit den entgegengesetztesten Fronten in Berührung. Er wird unnötige Kollisionen vermeiden und seinen Mördern nicht ins Messer laufen. Im übrigen aber muss er darauf vertrauen, dass der denkerische Impuls und die methodische Durchführung seiner Argumentation ihn und seine wissenschaftlichen Intentionen vor einer Gleichsetzung mit politischer Propaganda schützt.

Zur Beantwortung der Frage, wieweit ich durch meine Arbeit die theoretische Untermauerung der Hitlerschen Grossraumpolitik gefördert habe, darf ich zunächst Einiges über meine persönlichen Beziehungen zur Praxis des Hitlerschen Régimes und seiner Eroberungspolitik sagen.

---

* Nachträgliche Anmerkung: Der Satz ist aus dem Gedächtnis zitiert. Er lautet genau: „Wir gleichen Seeleuten auf ununterbrochener Fahrt und jedes Buch kann nicht mehr als ein Logbuch sein".

I. Meine persönlichen Beziehungen
zur Praxis der Hitlerschen Eroberungspolitik

1. Ich habe niemals in meinem Leben auch nur ein Wort mit Hitler gesprochen. Ich bin ihm auch in den 12 Jahren seiner politischen Macht niemals vorgestellt worden und habe ihm niemals die Hand gegeben. Ich habe auch niemals den Versuch dazu gemacht oder den Wunsch danach empfunden und niemals jemand in dieser Hinsicht bemüht. Ebenso habe ich Himmler, Göbbels [sic], Rosenberg, Hess, Bohle** [3] und die meisten anderen einflussreichen Männer des Regimes niemals in meinem Leben gesprochen oder mich darum bemüht, sie zu sprechen. Bei keinem habe ich auch nur eine Sekunde antichambriert. Göring [4] habe ich seit 1936 nicht mehr gesprochen; ich habe mich auch nicht darum bemüht, ihn zu sehen oder zu sprechen. Ribbentrop [5] habe ich ein einzigesmal 1936 gesehen und einige belanglose Worte mit ihm gewechselt. Sonst habe ich ihn nie gesprochen und auch nicht um eine Besprechung gebeten.

Frank [6] habe ich seit meiner öffentlichen Diffamierung vom Dezember 1936 nur noch einige Male gesehen, zwei- oder dreimal in den Jahren 1937/38 in Angelegenheiten der Akademie für Deutsches Recht, einmal mit Richard Strauss [7] zusammen und zweimal während des Krieges bei zufälligen, durch Frau Frank veranlassten Besuchen. Über Grossraumfragen habe ich niemals mit ihm gesprochen. Ich habe ihn auch niemals in seiner Eigenschaft als Generalgouverneur von Polen aufgesucht, war niemals in Krakau oder einem anderen polnischen Ort und habe während der 5 Jahre deutscher Besetzung den Boden des besetzten Polen nicht betreten.

2. Ich bin seit 1936 von Niemand, weder von einer Stelle noch von einer Person, weder amtlich noch privat um ein Gutachten gebeten worden und habe auch kein solches Gutachten gemacht, weder für das Auswärtige Amt noch für eine Partei-Stelle, noch für die Wehrmacht, die Wirtschaft oder die Industrie. Ich habe auch keinen Rat erteilt, der irgendwie auch nur entfernt mit Hitlers Eroberungs- oder Besatzungspolitik in Zusammenhang stände. Ich habe an keiner einzigen Pressekonferenz oder dergleichen teilgenommen und keinerlei besondere Informationen oder Instruktionen erhalten. Zu der Zusammenkunft von Intellektuellen, die Ribbentrop, wenn ich nicht irre im August 1939, in seinem Landhaus in Fuschl veranstaltet hat, bin ich nicht eingeladen worden. Ich habe mich auch nicht darum bemüht. Ich habe, wie viele andere Rechtslehrer, an mehreren Sitzungen des von Prof. Victor Bruns [8] geleiteten Ausschusses für Völkerrecht der Akademie für Deutsches Recht teilgenommen, habe mich aber dort, auch in Diskussionen, ganz zurückgehalten und nicht den geringsten Einfluss gehabt oder gesucht.

3. Ich habe während des Kriegs kein Amt und keine Stellung übernommen, weder als Kriegsgerichtsrat, noch als Kriegsverwaltungsrat im besetzten Gebiet, noch als Mitglied eines Prisenhofes oder irgend etwas Ähnliches. Es ist mir auch keine

---

** Anmerkung: Bohle habe ich inzwischen 1947 als Mitgefangenen gesehen.

solche Stellung angeboten worden, noch habe ich mich darum bemüht. Ich bin nicht einmal Nachfolger von Prof. Bruns in der Leitung des Instituts für ausländisches öffentliches Recht und Völkerrecht (Kaiser-Wilhelm-Gesellschaft) geworden, als Prof. Bruns im September 1943 gestorben war [9].

4. Die Möglichkeit zu Vorträgen im Ausland [10] hatte ich seit meiner öffentlichen Diffamierung (Dezember 1936) erst wieder im Jahre 1942, als Himmler und seine Umgebung anfingen, gegenüber dem Ausland unsicher zu werden und es für richtiger hielten, die dringenden Einladungen ausländischer juristischer Fakultäten und Akademien, die Vorträge von mir wünschten, nicht mehr wie bisher einfach zu ignorieren. Alle meine Vortragsreisen im Ausland hatten wissenschaftlichen Charakter und unterschieden sich darin nicht von den Auslandsreisen anderer deutscher Gelehrter z. B. des Romanisten Karl Vossler [11], der um die gleiche Zeit wie ich im Frühjahr 1944 in Spanien und Portugal Vorträge hielt. Anerkannte ausländische Gelehrte, die meine Vorträge an Ort und Stelle gehört haben, werden das gern bezeugen. Besondere Instruktionen oder Aufträge habe ich für diese Reisen nicht erhalten. Angesichts der scharfen und eifersüchtigen Kontrolle des deutschen SD habe ich mich vorsichtig verhalten, wie das jeder andere Kollege wohl auch getan hat.

5. Ich habe weder von der Hitler-Regierung noch von einer ausländischen Regierung Orden erhalten, auch keines der zahlreichen, aus Anlass jedes aussenpolitischen Erfolges so freigebig verliehenen Abzeichen (Ostmark-, Sudetenland-, Generalgouvernement- usw. Abzeichen). Ich hatte nicht einmal das einfache Kriegsverdienstkreuz, das schliesslich sogar der Pedell hatte, während höhere Ränge das Ritterkreuz des Kriegsverdienstkreuzes erhielten. Ich habe auch von der italienischen und von der ungarischen Regierung keinen der seit 1938 in solchen Mengen verteilten hohen oder niedrigen Orden erhalten. Im Winter 1943/44 hatte die rumänische Regierung beabsichtigt, mir, wie zahlreichen anderen deutschen Gelehrten (Gamillscheg, Butenandt [12] u. a.) die in Rumänien Vorträge gehalten hatten, einen Orden zu verleihen. Es ist aber bei mir nicht zur Ausfertigung der Verleihungsurkunde gekommen. Ich habe es auch vermieden, in dieser Hinsicht etwas zu tun und habe keinen meiner zahlreichen rumänischen Freunde und Schüler bemüht. Auch einen spanischen Orden habe ich, trotz meiner vielen spanischen Freunde und Verehrer, nicht erhalten. Im Jahre 1938 wollte die Regierung Franco mich zum Mitglied der Königlich Spanischen Akademie ernennen; sie hatte die Ernennung auch schon in der Presse mitgeteilt. Die deutsche Regierung hat aber das Agrément für mich ausdrücklich verweigert und verlangt, dass statt meiner Prof. Bruns zum Mitglied ernannt wurde, dem ich diese Auszeichnung gern überlassen habe.

6. Ich habe kein Institut gehabt, bin niemals Rektor oder Dekan geworden, habe niemals ein Auto besessen, weder einen Dienstwagen noch privat, war niemals Eigentümer eines Hauses oder Grundstückes und habe ausser meiner Bibliothek kein Vermögen gehabt. Mein Einkommen nach 1933 war erheblich geringer als das vor

1933. Die Staatsratsbezüge von 6 000 Mark jährlich haben bei weitem nicht den Ausfall von Honoraren für juristische Gutachten und literarische Publikationen ausgeglichen, die sich vor 1933 auf jährlich 10 – 15 000 Mark beliefen. Das Gesamthonorar für meine Schrift „Völkerrechtliche Grossraumordnung" hat für alle Auflagen zusammen noch keine 1 000 Mark betragen. Die Auflage war so gering (soviel ich mich erinnere je 500 Stück), wie es nur bei rein wissenschaftlichen Abhandlungen der Fall ist.

Dieses Fehlen jeder privaten Bereicherung erwähne ich hier nicht, um mich gegen den Vorwurf der Gewinnsucht oder des Eigennutzes zu verteidigen. Einen solchen Vorwurf hat mir bisher noch Niemand gemacht. Ich spreche hier nur deshalb von meiner Vermögenslage, weil sie einen Schlüssel bietet zum Verständnis meiner wirklichen Situation in einem ganz auf schnelle Bereicherung, auf Ämter- und Ordensjägerei eingestellten System. Dass ich ein Jahrzehnt öffentlicher Verleumdungen und geheimer Bespitzelung lebendig überstanden habe, erklärt sich nicht zum kleinsten Teil aus der Tatsache, dass ich einen seltenen oder auch seltsamen Fall eines Staatsrates darstellte. Ich war ein Staatsrat, bei dem nichts zu plündern war. Das ist ein Faktum, das bei einer Beurteilung meiner persönlichen Beziehungen zur Praxis der Hitlerschen Macht- und Beutepolitik nicht ganz ausser Betracht bleiben darf und für die Beurteilung meiner Motive und Intentionen von Bedeutung ist.

II. Die theoretische Untermauerung der Hitlerschen Eroberungspolitik

Das Meiste, was in Zeitungen und Zeitschriften über „Grossraum" geschrieben worden ist, stammt von Praktikern der Wirtschaft oder Verwaltung, die einen horizontlosen Ressort- oder oft auch Privat-Imperialismus betrieben, sodass man für ihre diesbezüglichen Enuntiationen das Wort „theoretisch" nicht gut verwenden kann. Das, was man mit einigem Recht als theoretische Untermauerung der Hitlerschen Eroberungspolitik bezeichnen darf, war eine heterogenes Gemisch, das sich in der Hauptsache aus drei verschiedenen Komponenten zusammensetzte [13]:

1) aus der Partei-Doktrin, nämlich Hitlers Äusserungen in seinem Buch „Mein Kampf" und der von Rosenberg und seinen Beauftragten, sowie von anderen Parteistellen vertretenen spezifisch biologischen Theorie vom „Lebensraum" und von der „Rasse";

2) aus den mehr advokatenhaften, apologetisch-völkerrechtlichen Aufsätzen und Abhandlungen, die in Zeitschriften und Broschüren erschienen und zu den einzelnen Vorgängen und Streitfragen (Einmarsch in Polen und in andere Länder, Fragen des Land-, See- und Luftkriegsrechts, der militärischen Okkupation, der Neutralität usw.) im Sinne des damaligen amtlichen Standpunktes der deutschen Regierung juristisch argumentierend Stellung nahmen;

3) aus der von einer Gruppe der SS geführten Richtung, die sich seit etwa 1941 in der Zeitschrift „Reich, Grossmacht, Lebensraum" (oder ähnlich) ihr* Organ geschaffen hatte.

Zu diesen drei Arten der theoretischen Untermauerung hat sich meine wissenschaftliche Theorie vom völkerrechtlichen Grossraum folgendermassen verhalten:

ad 1). Zu der Parteidoktrin stand meine aus rationalen Begriffen konstruierte Theorie vom Raum und Grossraum von Anfang an im Gegensatz. Ich ging vom Raumbegriff aus und lehnte biologische Gesichtspunkte und Argumente ab. Ebenso vermied ich es, von Rasse zu sprechen, weil dieses vieldeutige Wort damals bereits ganz von Hitler okkupiert war. Alle mit der Kontrolle des Schrifttums befassten Stellen standen mir deshalb mit offenem Misstrauen und Feindschaft gegenüber, auch wenn sie mich, unsicher geworden, tolerierten. Der „Völkische Beobachter" [14] hat meine Schrift über den Grossraum und meinen Namen nie genannt, obwohl es doch sonst zum Stil des Regimes gehörte, alles, was als „nationalsozialistisch" galt oder irgendwie erwünscht war, der ganzen Welt mit lautem Lärmen anzupreisen. Keine Stelle hat die Schrift zu Propagandazwecken aufgekauft oder verbreitet, während doch sonst die jämmerlichsten Broschüren der ganzen Welt in Massen aufgedrängt wurden. Meine Schrift stand auch nicht auf der Liste der weltanschaulich approbierten Schriften. Die vom Rosenbergschen Weltanschauungsamt geleiteten oder beeinflussten Stellen haben die Schrift stets als „nicht-nationalsozialistisch" gekennzeichnet und in Schulungsbriefen und ähnlichen Anweisungen vor mir gewarnt, weil ich Katholik war. In den „NS-Monatsheften" erschien eine Besprechung, in der die Schrift als „vatikanisch" verdächtigt wurde [15].

Die authentischen Hitler-Anhänger erklärten meine Schrift für überflüssig und schädlich, mit der Begründung, dass der wirkliche „Nationalsozialist" überhaupt nur eine einzige massgebende Schrift kenne, Hitlers Buch „Mein Kampf", und dass in diesem Buch wohl ein Programm der Eroberung russischen Bodens und der Vernichtung Frankreichs, aber kein Wort von „Grossraum" stehe. Der Originalitäts-Wahn Hitlers und seiner Leute war unglaublich und ihre Ich-Verpanzerung entsetzlich. An sich sagte ihnen ein Wort wie „Grossraum" wohl zu, weil sie in ihrer Grossmannssucht jedes mit „Gross" zusammengesetzte Wort auf sich selbst bezogen. Aber in ihrem Glauben an die Beispiellosigkeit und Unvergleichlichkeit alles dessen, was sie taten, besassen sie doch genug politischen Instinkt, um den tiefen Gegensatz zu fühlen und die ideologische Gefahr zu wittern, die ihrem berühmten „Lebensraum" von einem kritisch-wissenschaftlichen Raumbegriff her drohte.

Ich habe mich solchen Gegnern gegenüber vorsichtig verhalten und polemische Erwiderungen vermieden, gemäss der Weisheit des antiken Satzes: non possum

---

* Reich, Volksordnung, Lebensraum, Zeitschrift für völkische Verfassung und Verwaltung.

scribere in eum qui potest proscribere. Im übrigen bedarf es nur noch einer Erklärung dafür, dass gerade diese meine Schrift über den völkerrechtlichen Grossraum im Verlag des NS-Rechtswahrerbundes erschienen ist. Meine Abhandlung über den völkerrechtlichen Grossraum war einer der Vorträge, die Anfang April 1939 auf einer Tagung des Kieler völkerrechtlichen Instituts zu dessen 25jährigen Bestehen von mehreren Völkerrechtslehrern, darunter auch einem polnischen Universitätsprofessor*, über völkerrechtliche Fragen gehalten wurden. Die Vorträge wurden von dem Leiter der Veranstaltung, Prof. Ritterbusch [16], der Beziehungen zum Deutschen Rechtsverlag hatte, in einem Sammelband veröffentlicht. Mein Vortrag wurde, ohne jedes Zutun von meiner Seite, und wohl auch zur allgemeinen Überraschung in Deutschland, Mitte April 1939 plötzlich berühmt, weil die „Times" und der „Daily Mail" eingehende Berichte über ihn brachten [17]. Infolgedessen erschien der Vortrag auch als Sonderdruck, während er sonst wohl mit den anderen Vorträgen der Tagung in dem Sammelwerk begraben geblieben wäre. Für mich hatte diese Art der Veröffentlichung den Vorteil, dass die Schrift der Zensur der Partei, insbesondere Rosenbergs, entging. Das war mir sehr recht. Es war ein dem Leviathan gespielter Streich, und das Vergnügen, das ich daran hatte, wird mir jeder Autor nachempfinden, der den Druck einer geistlosen Zensur aus eigener Erfahrung kennt.

ad 2). Es handelt sich bei dieser Kategorie um juristisch-völkerrechtliche Argumentationen, wie sie bei den meisten aussenpolitischen Konflikten auftreten, bei denen dann jede Seite, mehr oder weniger elegant, das Recht ihrer eigenen Sache und das Unrecht des Gegners darzutun sucht. Angesichts der Methoden Hitlers war es schwierig, in dieser Weise für die deutsche Seite zu argumentieren. Doch gab es eine Reihe von völkerrechtlichen Kontroversen zu zahlreichen Einzelfragen. Ich habe mich jeder advokatenhaften oder apologetischen Äusserung dieser Art enthalten und mich zu keinem konkreten Faktum wie Einmarsch in ein fremdes Land, und zu keiner der vielen Kontroversen über Fragen des Kriegsrechts, des Neutralitätsrechts usw. geäussert.

Die bedeutendste rechtswissenschaftliche Zeitschrift, die in diesen Jahren (1939–45) völkerrechtliche Fragen vom deutschen Standpunkt aus behandelte, war die „Zeitschrift für ausländisches öffentliches Recht und Völkerrecht", herausgegeben von Prof. Victor Bruns, dem Direktor des „Instituts für ausländisches öffentliches Recht und Völkerrecht" der Kaiser-Wilhelm-Gesellschaft. Bruns, der auch den Völkerrechts-Ausschuss der Akademie für Deutsches Recht leitete, war ein Völkerrechtler von internationalem Ansehen und grosser persönlicher Vornehmheit. Als er im Herbst 1943 starb, hat ihm das „American Journal of International Law" einen respektvollen Nachruf gewidmet [18]. Einer der Mitherausgeber der Zeitschrift war Graf Stauffenberg, ein Bruder, Mitarbeiter und Schicksalsgenosse des Grafen Stauffenberg, der das Attentat auf Hitler am 20. Juli 1944 unternommen hat. Mein Name stand neben dem Namen von Heinrich Triepel [19] auf

---

* Cezary Berezowski aus Warschau.

der Zeitschrift als „unter Mitwirkung von" Triepel und mir herausgegeben.* Ich habe jedoch seit 1936 keinen Einfluss mehr auf die Zeitschrift genommen und auch keinen Aufsatz mehr veröffentlicht. Die Zeitschrift hat im übrigen wertvolle Aufsätze gebracht und gutes Material veröffentlicht, das sie von amtlichen deutschen Stellen erhielt. Wie sich ihre Zusammenarbeit mit dem Auswärtigen Amt und anderen Behörden abspielte, weiss ich nicht. Ich habe mich nicht darum gekümmert und Prof. Bruns hätte mich in dieses, von ihm streng gehütete Arcanum seiner Zeitschrift wohl auch keinen Einblick tun lassen.

An zweiter Stelle sind die „Monatshefte für Auswärtige Politik" zu nennen, die von Prof. Fritz Berber [20] herausgegeben wurden. Sie veröffentlichten kleinere Aufsätze und völkerrechtliche Glossen zu den laufenden Ereignissen. Ob ich in dieser Zeitschrift während des Krieges einen Aufsatz veröffentlicht habe, weiss ich nicht mehr; es kann sich dabei nur um ein Parergon zu meiner „völkerrechtlichen Grossraumordnung" handeln, jedenfalls nicht um eine advokatorische oder apologetische Stellungnahme zu einem konkreten Vorgang oder einer aktuellen Streitfrage. Im Zusammenhang mit diesen „Monatsheften" stand eine Broschürenreihe, in der aktuelle völkerrechtliche Fragen behandelt wurden. Ich habe mich nicht daran beteiligt und keine derartige Broschüre veröffentlicht.

Die alte, von Josef Kohler begründete „Zeitschrift für Völkerrecht" wurde in diesen Jahren von Prof. Gustav Adolf Walz [21] herausgegeben und verhältnismässig auf einem wissenschaftlichen Niveau gehalten. Sie hatte, soviel ich weiss, keine feste Verbindung zu einer amtlichen Stelle der Aussenpolitik, wenigstens nicht in der Art der beiden eben genannten Zeitschriften. Ich war einer der Mitherausgeber und habe dort 1940 einen grösseren Aufsatz „Raum und Grossraum im Völkerrecht" veröffentlicht [22], der das Raumproblem weiterführt und auf den Gegensatz der beiden völkerrechtlichen Raumordnungen (des Landes und des Meeres) stösst (vgl. das Vorwort zur 4. Auflage der Völkerrechtlichen Grossraumordnung).

In der „Zeitschrift der Akademie für Deutsches Recht" erschienen öfters advokatorisch-apologetische Aufsätze zu völkerrechtlichen Streitfragen der Kriegszeit. Ich habe keinen derartigen Aufsatz veröffentlicht, dagegen einen oder mehrere kleinere Aufsätze, die ich in die 2.–4. Auflage meiner Schrift über die „Völkerrechtliche Grossraumordnung" aufgenommen habe [23]. Ferner ist von mir ein rechtswissenschaftlicher Aufsatz über den „Raumbegriff" in einer Zeitschrift für Raumforschung veröffentlicht worden [24]. Diese Zeitschrift befasste sich sonst nicht mit völkerrechtlichen oder aussenpolitischen Fragen. Mein Aufsatz betraf, in absichtlicher Begrifflichkeit, nur die besonders schwierige Frage des Staatsgebiets. Ich habe ihn als Schlusskapitel in die 4. Auflage meiner „Völkerrechtlichen Grossraumordnung„ übernommen, um zum Schluss den rein wissenschaftlichen Sinn meiner Arbeit nochmals ausser Zweifel zu stellen und mich von den Schlagworten der Propaganda zu distanzieren.

---

* Nachträgliche Anmerkung: der Vermerk lautet nicht: „unter Mitwirkung von" sondern „in Gemeinschaft mit" Carl Schmitt und Heinrich Triepel herausgegeben.

Die Zeitschrift „Deutsche Rechtswissenschaft" gehört an sich nicht in diese Kategorie völkerrechtlicher Veröffentlichungen. Doch habe ich in ihr einen wichtigen Aufsatz über „Die Auflösung des Europäischen Völkerrechts in ein allgemeines Internationales Recht" veröffentlicht (etwa 1941).* [25] Dieser Aufsatz hat ebenfalls keinerlei advokatorisch-apologetischen Charakter. Er ist für meine diagnostizierende Art völkerrechtswissenschaftlicher Problemstellung von besonderem Interesse und hat den bekannten Völkerrechtslehrer und Pazifisten Prof. Hans Wehberg in Genf, den Herausgeber der „Friedenswarte" veranlasst, in einem längeren Aufsatz seiner Zeitschrift (im Jahre 1943) zu meinen völkerrechtlichen Theorien Stellung zu nehmen. Prof. Wehberg [26] bezeichnet seinen Aufsatz im Untertitel ausdrücklich als „Auseinandersetzung mit Carl Schmitt". Wehberg ist einer der bedeutendsten Vorkämpfer der Kriminalisierung des Angriffskrieges. Er hat wohl als erster europäischer Völkerrechtsjurist (1930) eine kriminelle Bestrafung der für den Angriffskrieg schuldigen Staatsmänner gefordert [27]. Trotzdem enthält seine „Auseinandersetzung mit Carl Schmitt" nicht die leiseste Andeutung in der Richtung, dass meine Theorie mit dem Verbrechen des Angriffskrieges oder gar mit Unmenschlichkeiten in Verbindung gebracht werden könnte. Die Auseinandersetzung ist vielmehr in Inhalt und in der Form so gehalten, wie es unter Gelehrten, die sich gegenseitig als solche respektieren und wissenschaftlich ernst nehmen, üblich ist. Kein Leser des Wehbergschen Aufsatzes wird auf die Idee verfallen, dass ich für den berühmten Pazifisten als Täter oder Teilnehmer des neuen, von Wehberg selbst inaugurierten kriminellen Delikts in Betracht kommen könnte, und dass seine Auseinandersetzung mit mir als Auseinandersetzung mit einem Verbrecher gemeint war, statt als Auseinandersetzung mit einem wissenschaftlich ernst zu nehmenden Gelehrten.

ad 3). Von der SS-Seite her wurde das Thema „Grossraum" erst seit 1940 aufgegriffen, vermutlich auf Betreiben von Best [28], der in Frankreich und später in Dänemark darauf gestossen war und sich nun dieses interessanten Objektes im SS-Stil zu bemächtigen suchte. Herausgeber der neuen Zeitschrift waren ausser Best einige andere SS-Führer, deren Namen mir nicht mehr gegenwärtig sind, und Prof. Reinhard Höhn, der Leiter des „Instituts für Staatsforschung" und Nachfolger auf dem Lehrstuhl von Prof. Rudolf Smend in der juristischen Fakultät der Berliner Universität. Er hatte die eigentliche Redaktionsarbeit und leitete die Herausgabe von Publikationen über ausländisches Verwaltungsrecht. Höhn war ungeheuer fleissig und auch begabt. In anderen, normaleren Zeiten hätte er ein guter Lehrer und Forscher seines Faches werden können. So aber verkrampfte er sich in Zielstrebigkeit und einen im Grunde nur reaktiven Dogmatismus [29].

Diese Gruppe hatte den Ehrgeiz, eine intellektuelle Elite darzustellen und für ihren Bereich eine Art deutschen „brain-trust" zu bilden. Sie war aber zu gleicher

---

* Nachträgliche Anmerkung: Der Titel des Aufsatzes lautet genau: „Die Auflösung der europäischen Ordnung in International Law 1890–1939". Der Aufsatz ist im Oktober 1940 erschienen.

Zeit gezwungen, sich als Ausdruck wahren Hitlertums zu gerieren. Das war mit Intellekt und „brain-trust" schwer vereinbar. So entstand ein innerer Widerspruch, der an dem Begriff „Grossraum" wie an einem Prüfstein sichtbar wurde. Auf der einen Seite suchte man das interessante neue Thema für sich zu annektieren, auf der anderen Seite behielt man den authentisch Hitlerischen „Lebensraum" bei und steigerte ihn womöglich noch mit schärfstem, rassenzüchterischem Biologismus. Seit dem Winter 1941 / 42 wurde eine wachsende innere Unsicherheit erkennbar und damit das Bedürfnis nach besseren ideologischen Abstützungen, als sie der hinterwäldlerische orthodoxe Hitlerismus und der literatenhafte, offensichtlich im 19. Jahrhundert steckengebliebene Rosenbergianismus [30] zu bieten vermochten. Der innere Widerspruch spiegelte sich in der Taktik gegenüber meiner völkerrechtlichen Lehre vom „Grossraum". Auf der einen Seite war sie schon zu bekannt geworden, als dass man sie im Rosenberg-Stil behandeln wollte, auf der andern Seite konnte man sie nicht gut ohne Quellenangabe einfach vereinnahmen, sondern musste sich, schon der Originalität und Unvergleichlichkeit halber, scharf von ihr absetzen. Best veröffentlichte in der „Juristischen Wochenschrift" einen Aufsatz gegen meine Grossraumtheorie, die er als unvölkisch ablehnte. Er verlangte, dass man nicht mehr von einer „Völkerrechtsordnung", sondern nur noch von „Völkerordnung" spreche und das Wort „Recht" vermeide [31]. Höhn schrieb in der neuen Zeitschrift einen langen einleitenden Aufsatz, den er ausdrücklich eine „Auseinandersetzung mit Carl Schmitt" nannte [32]. Es ist also in diesen Jahren nicht etwa nur von pazifistischer, sondern auch von der SS-Seite her eine grosse „Auseinandersetzung mit Carl Schmitt" erschienen, wozu übrigens noch mehrere andere Aufsätze aus wissenschaftlichen Zeitschriften hinzukommen, sodass vielleicht ein halbes Dutzend „Auseinandersetzungen mit Carl Schmitt" allein in diese Zeit des Krieges fallen.

Das Aufsatz Höhns war mit vieler Mühe gearbeitet, scheiterte aber an der tiefen Unvereinbarkeit von biologisch-rassischem „Lebensraum" und rational-konstruiertem „Grossraum". Ich war mir theoretisch sofort im Klaren, als ich sah, dass Höhn den Ausgangspunkt, nämlich einen modernen Raumbegriff, nicht bemerkte, sondern sofort von „Grossraum" sprach, ohne das schwierigste aller Probleme, eben den Raumbegriff selbst, auch nur zu ahnen. Das Problembewusstsein hinsichtlich des Raumbegriffs ist für mich stets das Kriterium für eine wissenschaftliche Erörterung des Grossraumproblems gewesen. Sonst bleibt der Dunstkreis, der sich um ein lärmendes Schlagwort wie „Grossraum" legt, ganz undurchdringlich.

Ich empfand dieses plötzliche Interesse, das eine einflussreiche SS-Gruppe an meinen Theorien nahm, als einen Grund zu grösster Vorsicht. Wer mich und mein Lebenswerk kennt, wird nicht auf den Gedanken kommen, dass ich mich auf SS-Ideen oder -Tendenzen einlassen könnte. Ich war im Jahre 1936 durch die SS öffentlich diffamiert worden. Ich wusste Einiges von den legalen, paralegalen und illegalen Machtmitteln der SS und der Umgebung Himmlers und hatte allen Anlass, mich vor dem Interesse der neuen Elite zu fürchten. Deshalb hielt ich mich mit aller gebotenen Vorsicht fern. Dem politischen Haupt der Gruppe, Best, ging ich aus dem Wege. Ich habe niemals ein Wort mit ihm gesprochen oder ihm die Hand gegeben. Prof. Höhn sah ich öfters als Kollegen der juristischen Fakultät der Berliner Universität [33]. Ihm gegenüber verhielt ich mich höflich und korrekt, wie man sich gegenüber einem Mitglied oder Verbündeten der Geheimen Polizei vernünftigerweise verhält, wenn man weiss, dass diese Polizei einen beobachtet und im Auge hat. Auf eine öffentliche Diskussion habe ich mich nicht eingelassen, auch hier gemäss dem alten Satz: non possum scribere in eum qui potest proscribere.

Diese Übersicht über die verschiedenen Versuche einer theoretischen Untermauerung der Hitlerschen Eroberungspolitik enthält die wesentlichen Arten und Erscheinungsformen solcher Versuche und lässt erkennen, dass meine Stellung nicht nur singulär und isoliert, sondern vor allem, infolge meiner durchaus theoretischen Haltung, ganz distanziert war. Es ist nicht leicht, Vorgänge und Situationen innerhalb eines totalitären Systems von aussen und ex post zu verstehen. Besonders schwierig ist das für Situationen, in die ein echter Theoretiker unter einem solchen System hineingeraten kann, und das noch dazu während eines totalen Krieges, wo einem schliesslich selbst die Situation des nächsten Nachbarn und Freundes oft genug ganz undurchsichtig wird. Es gibt auch keinen Schutz gegen Verwertungen des Ergebnisses wissenschaftlicher Forschung. Ganz besonders, spezifisch schwierig aber wird die Beurteilung der wissenschaftlichen Erörterung von Fragen des Völkerrechts. Hier ist der gegebene Stoff in sich selbst politischer Natur. Die Situationen wechseln schnell und völkerrechtlich relevante Vorgänge und Tatsachen, wie die Unbestreitbarkeit einer de jure allgemein anerkannten Regierung oder ratifizierter Verträge, müssen von dem Juristen des positiven Völkerrechts einfach hingenommen werden.

Entscheidend ist, von der objektiven Seite her gesehen, der Unterschied einer (wissenschaftlich ernst zu nehmenden) Theorie von einem (propagandistisch verwerteten) Schlagwort; von der subjektiven Seite her gesehen ist es der Unterschied der Intention, der das beobachtende und forschende Interesse an einer Erkenntnis von dem handelnden Interesse an praktischen Zielen und Erfolgen trennt. Vergleicht man die oben genannten Versuche einer theoretischen Untermauerung der Hitlerschen Politik mit dem geistigen Habitus meiner Arbeiten, so ergibt sie die Beantwortung der gestellten Frage: Meine völkerrechtliche Lehre vom Grossraum ist eine in grossen wissenschaftlichen Zusammenhängen stehende, aus wissenschaftlicher Forschung entstandene, wissenschaftlich ernst zu nehmende und wissenschaftlich ernst genommene Theorie. Hitler hat nicht Grossraumpolitik im Sinne dieser Theorie, sondern nur eine geist- und prinzipienfeindliche Eroberungspolitik betrieben, die man nur dann „Grossraumpolitik" nennen kann, wenn man dem Wort „Grossraum" seinen spezifischen Sinn nimmt und daraus ein leeres Schlagwort für jede Art von Expansion macht. Die Expansionspolitik Hitlers war so primitiv, dass ihr jede wissenschaftliche Analyse gefährlich werden musste. In einer weltumfassenden Auseinandersetzung, die mit einem Aufgebot aller Mittel des occidentalen Rationalismus geführt wurde, bedeutete die Berührung mit einem echten wissenschaftlichen Begriff für Hitlers Politik keine Untermauerung, sondern eine Entlarvung. Das gilt vielleicht sogar für eine biologische Theorie, wenn sie nur echt wissenschaftlich ist, jedenfalls aber gilt es für eine gegen den Biologismus der Hitlerschen Weltanschauung gerichtete, nach allen Seiten durchdachte völkerrechtswissenschaftliche Konstruktion.

Hitler selbst und jeder seiner Anhänger hat das wohl gewusst. Deshalb hat mich die gesamte Parteipresse folgerichtig totgeschwiegen. Wenn daneben von einigen Stellen toleriert wurde, dass Journalisten und Propagandisten meinen Namen als Aushängeschild verwerteten, so war das keine theoretische Untermauerung. Es gehörte vielmehr, ebenso wie die Verwertung der Namen zahlreicher anderer Gelehrter, zum allgemeinen Stil eines totalitären Systems, das ausrottet, was es nicht verwerten kann, und zu verwerten sucht, was es nicht ausrotten kann.

Es wäre demnach nur eine ungerechtfertigte, einem geistwidrigen System unverdient zugute kommende, ideelle Bereicherung für Hitler, wenn meine wissenschaftlich wohldurchdachte Konstruktion mit der Hitlerschen Eroberungspolitik unter einen Begriff gebracht würde. Eine inferiore, im Grunde völlig verzweifelte Art von Macht und Expansionspolitik würde dadurch noch posthum eine geistige Aufwertung erfahren, auf die sie wirklich keinen Anspruch hat.

Anmerkungen zur Stellungnahme I

„Wieweit haben Sie die theoretische Untermauerung
der Hitlerschen Großraumpolitik gefördert?"

[1] *Schmitt* hatte das Wort „Großraumwirtschaft" bereits in seiner 1939 zuerst erschienenen Schrift über die „Völkerrechtliche Großraumordnung" ein „beliebtes Schlagwort" genannt (4. Aufl. 1941, S. 12 = G. *Maschke*, C. Schmitt, Staat – Großraum – Nomos, S. 271); nachgewiesen wird die Großraum-Literatur in diesem Sinne seit den zwanziger Jahren durch *G. Maschke*, a. a. O., S. 364.

[2] Auch in *Schmitts* nachträglicher Berichtigung – wie in der „Vorbemerkung" zur 4. Aufl. der „Völkerrechtlichen Großraumordnung" (1941) – fehlt der Hinweis auf den Autor, dessen Allegorie er auf diesen Satz verkürzte: *Ernst Jünger*, Das abenteuerliche Herz, Berlin 1929, S. 201: „Wir gleichen Seeleuten auf ununterbrochener Fahrt; *werten* heißt, das Besteck aufnehmen; und jedes Buch kann nicht mehr als ein Logbuch sein" (= E. *Jünger*, Werke, Bd. 7, Stuttgart 1960, S. 140); Hinweis *Maschke*, a. a. O., S. 463 Anm. 1 a.

[3] *Ernst Wilhelm Bohle* (1903 – 1960), Gauleiter und Führer der Auslandsorganisation der NSDAP. 1937 Staatssekretär im Auswärtigen Amt unter v. Neurath. Im Wilhelmstraßen-Prozeß am 14. 4. 1949 zu fünf Jahren Haft verurteilt, am 21. 12. 1949 entlassen.

[4] *Hermann Göring* (1893 – 1946), im Ersten Weltkrieg Jagdflieger (Pour le mérite), seit 1922 Mitglied der NSDAP, 1928 MdR, 1932 Präsident des Reichstags, seit 1933 Preußischer Ministerpräsident, u. a. Präsident des Preußischen Staatsrats. Ranghöchster Staats- und Parteifunktionär nach Hitler. Der Vollstreckung des Todesurteils des Nürnberger IMT entzog er sich am 15. 10. 1946 durch Selbstmord.

[5] *Joachim von Ribbentrop* (1893 – 1946), seit 1938 Reichsaußenminister, 1946 vom Nürnberger IMT zum Tode verurteilt und gehängt.

[6] *Hans Frank* (1900 – 1946), Dr. iur., seit 1926 Rechtsanwalt, 1928 Gründer des NS-Juristenbundes, 1934 Reichsminister ohne Geschäftsbereich und Präsident der Akademie für Deutsches Recht. 1939 Chef der Zivilverwaltung in Polen, dann Generalgouverneur. 1946 vom Nürnberger IMT zum Tode verurteilt und gehängt.

[7] *Richard Strauss* (1864 – 1949), Komponist und Dirigent.

[8] *Victor Bruns* (1884 – 1943), Völkerrechtslehrer, a.o. Prof. Genf 1910, Berlin 1912, o. Prof. 1920, seit 1925 Direktor des Instituts für ausländisches Öffentliches Recht und Völkerrecht (Kaiser-Wilhelm-Institut). Über seine Zusammenarbeit mit *Schmitt*: *Tilitzki*, in: Siebte Etappe, S. 62 ff., bes. S. 68; vgl. auch den Nachruf seines Lehrers *Heinrich Triepel*, in: ZaöRV, Bd. XI (1942/43), S. 324 a-d.

[9] Nach Bruns' Tod im September 1943 schlug der Berufungsausschuß unter Federführung Höhns vor, *Carl Bilfinger* auf Platz 1 der Vorschlagsliste zu setzen, vor Carl Schmitt, der durch die Institutsleitung und die damit verbundene Konzentration aufs Völkerrecht nicht in seiner „wissenschaftlichen Arbeit" behindert und eingeengt werden sollte. Der erste Platz für Bilfinger entsprach dem Wunsch des Verstorbenen und den Vorstellungen der Kaiser-Wilhelm-Gesellschaft; s. den Bericht von *Tilitzki*, in: Siebte Etappe, S. 68, unter Auswertung der Fakultätsakten.
Carl Bilfinger (1879 – 1958) war – im Gegensatz zu *Schmitt* – für die deutschen Machthaber des Jahres 1943 unverdächtig und akzeptabel; er hatte in seinen Aufsätzen und Beiträgen das NS-Regime stets gefeiert und gegenüber den damaligen Feindmächten eindeutig Front gemacht. Deshalb spielte sein Alter (64 Jahre!) keine Rolle. Nach 1945 überführte er das Kaiser-Wilhelm-Institut nach Heidelberg und war der erste Direktor des heute noch existenten Instituts für „Ausländisches öffentliches Recht und Völkerrecht" der nunmehr nach Max Planck benannten Gesellschaft. Seine einschlägigen Veröffentlichungen: Das Reichsstatthaltergesetz, in: AÖR 63 (1934), S. 131 – 165 (S. 165: „genialer Wurf in denkbar schlichter Fassung"); Gleichheit und Gleichberechtigung der Staaten, in: Hans Frank (Hrsg.), Nationalsozialistisches Handbuch für Recht und Gesetzgebung, München 1935, S. 117 – 128; Völkerbundsrecht gegen Völkerrecht, München 1938, 43 S. (setzt mit einem Hitler-Zitat zum Völkerbund ein); Der Völkerbund als Instrument britischer Machtpolitik, Berlin 1940, 47 S., eine Schrift, der ein bedeutender Rezensent bescheinigte, sie sei „ein schätzenswerter Beitrag der deutschen Wissenschaft im Kampf gegen England" (*H. J. Wolff*, AÖR 72 [1943], S. 77/78); Das wahre Gesicht des Kellogg-Paktes. Angelsächsischer Imperialismus im Gewande des Rechts, Essen 1942; Die Stimson-Doktrin, Essen 1943. Der warmherzige Nachruf *Rudolf Smends* ist (fast) vollständig, respektiert gleichwohl die Weisheit *de mortuis nil nisi bene* und demonstriert vollendet den für einen Anlaß dieser Art gebotenen Schreibstil; solche Meisterschaft ließe mögliche Kritiker staunend und bewundernd verstummen (vgl. ZaöRV 20 [1959/60], S. 1 – 4).

[10] Vgl. vorn FN 45.

[11] *Karl Vossler* (1872 – 1949), Romanische Literaturwiss., Priv.-Doz. Heidelberg 1900, o. Prof. Würzburg 1909, München 1911, emerit. 1938.

[12] *Ernst Gamillscheg* (1887 – 1971), Romanische Philologie, Priv.-Doz. Wien 1913, o. Prof. 1919, 1925 Berlin, Tübingen 1947.
Adolf Butenandt (1903 – 1995), Biochemiker, Priv.-Doz. Göttingen 1931, o. Prof. Danzig 1933, seit 1936 Direktor des Kaiser-Wilhelms-Instituts Berlin, Nobelpreis Chemie 1939, seit 1945 o. Prof. in Tübingen und München.

[13] Vgl. den Forschungsbericht von *G. Maschke*, a. a. O., S. 343–371, 465–468.

[14] Der „Völkische Beobachter", 1920 von der NSDAP erworben, Tageszeitung seit 1923, Zentralorgan der Partei. 1923–1938 geleitet von *Alfred Rosenberg* (zu ihm s. Anm. 30), der Schmitts Engagement für die Reichsregierungen 1930–1933 kannte und bereits 1934 vor Schmitt gewarnt hatte (vgl. *Quaritsch*, Positionen und Begriffe Carl Schmitts, S. 14 f., 28 f.).

[15] Nationalsozialistische Monatshefte, 11/1940, S. 91. Der Rezensent *Herbert Lemmel* war mit Schmitt bereits Anfang 1936 öffentlich zusammengestoßen. Über seine Habilitation 1939 durch Höhn an der Berliner Juristischen Fakultät vgl. *Tilitzki*, in: Siebte Etappe, S. 73 f. sowie die Bemerkung von Schmitt am 28. 8. 1947 in seinem „Glossarium", S. 4 f. Fernerhin *Maschke*, in: C. Schmitt, Staat – Großraum – Nomos, S. 471.

[16] *Paul Ritterbusch* (1900–1945), Verfassungshistoriker, Priv.-Doz. Leipzig 1928, o. Prof. 1933, im Dritten Reich Dozentenbundsführer und weitere politische Funktionen im Hochschulbereich; detailreich *Hausmann*, „Deutsche Geisteswissenschaft" im Zweiten Weltkrieg, S. 33 ff. u. durchgehend.

[17] Am 5. April 1939, vgl. im einzelnen *Maschke*, a. a. O., S. 471/472.

[18] Verfasser war der Kritiker der Roosevelt-Politik, *Edwin Borchard*, Death of Dr. Victor Bruns, American Journal of International Law, Oktober 1943, S. 658–660.

[19] *Heinrich Triepel* (1868–1946), Staats- und Völkerrechtslehrer, Priv.-Doz. Leipzig 1893, o. Prof. Tübingen 1900, Kiel 1909, Berlin 1913.

[20] *Fritz Berber* (1898–1984), Dr. iur., a.o. Prof. Hamburg 1936, Berlin 1937, o. Prof. 1940, Berater des Reichsaußenministers im Range eines Gesandten, Direktor des Deutschen Instituts für außenpolitische Forschung. Nach 1945 (*Friedrich B.*) Berater der indischen Regierung in Neu-Delhi, seit 1954 wieder o. Prof. München. Einzelheiten über das von gegenseitiger Abneigung geprägte Verhältnis Schmitts zu Berber bei *Maschke*, a. a. O., S. 472/73.

[21] *Gustav Adolf Walz* (1897–1948), Staats- und Völkerrechtslehrer, Priv.-Doz. Marburg 1927, o. Prof. Breslau 1933, Köln 1938, München 1939.

[22] Zeitschrift für Völkerrecht, 24. Jg. (1940), S. 145–179.

[23] *Schmitt* veröffentlichte in der „Zeitschrift der Akademie für Deutsches Recht" folgende Aufsätze: „Inter pacem et bellum nihil medium", 6. Jg., Heft 18 (Oktober 1939), S. 594/595; erweitert und als Aufsatz unter dem neuen Titel „Über das Verhältnis der Begriffe Krieg und Feind" übernommen in „Positionen und Begriffe im Kampf mit Weimar, Genf, Versailles" (1940), S. 244–251, mit dem redaktionellen Hinweis auf seine Seminarübungen 1937/38 (S. 316 unten); „Über das Verhältnis von Völkerrecht und staatlichem Recht", Zeitschrift der Akademie für Deutsches Recht, 7. Jg. (1940), Heft 1, S. 4–6; „Reich und Raum – Elemente eines neuen Völkerrechts", ebd., 7. Jg. (1940), Heft 13, S. 201–203. Die „Zeitschrift der Akademie für Deutsches Recht" konnte schon deshalb kein typisches NS-Organ sein, weil in ihr nicht nur Akademiemitglieder publizierten, z. B. auch der von Berlin nach Göttingen „strafversetzte" und unzweifelhafte Regimegegner *Rudolf Smend*; er sah deshalb keinen Hinderungsgrund, an der Akademie-Zeitschrift mitzuarbeiten, vgl. „Zum Gedenktag der Göttinger Sieben" (Ztschr. der Akademie für Deutsches Recht 4 [1937], S. 691). Zur Gruppe der Hochschullehrer der auf dem Deutschen Juristentag am 2. Oktober 1933 feierlich gegründeten „Akademie für

Deutsches Recht" gehörten alle Dekane der rechts- und staatswissenschaftlichen Fakultäten sowie (u. a.) Professoren mit schon damals bekannten Namen: Carl Bilfinger, Viktor Bruns, Hermann Dersch, Otto Koellreutter, Friedrich Lent, Edmund Mezger, Johannes Nagler, Heinrich Mitteis, Friedrich Oetker, Richard Schmidt und Carl Schmitt, s. Hans-Rainer *Pichinot*, Die Akademie für Deutsches Recht, Diss. Kiel 1981, S. 11 ff. und durchgehend.

[24] „Der neue Raumbegriff in der Rechtswissenschaft", in: Raumforschung und Raumordnung – Monatsschrift der Reichsarbeitsgemeinschaft für Raumforschung, 1940, Heft 11/12, S. 440–442, übernommen in: „Völkerrechtliche Großraumordnung", 4. Aufl. 1941, S. 59–67; Ausgabe 1991, S. 74–82; ebenso in „Staat – Großraum – Nomos", S. 314–320.

[25] Die „Deutsche Rechtswissenschaft" wurde als Vierteljahresschrift von der „Akademie für Deutsches Recht" herausgegeben. Der von *Schmitt* gemeinte Aufsatz trug den Titel: „Die Auflösung der europäischen Ordnung im ‚International Law'", 5. Bd., 1940, Heft 4, S. 267–278. Zur „Akademie für Deutsches Recht" s. bereits Anm. 23 a. E. Auch in der „Deutschen Rechtswissenschaft" ist eine Abhandlung *Smends* zu finden: „Der Einfluß der deutschen Staats- und Verwaltungsrechtslehre des 19. Jahrhunderts auf das Leben in Verfassung und Verwaltung" („Deutsche Rechtswissenschaft" 4 [1939], S. 25–39 = R. *Smend*, Staatsrechtliche Abhandlungen und andere Aufsätze, 2. Aufl. 1968, S. 326–345).

[26] *Hans Wehberg*, Universales oder Europäisches Völkerrecht? Eine Auseinandersetzung mit Professor Carl Schmitt, in: Die Friedens-Warte, 4 (1941), S. 157–166.
Hans Wehberg (1885–1962) war der führende juristische Schriftsteller der pazifistischen Richtung der deutschen Völkerrechtslehre, Herausgeber der „Friedens-Warte", seit 1928 o. Prof. in Genf.

[27] Als das „Institut de Droit International" im Oktober 1929 in New York eine „Erklärung der internationalen Menschenrechte" beriet und verabschiedete, meldete sich *Wehberg* nur mit dem Vorschlag, auch internationale Pflichten des Menschen aufzunehmen, z. B. den Waffendienst zu verweigern, wenn der Staat sich anschicke, in Verletzung des Kellogg-Paktes einen Krieg zu führen „hors la loi". Dieses Begehren quittierte die anwesende Völkerrechtsprominenz mit höflichem Schweigen (Annuaire de l'Institut de Droit International 1929 II, S. 114/15).

[28] *Werner Best* (1903–1989), Einzelheiten bei Maschke, in: *C. Schmitt*, Staat – -Großraum – Nomos, S. 474–475.

[29] *Reinhard Höhn* (geb. 1904); obgleich zunächst an der Friedrich-Wilhelms-Universität in Berlin von Schmitt gefördert, intrigierte er als Mitglied der SS 1936/37 gegen Schmitt.

[30] *Alfred Rosenberg* (1893–1946), 1919 Mitglied der NSDAP, 1921 Chefredakteur des „Völkischen Beobachter", 1933 Reichsleiter und Leiter des außenpolitischen Amtes der NSDAP. 1941–1945 Reichsminister für die besetzten Ostgebiete. Sein Buch „Der Mythus des XX. Jahrhunderts" (München 1930) galt neben Hitlers „Mein Kampf" als literarische Grundlage des Nationalsozialismus. Wegen seiner Tätigkeit als „Reichsminister für die besetzten Ostgebiete" (seit 1941) verurteilte ihn das Nürnberger IMT zum Tode; er wurde am 16. Oktober 1946 gehängt.

[31] *Werner Best*, Völkische Großraumordnung, in: „Deutsches Recht", 1940, S. 1006 f.; die „Juristische Wochenschrift" war mit dieser Zeitschrift vereinigt worden. Über weitere Auseinandersetzungen zwischen Best und Schmitt vgl. *Maschke*, a. a. O., S. 476.

[32] *Reinhard Höhn*, Großraumordnung und völkisches Rechtsdenken, in: Reich, Volksordnung, Lebensraum, 1. Jg. (1941), S. 256 – 288; s. dazu auch *Maschke*, a. a. O., S. 476.

[33] Die kühle „Zusammenarbeit" von Höhn und Schmitt bei Dissertationen und Habilitatio-
nen an der Fakultät schildert nach den Akten *Tilitzki*, in: Siebte Etappe, S. 62 ff. Im Ha-
bilitationsverfahren Lemmel 1939 scheute Höhn nicht eine akademisch unglaubliche,
aber aktenkundige Brüskierung des Zweitgutachters Schmitt (ebd., S. 73).

5. Stellungnahme II

Nürnberg, den 28. April 1947

Herrn Prof. Dr. M. W. Kempner

Beantwortung des Vorwurfs: Sie haben an der Vorbereitung des Angriffskrieges und der damit verbundenen Straftaten an entscheidender Stelle mitgewirkt.

———————

Meine Antwort geht dahin, daß ich das nicht getan habe.

Ich stelle mich für meine Beantwortung jenes Vorwurfs zunächst auf den juristischen Standpunkt, der sich aus dem Nürnberger Urteil des Internationalen Militärgerichtshofes vom 30/9 1/10 1946 ergibt, und werde am Schluß eine kurze Bemerkung zu anderen Betrachtungs- und Beantwortungsmöglichkeiten anfügen. Für eine juristische Betrachtung ist es entscheidend, daß die an sich außerordentlich weiten Benennungen „Verbrechen gegen den Frieden", „Kriegsverbrechen", „Verbrechen gegen die Menschlichkeit" hinsichtlich des eigentlichen Tatbestandes wie hinsichtlich der Abgrenzung des Täterkreises durch das Nürnberger Urteil näher bestimmt und präzisiert worden sind. Demnach handelt es sich im Folgenden um Straftaten, die unter einen, mehrere oder alle vier Punkte der Anklage des Nürnberger Prozesses fallen, nämlich 1) gemeinsame Planung, 2) Kriegsplanungen, 3) Kriegsverbrechen im Sinne des bisherigen, traditionellen Völkerrechts und 4) Verbrechen gegen die Menschlichkeit. Meine schriftlich bereits vorliegenden sachlichen Angaben – in der Beantwortung der Fragen meines Fragebogens vom 17. März 1947 und in meiner Darlegung über die „theoretische Untermauerung der hitlerschen Eroberungspolitik" vom 18. April 1947 – darf ich hier als bekannt voraussetzen; ich brauche sie also nicht zu wiederholen. Einige Ergänzungen in dieser Hinsicht des Sachverhalts ergeben sich aus den folgenden Ausführungen, andere können bei dem zeitlichen und stofflichen Umfang des Fragenbereichs vielleicht doch notwendig werden. Doch habe ich mich bemüht, vollständig zu sein.

Für die subjektive Seite der Mitwirkung an der Vorbereitung von Straftaten begnüge ich mich hier mit der Erklärung, daß mir weder sonst in meinem bisherigen Leben noch mit Bezug auf die hier in Betracht kommenden Sachverhalte, kein verbrecherischer Wille, kein Bewußtsein eines verbrecherischen Tuns und kein verbrecherisches Motiv zum Vorwurf gemacht werden kann.

Folgende Ergebnisse des Nürnberger Prozesses sind für die juristische Bewertung und Beurteilung meines Verhaltens präjudiziell: von den Angeklagten des Nürnberger Prozesses sind Kaltenbrunner [1], Frank [2], Streicher [3], Schirach und Bormann wegen Punkt 2 (Kriegsplanungen), Schacht und Papen wegen Punkt 3 und 4 (Kriegsverbrechen im traditionellen Sinne und Verbrechen gegen die Menschlichkeit) nicht einmal angeklagt und Kaltenbrunner, Frank, Frick, Streicher, Schacht, Dönitz, Schirach, Sauckel [4], Bormann, Papen, Seyss-Inquart, Speer und Fritzsche [5] unter Punkt 1 (Gemeinsame Planung), Schacht, Sauckel, Papen, Speer und Fritzsche unter Punkt 2 (Kriegsplanungen), Hess unter Punkt 3 und 4 (Kriegsverbrechen im traditionellen Sinne und Verbrechen gegen die Menschlichkeit) für nicht schuldig erklärt worden.

Vergleiche ich meine Stellung und Tätigkeit, sei es die von 1933/45, seien es die früheren Jahre, mit der Stellung und der Tätigkeit dieser Hauptangeklagten, so ergibt sich meine Antwort, ohne daß es breiter Darlegungen oder scharfsinniger Distinktionen bedürfte. Keines der Kriterien, die das Nürnberger Urteil an der Gemeinsamen Planung entwickelt hat, trifft auch nur entfernt bei mir zu. Bei mir liegt keine „unmittelbare Teilnahme an irgendeinem Plan zur Führung des Krieges" vor, eine Art der Teilnahme, die nicht einmal bei Kaltenbrunner vorliegen soll (S. 133 des mir zur Verfügung gestellten Textes des Urteils). Ich stand auch nicht in einer „engen Verbindung" mit einem solchen Plan, wo eine solche „enge Verbindung" nicht einmal bei Frank (S. 138), Streicher (S. 143) und Sauckel (S. 162) angenommen wird. Ich habe an keiner der Besprechungen teilgenommen, in denen Hitler seine Angriffspläne entwickelte (S. 141, 152, 183), und darf hinzufügen, daß ich nichts von der Tatsache solcher Besprechungen gewußt habe. Ich gehörte nicht zum „inneren Kreis der Umgebung Hitlers", was nach dem Urteil nicht einmal bei Streicher (S. 143) und Sauckel (S. 162) der Fall gewesen sein soll. Wenn es schließlich von Fritzsche (S. 183) heißt: „Nie galt er als wichtig genug, um zu den Planbesprechungen zugezogen zu werden, die zu Angriffskriegen führten", so ist das eine gute Handhabe für die Bewertung meiner Wichtigkeit. Ich habe nicht einmal an Pressekonferenzen teilgenommen, und was ich an „vertraulichen Mitteilungen" erhielt, haben die anderen Mitglieder der juristischen Fakultät, ohne Rücksicht auf die Parteizugehörigkeit, gleichfalls erhalten. Der Gerichtshof hält es für bedeutungsvoll, daß Fritzsche niemals selbst mit Hitler gesprochen hat (S. 189). Ich habe nicht nur mit Hitler, sondern auch mit Goebbels oder dem Pressechef Dietrich, oder den Staatssekretären und anderen hohen Beamten des Propagandaministeriums niemals gesprochen und auch Fritzsche nicht gekannt. Soweit meine Mitwirkung also im Bereich der Propaganda liegen soll, fehlt ihr jede „enge oder unmittelbare" Verbindung mit diesem Bereich.

Die Tätigkeit, die vor meinem Eintritt in die Partei liegt (1. Mai 1933), kann ich hier beiseite lassen. Ich habe bis zum Frühjahr 1933, genauer: bis zur Verkündung des Ermächtigungsgesetzes vom 24. März 1933 mit keinem nennenswerten Nationalsozialisten in direkter oder indirekter Verbindung oder auch nur Berührung gestanden und niemals mit einem der bekannten Parteileute auch nur ein Wort gesprochen. Nicht seit dem 30. Januar 1933, sondern erst nach dem Ermächtigungsgesetz vom 24. März 1933, habe ich mir die Frage gestellt, wie ich mich als Staatsrechtslehrer zu der Umwandlung Deutschlands in einen Ein-Partei-Staat stellen soll. Ich habe mit meinen Freunden, nicht mit Nazis, beraten und mich bei der zuständigen Ortsgruppe meines damaligen Wohnsitzes am 1. Mai 1933 zur Partei gemeldet. Das Mitgliedsbuch habe ich im Frühjahr 1937 erhalten; die Mitgliedsnummer lag über 2 Millionen.

Nach dem 1. Mai 1933 war meine Stellung und Tätigkeit dreifacher Art. Ich war

1) vom Juli 1933 bis 1945 Preußischer Staatsrat;

2) vom Herbst 1933 bis Herbst 1936 Leiter der Fachgruppe Hochschullehrer im NS-Juristenbund, und 1935 ein Jahr lang Leiter des „Wissenschaftlichen Amtes des NS-Juristenbundes";

3) seit 1916 Privatdozent und von 1921 bis 1945 ordentlicher Professor des Öffentlichen Rechts (Staats- und Verfassungsrecht, Völkerrecht, Verwaltungsrecht und Allgemeine Staatslehre).

Meine Mitarbeit in der Akademie für Deutsches Recht brauche ich nicht besonders zu behandeln, weil die Mitarbeit an ihr meines Wissens bisher noch keinem der vielen Rechtslehrer, die Mitglieder waren, zum besonderen Vorwurf gemacht worden ist. Ich habe an dieser Akademie keinen Ausschuß geleitet.

ad 1). Die Stellung eines Preußischen Staatsrats kann als solche den Vorwurf einer Mitwirkung an Kriegsverbrechen nicht rechtfertigen. Nicht etwa nur, weil frühere Mitglieder des Preußischen Staatsrats als angesehene Persönlichkeiten im öffentlichen Leben stehen, wie der Bischof Berning [6], oder Furtwängler [7] und Gründgens [8], sondern weil dieser Staatsrat als eine preußische Einrichtung keine direkte Verbindung mit Reichsangelegenheiten hatte [9]. Nach meiner Kenntnis ist er nicht mit politisch wichtigen Aufgaben betraut oder als solcher in einen Geheimplan Hitlers eingeweiht worden. Seine Tätigkeit bezog sich auf sachliche Fragen der preußischen Verwaltung und Organisation. Seine Hauptleistung waren die preußischen Kommunalgesetze vom Dezember 1933 (Gemeindegesetz und Gemeindefinanzgesetz). Auch diese Tätigkeit hat schon im Frühjahr 1936 ihr Ende gefunden. Seit dieser Zeit ist der preußische Staatsrat nicht mehr einberufen worden. Die letzte Tagung hat, soviel ich mich erinnere, im März 1936 stattgefunden. Als Göring, der Präsident des Preußischen Staatsrates, im Oktober 1936 zum Beauftragten des Vierjahresplanes ernannt wurde, war der Preußische Staatsrat schon seit einiger Zeit keine arbeitende Körperschaft mehr.

Die Gründe für dieses schnelle Absinken einer scheinbar glanzvollen inaugurierten Institution sind mannigfacher Natur. Der nächstliegende ist, daß Preußen kein Staat mehr war, sondern nur noch ein Verwaltungskomplex, und ein Preußischer Staatsrat infolgedessen auf die Dauer nicht mehr hätte sein können als ein Verwaltungsorgan. Das trifft ohne Zweifel zu. Aber in einem politischen System wie dem Hitlers ist die ganz persönliche Haltung und Einstellung von Hitler selbst das allein Entscheidende. Darum wirkte sich die Tatsache, daß Hitler in auffälliger Weise der feierlichen Eröffnung des Preußischen Staatsrates im September 1933 fernblieb, von Anfang an in den Augen der Partei als eine Degradierung aus. Göring hatte im

Grunde nur Hausmacht- und Repräsentationsinteresse an der Einrichtung. Die wirkliche Arbeit hing an dem preußischen Finanzminister Prof. Dr. Johannes Popitz. Dieser erregte, als Typus eines preußischen „Ministerialen" sowohl bei der Partei wie bei allen antipreußisch gestimmten Süddeutschen Mißtrauen und Eifersucht. Gerade eine verwaltungstechnisch so vorzügliche Leistung wie die eben genannten Kommunalgesetze vom Dezember 1933 wurden für Frick und andere Parteileute ein Antrieb, die ganze Materie durch ein Reichsgesetz zu regeln und sie dadurch Preußen aus der Hand zu nehmen. So erging, verhältnismäßig schnell, die Deutsche Gemeindeordnung von 1935. Zu der geplanten und im Staatsrat beratenen preußischen Kreisordnung ist es schon nicht mehr gekommen.

Ich war seit der Gründung des preußischen Staatsrates (Juli 1933) Mitglied und hatte anfangs großes Interesse an dieser Institution. Ich sah hier, mit meinem Freunde Popitz, große Arbeitsmöglichkeiten und hoffte, dort könnte sich eine Stätte sachlicher Erörterung von Verwaltungsfragen und damit ein Gegengewicht gegen den Parteibetrieb bilden. Aber die Einrichtung litt von Anfang an an dem inneren Zwiespalt, der mit der problematischen Persönlichkeit Görings zusammenhing. Auf der einen Seite war der Staatsrat von Popitz und einigen anderen, darunter auch von mir, als Träger einer durch spezifische Sachlichkeit und Sachkunde qualifizierten Arbeit gedacht; auf der anderen Seite mußte er in den Händen Görings zu einem leeren Prunkstück werden. Ich persönlich habe an dem Preußischen Gemeindegesetz vom Dezember 1933 mitgearbeitet und sehe darin keine Mitwirkung an der Vorbereitung eines Angriffskrieges.

ad 2). Die Fachgruppe Hochschullehrer des NS-Juristenbundes, die ich von Ende 1933 bis 1936 geleitet habe, war ein Teil der von Frank geleiteten Organisationen. Die Fachgruppe hatte mit ihren etwa 400 Mitgliedern – gegenüber einem Gesamtbestand von 70 – 100 000 Mitgliedern – in einem auf Massenwirkung und Massenbeiträgen angelegten System keinen großen Einfluß. Ich selbst war als erst angemeldeter Parteianwärter von Mai 1933 in den Augen der alten Parteimitglieder und Fachgruppenleiter nicht vollgültig. Meine Stellung beruhte ganz und ausschließlich auf dem Interesse, das Frank oft sehr demonstrativ für mich persönlich zeigte. Die Umgebung in diesem Juristenbund war mir wesensfremd. Aber Frank, der große Sympathie für mich hatte, hielt mich und wußte mich auch noch 1935 durch die Errichtung eines wissenschaftlichen Amtes zu halten, obwohl sich meine Heterogenität kaum noch länger verkennen ließ. Ende Oktober 1936 habe ich meine Ämter niedergelegt. Frank machte jetzt keine Anstrengungen mehr, mich zu halten, weil Heydrich persönlich ihn vor mir gewarnt hatte. Die Stellung Franks war nicht stark genug, mich vor der SS zu schützen, selbst wenn er es gewollt hätte. Meine öffentliche Diffamierung durch das „Schwarze Korps" erfolgte im Dezember 1936, aber einen Monat nach der Niederlegung meiner Ämter. Damals stand das Hitler-Regime auf einem Höhepunkt seiner innen- und außenpolitischen Erfolge, was sich um diese Zeit in der Berliner Olympiade unter Beteiligung aller Nationen vor aller Welt höchst eindrucksvoll bekundete.

ad 1). Die Stellung eines Preußischen Staatsrates kann als
solche den Vorwurf einer Mitwirkung an Kriegsverbrechen
nicht rechtfertigen. Nicht etwa nur, weil frühere Mitglieder des Preußischen Staatsrats noch heute (1947) als angesehene Persönlichkeiten im öffentlichen Leben stehen
(wie der Bischof Berning, oder Furtwängler, oder Gründgens)
sondern weil dieser Staatsrat als eine preußische
Einrichtung keine direkte Verbindung mit Reichsangelegenheiten hatte. Nach meiner Kenntnis ist
er nicht mit politisch wichtigen Aufgaben betraut oder als solcher in einen Geheimplan Hitlers
eingeweiht worden. Seine Tätigkeit bezog sich auf
sachliche Fragen der preußischen Verwaltung und
Organisation. Seine Hauptleistung waren die preußischen Kommunalgesetze vom Dezember 1933 (Gemeindegesetz und Gemeindefinanzgesetz). Auch diese
Tätigkeit hat schon im Frühjahr 1936 ihr Ende gefunden.
Seit dieser Zeit ist der Preußische Staatsrat nicht mehr
einberufen worden. Die letzte Tagung hat, soviel ich
mich erinnere, im März 1936 stattgefunden. Als
Göring, der Präsident des Preußischen Staatsrats, im
Oktober 1936 zum Beauftragten des Vierjahresplanes
ernannt wurde, war der Preußische Staatsrat schon

Seite 7 der Verteidigung gegen den Vorwurf,
an der Vorbereitung des Angriffskrieges teilgenommen zu haben.

technisch so vorzügliche Leistung wie die eben genannten Kommunalgesetze vom Dezember 1933 wurden für Frick und andere Parteileute ein Antrieb, die ganze Materie durch ein Reichsgesetz zu regeln und sie dadurch Preußen aus der Hand zu nehmen. So erging, verhältnismäßig schnell, die deutsche Gemeindeordnung von 1935. Zu der geplanten und im Staatsrat bereits beratenen preußischen Kreisordnung ist es schon nicht mehr gekommen.

Ich war seit der Gründung des Preußischen Staatsrats (Juli 1933) Mitglied und hatte anfangs grosses Interesse an dieser Institution. Ich sah hier, mit meinem Freunde Popitz, grosse Arbeitsmöglichkeiten und hoffte, hier könnte sich eine Stätte sachlicher Erörterung von Verwaltungsfragen und damit ein Gegengewicht gegen den Parteibetrieb bilden. Aber die Einrichtung litt, von Anfang an, an dem inneren Zwiespalt, der mit der Problematik der Persönlichkeit Görings zusammenhing. Auf der einen Seite war der Staatsrat von Popitz und einigen andern, darunter auch von mir, als Träger einer durch spezifischer Sachlichkeit und Sachkunde qualifizierten Arbeit gedacht, auf der andern Seite musste er in den Händen Görings

Frank ist unter Punkt 1 (Gemeinsame Planung) für nicht-schuldig erklärt worden, weil er mit dem Plan, einen Angriffskrieg zu führen „nicht eng genug" verbunden war (S. 138 des Urteils). Wegen Punkt 2 (Kriegsplanungen) ist nicht einmal Anklage gegen ihn erhoben worden. Seine Verurteilung nach Punkt 3 (Kriegsverbrechen) und Punkt 4 (Verbrechen gegen die Menschlichkeit) betrifft ausschließlich seine Tätigkeit als Generalgouverneur im besetzten Polen in der Zeit von 1939–45. Ich habe mit Frank seit Ende 1936 nicht mehr zusammengearbeitet und auch die privaten Beziehungen waren gering, wie ich das in meiner Darlegung vom 18. April 1947 schon ausgeführt habe.

ad 3). In meiner Eigenschaft als Professor des Öffentlichen Rechts habe ich mich als wissenschaftlicher Forscher, als Lehrer und als Publizist betätigt. Meine Tätigkeit als Forscher fällt wohl nicht unter einen der Anklagepunkte. Für meine Tätigkeit als Lehrer könnte ich mich darauf berufen, daß sogar Baldur von Schirach „trotz der kriegsmäßigen Betätigung der Hitlerjugend" (S. 160 des Urteils) unter Punkt 1 (Gemeinsame Planung) für nicht-schuldig erklärt worden ist. Wegen Punkt 2 (Kriegsplanungen) und 3 (Kriegsverbrechen) ist er nicht einmal angeklagt worden. Unter Punkt 4 (Verbrechen gegen die Menschlichkeit) ist er nur wegen seiner Tätigkeit seit 1940 als Gauleiter, Reichsstatthalter und Reichsverteidigungskommissar in Wien für schuldig erklärt worden. In dem Zusammenhang mit meiner Tätigkeit als Lehrer erwähne ich noch, daß ich weder Schirach, den Führer der Hitlerjugend, noch seinen Nachfolger je gesehen und weder mit dem Führer des Studentenbundes noch dem des Dozentenbundes oder leitenden Führern dieser Art Organisation eine Besprechung gehabt habe. Was endlich meine Tätigkeit als Publizist angeht, so erinnere ich daran, daß sogar Fritzsche, der wegen Punkt 1 (Gemeinsame Planung), 3 (Kriegsverbrechen) und 4 (Verbrechen gegen die Menschlichkeit) angeklagt war, unter allen diesen Punkten für nicht-schuldig erklärt worden ist, mit der oben bereits zitierten Begründung, daß er nicht für wichtig genug galt, um zu Planungskonferenzen hinzugezogen zu werden, daß er Hitler selbst niemals gesprochen hat und über die in Planungsbesprechungen getroffenen Entscheidungen nicht unterrichtet worden ist.

In dem mir gemachten Vorwurf heißt es, daß ich an der Vorbereitung von Angriffskriegen und damit verbundener Straftaten „an entscheidender Stelle" mitgewirkt habe. Soweit es sich dabei um meine Tätigkeit als Preußischer Staatsrat und im Juristenbund handelt, kann ich auf die obigen Ausführungen verweisen, aus denen sich ohne weiteres ergibt, daß beides keine entscheidenden Stellen waren. Was meine Stellung als Universitätsprofessor betrifft, so hatte ich allerdings einen großen Namen. Ich war seit meiner „Verfassungslehre" (1928) einer der bekanntesten Rechtslehrer Deutschlands und Europas. Aber „entscheidend" war eine solche Stellung nicht, auch nicht die Basis der Verbindung mit entscheidenden Stellen. Ich kann hier über die allgemeine Lage eines Universitätsprofessors in einem totalitären System nichts Näheres sagen. In dem totalitären System Hitlers und bei den dort herrschenden Auffassungen von Wissenschaft, Bildung und Jurisprudenz war es unmöglich, einen Lehrstuhl der Rechtswissenschaft als eine entscheidende Stelle oder als Basis für einen entscheidenden Einfluß auf eine entscheidende Stelle anzusehen, der für eine Einweihung in hitlerische Geheimplanungen in Betracht gekommen wäre. Ob das bei einem Lehrstuhl für Chemie, Physik oder ähnliche, für kriegstechnische Probleme interessantere Disziplin anders liegt, wäre eine Frage für sich. Der Fall eines noch so berühmten Professors der Rechtswissenschaft, und zwar gerade der Wissenschaft des Öffentlichen Rechts, ist jedenfalls in dieser Hinsicht klar, namentlich wenn feststeht, daß er keinen Kontakt mit entscheidenden Stellen gesucht hat und mit keiner in einer besonderen Verbindung stand.

Aber der Einfluß, der von Theorien und Ideen ausgeht, ist nicht auf den Weg angewiesen, der über „entscheidende Stellen" führt. Die Auswirkungen des gesprochenen, geschriebenen und gedruckten Wortes sind mannigfaltig und unberechenbar. So bezieht sich der mir gemachte Vorwurf wohl auch auf andere und weitere Auswirkungen meiner Theorien und Formulierungen. Zu dieser Seite der Frage darf ich hier zum Schluß noch eine kurze Bemerkung allgemeiner Art anfügen.

Was ein Autor als Ergebnis seiner Forschungen und seiner Gedankenarbeit mitteilt, ist bei einem Menschen, dessen geistiger Habitus wissenschaftlich ist, auch wissenschaftlich gemeint, das heißt: als Ansatz zu weiterem Denken und wissenschaftlicher Auseinandersetzung. Diese Wirkung meiner Veröffentlichungen war anerkanntermaßen stets sehr groß. Aber viele Hörer und Leser fassen die Thesen und Formulierungen, die sie hören, nicht in diesem Sinne wissenschaftlich auf, sondern stellen sie ohne nachzudenken automatisch in den Zusammenhang der ihnen geläufigen praktischen Vorstellungen und ihrer augenblicklichen Zwecke und Interessen. Das ist eine Gefahr, die bei Theorien, Thesen und Formulierungen auf dem Gebiet des Völkerrechts, des Verfassungsrechts und der politischen Theorien besonders groß ist. In Zeiten der Ruhe und Sicherheit billigt man den Autoren auch solcher Fachgebiete großzügigste Gedankenfreiheit und eine sehr hohe Überlegenheit über die Frage der etwaigen Auswirkungen ihrer Meinungen zu. In Zeiten des offenen oder latenten Bürgerkrieges besteht die Gefahr, daß jedes offene und öffentliche Wort sogleich auf die Ebene der schnell sich verändernden propagandistischen Schlagworte und in das Chaos nihilistisch zerstörter Begriffe gerät.

Ich habe in dieser Hinsicht eine große Erfahrung gemacht und den Preis dafür bezahlt. Es ist dieselbe Erfahrung, die auch die Begründer meines Faches, Jean Bodin und Thomas Hobbes, im 16. Jahrhundert während der europäischen Kriege und Bürgerkriege ihres Zeitalters in gleicher Weise gemacht haben. In die Sprache moderner Technik übersetzt, läßt sich diese Erfahrung so formulieren: jede Lautverstärkung ist eine Sinnveränderung und meistens auch eine Sinnverfälschung. Das ist der eigentliche Sachverhalt, der in meinem Fall zur Beurteilung steht. Dazu gehören, außer juristischen Fragen, zahlreiche andere Fragen geschichtlicher, soziologischer und moralisch-ethischer Natur. Damit ist aber auch eine Grenze für das gegeben, was mit den Mitteln der Justiz und eines justizförmigen Verfahrens festgestellt werden kann. Ich sage das nicht, um der Justiz zu entgehen. Ich weiß zu gut, daß jenseits der Grenzen dessen, was justizmäßig ist, keineswegs ein Bereich der Unverantwortlichkeit oder gar der Sicherheit beginnt. In Zeiten wie den gegenwärtigen ist eher das Gegenteil der Fall. Ich bin Jurist genug, um den unschätzbaren Wert der Justiz und eines justizförmigen Verfahrens zu kennen. Denn die juristische Verantwortlichkeit hält sich an bestimmbare Begriffe und ein geregeltes Verfahren, während es bei der Verwirklichung der nicht-juristischen Verantwortlichkeit oft sehr wild und chaotisch zugeht.

Aber die Auswirkung von Thesen und Meinungen betrifft das schwierige Problem rein psychisch vermittelter Kausalzusammenhänge im Handeln selbständig verantwortlicher Menschen. Sie betrifft ferner die Frage des Schicksals von Büchern und Namen. Man kann den Urheber des modernen Souveränitätsbegriffes, Jean Bodin, für alles Unheil verantwortlich machen, das seit über drei Jahrhunderten durch den Souveränitätsbegriff entstanden ist. Es gibt Historiker, die Jean Jacques Rousseau für den eigentlichen Anstifter alles dessen erklären, was in Frankreich während des Terrors der Jakobiner an Verbrechen begangen wurde. Es ist — um noch ein Beispiel aus meinem speziellen Fachgebiet, dem Verfassungsrecht, zu entnehmen — durchaus denkbar, Calhoun, den großen Juristen der konföderierten Südstaaten, für alles Unglück des Sezessionskrieges und alle seine Greuel verantwortlich zu machen.

Zahllose weitere Beispiele derartiger „ideologischer" Verantwortlichkeiten lassen sich ohne Mühe auch für die Gegenwart zitieren. Jeder Autor hat auch in der Tat eine große Verantwortung, und wir alle werden Rechenschaft ablegen müssen für jedes unnütze Wort aus unserem Munde. Die Frage ist nur, wieweit solche ideologischen Verantwortlichkeiten in der Form und auf dem Wege eines Strafprozesses geltend zu machen sind und wieweit dem Strafrichter zugemutet werden kann, sich in meine Bücher und Aufsätze und deren Kontroversen zu vertiefen, um sich ein Bild von meiner wissenschaftlichen Persönlichkeit zu machen und über Wahrheit und Irrtum, Nutzen und Schaden, Richtigkeit und Falschheit von Theorien und Meinungen zu entscheiden. Nach dem Nürnberger Urteil (S. 65) sind nicht einmal die politischen Meinungsäußerungen, die in Hitlers Buch „Mein Kampf" für sich allein als verbrecherische Planungen anzusehen. Wenn man das bedenkt, erhebt sich die Frage, wieweit Ideologien und Lehrmeinungen überhaupt justiziabel sein können. Die Frage wird nicht einfacher, sondern schwieriger dadurch, daß sich im Zeitalter der Technik und der Massenbeeinflussung noch ein besonderer Machtfaktor einschaltet, die psychotechnische Maschinerie der modernen Propaganda, deren Lautverstärker seine eigenen Tagesmythen schafft und ebenso schnell wieder beseitigt. Gerade diesem Lautverstärker bin ich nach den ersten Erfahrungen sorgfältig aus dem Wege gegangen.

Darauf wollte ich hier am Schluß noch kurz hinweisen. Ich nehme die Frage meiner Verantwortlichkeit in jeder Hinsicht sehr ernst und wiederhole, daß es mir fernliegt, die Unterscheidung von justiziablen und nicht-justiziablen Fragen nur als Ausflucht oder Ausrede zu benutzen. Aber die Unterscheidung besteht. Sie macht sich auf den verschiedenen Gebieten des Rechts und der Justiz in verschiedener Weise geltend. Im Völkerrecht und im Verfassungsrecht ist sie viel erörtert worden. Auf jedem anderen Gebiet, insbesondere auch im Strafrecht und Strafprozeß ist sie wenigstens latent immer vorhanden. Sie liegt in der Natur der Sache und läßt sich auch in meinem Fall nicht einfach von der Hand weisen, weil das Tun, für das ich verantwortlich gemacht werde, in seinem Kern und wesentlichen Inhalt nur in der Veröffentlichung von wissenschaftlich gemeinten Darlegungen besteht, die zu manchen wissenschaftlich fruchtbaren Auseinandersetzungen geführt haben.

Anmerkungen zur Stellungnahme II

Beantwortung des Vorwurfs: „Sie haben an der Vorbereitung von Angriffskriegen und der damit verbundenen Straftaten an entscheidender Stelle mitgewirkt."

[1] *Ernst Kaltenbrunner* (1903 – 1946), Dr. iur., Rechtsanwalt in Österreich, Führer der österreichischen SS, 1941 Generalleutnant der Polizei, Januar 1943 Nachfolger Heydrichs als Chef des Reichssicherheitshauptamtes. Das Nürnberger IMT verurteilte ihn zum Tode; er wurde am 16. Oktober 1946 gehängt.

[2] *Hans Frank* (1900 – 1946), Dr. iur., Rechtsanwalt, Leiter des Rechtsamts der NSDAP und Reichsführer des NS-Juristenbundes, Reichsminister ohne Geschäftsbereich sowie Präsident der Akademie für Deutsches Recht. Als Chef des Generalgouvernements in Polen vom Nürnberger IMT zum Tode verurteilt und am 16. Oktober 1946 gehängt.

[3] *Julius Streicher* (1885 – 1946), Gauleiter von Franken, Herausgeber und Kolumnist der antisemitischen Wochenzeitschrift „Der Stürmer". Das Nürnberger IMT verurteilte ihn zum Tode, am 16. Oktober 1946 wurde er gehängt.

[4] *Fritz Sauckel* (1894 – 1946), 1927 Gauleiter von Thüringen, 1942 – 1945 Generalbevollmächtigter für den Arbeitseinsatz. In Nürnberg vom IMT zum Tode verurteilt und am 16. 10. 1946 gehängt.

[5] *Hans Fritzsche* (1900 – 1953), seit 1937 einer der führenden deutschen Rundfunkkommentatoren, Ministerialdirektor im NS-Propagandaministerium, freigesprochen durch das Nürnberger IMT 1946.

[6] *Wilhelm Berning* (1877 – 1955), Dr. theol., 1914 Bischof von Osnabrück, seit 1933 Vertreter des katholischen Episkopats bei der Reichsregierung.

[7] *Wilhelm Furtwängler* (1886 – 1954), Dirigent der Berliner Philharmoniker 1922 – 1945, 1949 – 1954, einer der bedeutendsten Dirigenten des 20. Jahrhunderts.

[8] *Gustaf Gründgens* (1899 – 1963), 1936 Preußischer Staatsrat, in Deutschland einer der bekanntesten Bühnen- und Filmschauspieler; Regisseur und Theaterleiter nach 1933 und nach 1946.

[9] Das Gesetz über den Staatsrat vom 8. Juli 1933 mit der Änderung und Ergänzung durch das Gesetz vom 31. 7. 1933 (PreussGS 1933, S. 241, 289) regelte Zusammensetzung und Funktion dieses alten preußischen Staatsorgans neu. Die Mitglieder waren kraft Amtes der Ministerpräsident, die Staatsminister und die Staatssekretäre, dazu kamen die Spitzenfunktionäre der NSDAP in Preußen sowie eine kleinere Gruppe von „Zivilisten" wie Berning (auch „Päpstlicher Thronassistent") und sein protestantisches Gegenstück, Reichsbischof Müller. Dazu Furtwängler, C. Schmitt, Freytagh-Loringhoven und wenige pensionierte Generale und Admirale von Ruf (v. Mackensen, v. Trotha). Im „Handbuch über den Preußischen Staat", 138. Jg. (1934), sind jeweils alle preußischen Staatsminister und Staatsräte mit einem Foto verewigt, an der Spitze der dienstälteste Minister Johannes Popitz. Abgebildet sind noch die Staatsräte Röhm, Ernst und Heines – sie sollten den 30. Juni 1934 nicht überleben – vereint mit Heinrich Himmler und Reinhard Heydrich. In späteren Ausgaben des Handbuchs wird auf Portraits verzichtet. Der alte, d. h. 1921 neu gebildete Preußische Staatsrat hatte politisch ein bunteres Bild abgegeben (vgl. die Mitglieder des Staatsrats im „Handbuch über den Preußischen Staat", 137. Jg. [1931], S. 133 – 140); Präsident war Konrad Adenauer (Z), ein anderes Mitglied Wilhelm Pieck (KPD); beide begannen ihre eigentlichen (antagonistischen) Karrieren erst nach dem Ende des Zweiten Weltkrieges.

6. Stellungnahme III

Nürnberg 28 / 4 47
überreicht 29 / 4 47

Staatsrechtliche Bemerkungen zu der mir gestellten Frage:
Die Stellung des Reichsministers und Chefs der Reichskanzlei:

Übersicht:

Einleitende Bemerkung

I. Das allgemeine Problem des Zugangs zum Machthaber

II. Die organisatorischen Auswirkungen der Machtkonzentration im Hitler-Regime (in ihrer besonderen Bedeutung für die Stellung der Reichskanzlei)

III. Ansätze zu formalen Ausprägungen, in denen die besondere Stellung des Reichsministers und Chefs der Reichskanzlei erkennbar wird.

1. Die Mitzeichnung von Anordnungen Hitlers;

2. Die Herausbildung eines neuen, spezifischen Begriffes „Führer-Erlaß"

IV. Abnormität und Unberechenbarkeit aller Entwicklungen innerhalb des Hitler-Regime.

Ich kann über dieses Thema nur als Fachmann des Staatsrechts und der Staatslehre sprechen, der das Hitler-Regime zwar von innen her kennt und seine Entwicklung beobachtete, sich aber mit bewusster Vorsicht von dem eigentlichen Punkt der Machtfülle, von Hitler selbst und seiner Umgebung ferngehalten hat. Auch mit dem Reichsminister und Chef der Reichskanzlei (ChdRK) habe ich keine nähere persönliche oder sachliche Verbindung gehabt; ich habe ihn seit etwa 1936 nicht mehr gesehen [1]. Seine Staatssekretäre und Adjudanten kannte ich nicht; nur Kritzinger [2], den ich etwa 1932 kennen gelernt habe, ist mir später, soviel ich mich erinnere, noch einmal wieder begegnet, ohne dass es zu einem Gespräch gekommen wäre. Ich will damit nicht sagen, dass ich den RM und ChdRK aus denselben Gründen persönlich gemieden habe wie etwa Himmler oder Goebbels. Ich habe ihn nicht zu dem eigentlichen Kreis der „verschworenen Gemeinschaft" gerechnet, die den Kern des Hitler-Regime bildete. Was mich zurückhielt war in diesem Fall nur die allgemeine Scheu vor Machthabern und ihrer Umgebung und die tiefe Überzeugung von der Unergiebigkeit eines Gespräches mit ihnen.

Die Tätigkeit und Organisation der Reichskanzlei ist in einer Schrift des Adjutanten v. Stutterheim [3] (Verlag Juncker & Dünnhaupt, Berlin) beschrieben. Einzelheiten habe ich nicht mehr im Gedächtnis. Die Schrift war nicht bedeutend. Ich habe mir mein Bild von der Stellung des RMChdK [sic] teils aus allgemeinen Beobachtungen der Entwicklung des Régime und seiner Einrichtungen, teils aus der besonderen Beobachtung der Methoden der Gesetzgebung und der Verkündung von Gesetzen und gesetzlichen Bestimmungen gemacht. Das Material über die Zustände im Hitler-Regime, das in den Nürnberger Prozessen 1945/47 entstanden ist, kenne ich nur aus ganz vereinzelten, zufällig an mich gelangten Zeitungsnachrichten. Dem Kenner dieses Materials wird die folgende Darstellung teils zu allgemein, teils zu konstruiert erscheinen, zumal mir jede Unterlage fehlt und ich für komplizierte, mehrere Jahre zurückliegende Vorgänge ganz auf mein Gedächtnis angewiesen bin.

I. Das allgemeine Problem des Zugangs zum Machthaber

Je mehr sich die politische Macht an einer einzigen Stelle und in der Hand einer einzigen Person konzentriert, umsomehr wird der Zugang zu dieser Stelle und dieser Person das wichtigste politische, organisatorische und verfassungsrechtliche Problem. Der Kampf um den Zugang zum absoluten Monarchen, um seine Beratung und Informierung, um den Immediat-Vortrag und dergleichen ist der eigentliche Inhalt der Verfassungsgeschichte des Absolutismus. An diesem Kampf haben sich nicht nur Minister und Kabinettsräte, hohe Würdenträger und Adjudanten, sondern auch Beichtväter, Kammerdiener und Mätressen beteiligt. Die Denkschriften des Freiherrn vom Stein über die Neuorganisation des preussischen Staates nach 1807 betreffen vor allem das alleinige Recht der Minister auf Vortrag beim König und richten sich gegen die Kabinettsräte [4]. Hardenberg (1810–1820) hat als „Staatskanzler" durchgesetzt, dass die Minister nur über den Staatskanzler Zugang zum König hatten. Bismarcks „Gedanken und Erinnerungen" sind voll von Bemerkungen zu diesem Problem, und das Entlassungsgesuch Bismarcks vom März 1890 ist nicht mit aussen- oder innenpolitischen Argumenten inhaltlicher Art, sondern nur mit dem scheinbar rein formalen Hinweis auf die Kabinettsordre von 1852 begründet, die den preussischen Ministerpräsidenten zwischen den König und seine übrigen Minister einschaltet und diesen das Recht des Immediatsvortrages beschränkt, während Wilhelm II. für sich das Recht in Anspruch nahm, sich beraten und Vortrag halten zu lassen, von wem er wollte [5]. Die Geschichte jedes „persönlichen Regime" bietet viele Beispiel ähnlicher Art in allen Ländern. Ich erwähne sie nur, um an die Tragweite und zugleich die Schwierigkeit dieser Frage des Zugang zum Machthaber zu erinnern.

II. Die organisatorischen Auswirkungen der Machtkonzentration im Hitler-Regime

Durch die aufs Äusserste getriebene Vereinigung aller Macht in der Hand Hitlers wurde auch die Frage des Zugangs zu ihm zum wichtigsten innenpolitischen Problem des Deutschen Reichs. Eine solche Konzentration aller Macht bei einem einzigen menschlichen Individuum, das einen modernen Industriestaat von 70 Millio-

nen Menschen bis in die Einzelheiten hinein zu regieren und einen modernen totalen Krieg bis in Einzelheiten hinein persönlich zu führen beanspruchte, übersteigt
alle bekannten Beispiele eines „persönlichen Regime" im allgemeinen und insbesondere diejenigen aus den letzten hundert Jahren europäischer Geschichte, die
Napoleon III. und Wilhelm II. als berühmteste Beispiele nennt. Dementsprechend
übersteigt auch die Bedeutung der nächsten Umgebung Hitlers die analogen Erscheinungen der genannten andern Fälle. Die Chauffeure Hitlers wurden hohe
Würdenträger des Regime; sie erhielten Gruppenführer- d. h. Generalsrang, ein
Rang, der den Leibkutschern Napoleons III. oder den Chauffeuren Wilhelms II.
nicht verliehen worden ist. Ein Gauleiter, der sich Zugang zu Hitler verschaffen
konnte, war politisch bedeutungsvoller als ein Reichsminister, der seinen Staats-
chef jahrelang nicht zu sehen bekam. Alle Vorstellungen einer geregelten und bere-
chenbaren Zuständigkeitsverteilung hören hier auf. Trotzdem ergab sich die Notwendigkeit gewisser büromässiger Formen und einer gewissen Ordnung des Ge-
schäftsbetriebes für die grosse Masse der zu erledigenden Sachen.

Die persönliche Machtstellung Hitlers schloss einen ungeheuerlichen Anspruch
auf Allmacht, aber auch den Anspruch auf Allwissenheit in sich. Die Allmacht war
tatsächlich in weitem Umfang vorhanden und im hohen Grade effektiv. Die Allwissenheit dagegen war rein fiktiv. Die erste praktische Frage war deshalb, wer
dem allmächtigen Führer das Material zubrachte, auf Grund dessen er seine Wil-
lensentschlüsse fasste und seine Entscheidungen traf, und wer aus der Menge der
einlaufenden Eingänge die Auswahl traf und bestimmte, was überhaupt vorgelegt
und was nicht vorgelegt wurde. Die zweite Frage betraf den andern Teil der Erledigung von Angelegenheiten, die Weitergabe der Befehle und Entscheidungen an die
ausführenden Stellen, eine Frage, die hier besonders wichtig ist, weil es für den
sog. Führerbefehl keine klar bestimmten Formen gab und die Anordnungen oft
sehr knapp und abrupt waren. Die Transformation eines vom Machthaber in dieser
Weise erlassenen Befehls in eine sachgemässe, durch einen modernen Behördenapparat vollziehbare Fassung ist nicht nur eine Angelegenheit der sprachlichen Stilisierung. Sie ist besonders bei den im Gesetzblatt zu veröffentlichenden Normierungen mit Gesetzeskraft auch von sachlichem Einfluss auf die Art und Weise des effektiven Vollzugs.

Je höher nun Hitler stieg und mit ihm jeder, der zu ihm Zugang hatte oder mit
ihm in persönlicher Berührung stand, umsomehr sanken die Reichsminister, die
nicht zu diesen Privilegierten gehörten, zu blossen Verwaltungsbeamten herab.
Das Reichskabinett ist seit 1937 nicht mehr zusammengetreten. Zwischen der
Spitze der politischen Macht und den absinkenden bisherigen höchsten Stellen
entstand ein leerer Raum, der durch neue „überministerielle" Gebilde ausgefüllt
werden musste, und zwar durch solche, die dem äusserst persönlichen Charakter
dieser Art von Machtfülle und Machtausübung gemäss waren. Das konnten praktisch keine Behörden im Sinne einer rational und sachlich durchdachten Kompetenz, sondern nur höchstpersönliche Stäbe sein, gleichgültig unter welcher Benennung sie geführt wurden. Als übliche und in gewissem Sinne typische Benennung

bildete sich „Kanzlei" heraus. Doch war z. B. auch das OKW nur eine Kanzlei in diesem Sinne. Die wichtigsten Kanzleien entsprachen den drei „Säulen" des Regime: Partei, Wehrmacht, Staat. Die „Kanzlei des Führers" und die „Präsidialkanzlei" sind durchaus nicht bedeutungslos. Aber die Parteikanzlei, das OKW und die Reichskanzlei waren die drei Verbindungsglieder der persönlichen Machtspitze mit drei durchorganisierten, riesigen „Maschinen" oder Befehlsmechanismen, und dadurch drei grosse Transformatoren zu dieser Spitze und von ihr weg [6].

Der RMChdRK beherrschte den Verbindungspunkt vom Staat zum alleinigen Träger der Macht und von diesem zum Staat. Darauf beruhte seine aussergewöhnliche Stellung. Die Benennung „Reichsminister" ist dabei nur in zweiter Linie von Interesse. Der Chef der Parteikanzlei, Martin Bormann [7], war, soviel ich weiss, nicht Reichsminister, sondern nur „einem Reichsminister gleichgestellt". Er war natürlich eifrig bestrebt, es wirklich zu werden und hat das vielleicht auch erreicht; jedenfalls war sein sachlicher und politischer Einfluss deshalb um nichts geringer als der eines Reichsministers im vollen Sinne. Ebenso ist es eine zweitrangige Angelegenheit für sich, warum der Chef der Präsidialkanzlei nur „Staatsminister" war. Auch die offiziellen oder offiziösen Erklärungen, die dafür gegeben wurden (der mit anderen „Staaten" in Verbindung stehende Tätigkeitsbereich) sind nebensächlich.

Der als „Staat" bezeichnete Verwaltungsapparat stand nach den Grundsätzen des Hitler-Régime hinter der Partei zurück. Aber dieser staatliche Behördenapparat war immer noch die eigentliche Executive, die einen wirksamen Vollzug garantierte und für die Durchführung der enormen Verwaltungsaufgaben des Krieges praktisch wichtiger war als die Partei. Das hat sich auf allen wichtigen Gebieten, z. B. auf dem der Ernährungswirtschaft gezeigt. Die staatliche Tradition aller deutschen Länder enthielt immer noch weit mehr Ordnungs- und Executivkraft als der anmassende Apparat der Partei. Das staatliche und kommunale Beamtentum hat trotz seiner Degradierung und Misshandlung durch die Partei den zivilen Sektor des Krieges gehalten.

Der RMChdRK stellte also für die spezifisch staatliche [sic] Aufgaben die Verbindung zu der persönlichen Machtspitze dar. In der Staatsbezogenheit liegt der Schwerpunkt seiner Bedeutung. Auch seine Stellung im Reichsverteidigungsrat und seine stark hervortretende Mitwirkung bei der vereinfachten Gesetzgebung enthalten dadurch ihren Inhalt. Man hatte auch den Eindruck, dass er bewusst, soweit es möglich war, die frühere staatliche Tradition gegen die Zerstörung durch die Partei zu retten suchte. Wenigstens wurde z. B. seine Leitung der „Deutschen Verwaltungsakademie" meistens so gedeutet, zumal er mit deren Studienleitung den Verwaltungsrechtler Prof. Dr. Hans Peters betraute, der früher Landtagsabgeordneter der Zentrumspartei gewesen und nicht Parteigenosse war (er steht heute im öffentlichen Leben Deutschlands an hervorragender Stelle). Der RMChdRK war auch Mitherausgeber mehrerer öffentlich-rechtlicher Zeitschriften, in denen gelegentlich Aufsätze von einigem Niveau erschienen sind [8]. Aber es gehörte zu dem inneren Widerspruch zwischen den Regierungsmethoden Hitlers und den Traditionen eines Beamtenstaates, dass alle Bemühungen um die Rettung dieser Traditionen das, was sie vor der zerstörenden Macht Hitlers retten wollten, ihr gleichzeitig in die Hand gaben und ihr gefügig machten. Ich denke hier nicht an persönliche Empfindungen des Reichsministers oder seelische Konflikte, worüber mir kein Urteil zusteht, sondern an den inneren Widerspruch der Situation.

III. Ansätze zu formalen Ausprägungen, in denen die Stellung des RMChRK erkennbar wird.

Infolge ihrer Staatsbezogenheit enthielt die überministerielle Stellung des RMChRK einen gewissen durch das Funktionieren von Behörden, eintretenden Zwang zu Formen und Normierungen und damit auch zu einer gewissen Legalität der Methoden, wobei das Wort „Legalität" durchaus im französischen und deutschen Sinn gemeint ist und nicht einfach ins Englische übernommen werden kann. Die Legalität ist ein Funktionsmodus jeder staatlichen Bürokratie. Deshalb trat die Notwendigkeit einer gewissen, wenigstens äusserlichen Legalität gerade an diese Stelle des Hitler-Regime ein, an dem Verbindungspunkt mit der grossen Befehlsapparatur „Staat", nicht in der Parteikanzlei und auch nicht im OKW. Am stärksten war dieser Zwang zu gewissen Formen bei der Bekanntmachung von Gesetzen und Verordnungen mit Gesetzeskraft, die im Reichsgesetzblatt verkündet würden. Das Reichsgesetzblatt wird dadurch für einen im Staatsrecht erfahrenen Juristen zu einer Fundgrube für aufschlussreiche Beobachtungen.

Allerdings gehörten gerade Geheimbefehle und sogar Geheimgesetze zu einem derartig äusserst persönlichen System. Ich habe kein Geheimgesetz und keinen Geheimbefehl gesehen und nur davon erzählen hören. Doch war mir als Staatsrechtslehrer die prinzipielle Bedeutung der Angelegenheit klar, die sogar ein Schlüssel zu den eigentlichen Arcana des Hitler-Systems ist. Ich weiss auch nicht, ob und wieweit diese Angelegenheit durch die bisherigen Prozesse nach der tatsächlichen wie nach der juristisch-systematischen Seite hin geklärt ist [9]. Das staatsrechtliche Problem ist in einigen, zum Teil interessanten Aufsätzen behandelt worden. Der wichtigste unter ihnen ist ein etwa 1942/43 erschienener Aufsatz von Prof. Otto Koellreutter (München) im „Verwaltungsarchiv" [10]. Der Aufsatz ist nicht ohne Mut. Wenn ich mich recht erinnere, war der RMChRK Mitherausgeber des „Verwaltungsarchivs" und stand mit Prof. Koellreutter in Verbindung. Ob er auch der Veröffentlichung dieses Aufsatzes nahestand, weiss ich nicht. Ebensowenig weiss ich etwas darüber, ob er von seiner Behörde her mit Geheimgesetzen oder Geheimbefehlen befasst worden ist.

Bei den im Reichsgesetzblatt veröffentlichten Anordnungen haben sich zwei erkennbare Entwicklungen ausgeprägt, die beide den RMChdRK besonders hervortreten lassen:

1. Die Mitzeichnung von Anordnungen Hitlers. Die ministerielle Gegenzeichnung von Anordnungen des Staatshauptes hat in einem höchstpersönlichen System natürlich einen anderen Sinn als in einer konstitutionellen Verfassung. Man sprach daher nicht mehr von „Gegenzeichnung", sondern von einer „Mitzeichnung" der Anordnungen Hitler's durch die Reichsminister (oder Staatssekretäre) und konstruierte diese Mitzeichnung als Übernahme der Verantwortung (für Vorbereitung, authentische Bekanntgabe und korrekte Durchführung) ausschliesslich gegenüber Hitler selbst. Die Mitzeichnung wurde äusserlich wie die Gegenzeichnung bei den Veröffentlichungen im Reichsgesetzblatt beibehalten. Es traten aber im Lauf der Entwicklung interessante Besonderheiten auf. Nicht nur, dass gelegentlich der Name Hitlers allein, ohne Mitzeichnung, unter einer Bekanntgabe stand, sondern auch in anderer Hinsicht. Wenn man an der Hand des Reichsgesetzblattes die Mitzeichnungen von 1933–45 beobachtet und eine Statistik der mitzeichnenden Minister und Staatssekretäre aufstellt, so wird, vermute ich, der Name des RMChdRK mit wachsender Machtkonzentration hervortreten, während die Namen der übrigen Reichsminister zurücktreten. Da ich das Reichsgesetzblatt nicht zur Hand habe, kann ich diese Vermutung hier nicht verifizieren. Besonders interessant wäre die Frage der Mitzeichnung bei aussergewöhnlichen Anordnungen und Beschlüssen, z. B. bei der Verkündung des Reichstagsbeschlusses vom 27. (?) April 1942, der das Recht Hitlers anerkennt, gegenüber wohlerworbenen Rechten von Beamten von den bestehenden Gesetzen abzuweichen; oder bei der eigenmächtigen Verlängerung des Ermächtigungsgesetzes vom 23. März 1933 (durch Reichstagsbeschluss verlängert 1937 und 1938) am 10. (?) Mai 1942 durch Hitler selbst.

2. Die Herausbildung eines neuen spezifischen Begriffes „Führer-Erlass". In dem Durch- und Nebeneinander der verschiedenen Verfahren der Rechtssetzung (Reichsgesetz im Sinne eines Reichstagsbeschlusses, Reichsgesetz als sog. Regierungsgesetz auf Grund des Ermächtigungsgesetzes vom 23. März 1933; mehrere Arten von Verordnungen mit Gesetzeskraft) entwickelte sich, seit 1938/9 erkennbar, ein besonderer Begriff „Führer-Erlass" für die grundlegend wichtigen organisatorischen oder sonstigen Anordnungen. Das Wort „Erlass" wurde bisher (und vielfach auch noch weiter) für Anordnungen in der Verwaltung oder auf militärischem Gebiete (Ordensverleihungen usw.) gebraucht. Daneben aber setzte sich ein spezifischer Begriff von „Erlass" durch, als ein Ausdruck für die alles, vor allem auch alle anderen Formen der Rechtssetzung überragende Macht Hitlers. Das liesse sich an der Hand der letzten Jahrgänge des Reichsgesetzblattes vermutlich belegen. Der Führer-Erlass in diesem besonderem Sinne ist also eine Anordnung von höchster Geltungskraft auch gegenüber andern gesetzlichen Bestimmung [11]. Natürlich hatte nach der offiziellen These jeder „Führer-Befehl" eine alles überragende Kraft. Doch enthielt der „Führer-Erlass" bereits einen deutlichen Ansatz zur formalen Unterscheidung. Darum ist es von Interesse, dass solche Führer-Erlasse, wenn sie im Reichsgesetzblatt bekannt gegeben wurden, vom RMChdRK mitgezeichnet wurden. Einzelne Beispiele kann ich aus dem Gedächtnis nicht angeben.

Ich erinnere mich nur des Ansatzes zu dieser Entwicklung. Sie war ein Symptom für die sich allmählich ausprägende Stellung des RMChdRK.

IV. Abnormität und Unberechenbarkeit
aller Entwicklungen innerhalb des Hitler-Regime.

Bei der Feststellung aller solcher Ansätze zu neuen Einrichtungen oder Formen ist zu beachten, dass Hitler jede Festlegung durch Formen oder gar Einrichtungen aufs tiefste gehasst hat und dass ein Stirnrunzeln genügt hätte, um alle die genannten Ansätze wieder zu beseitigen. Der absichtliche Subjektivismus und damit die fundamentale Abnormität seines Regime ist wirklich beispiellos und unvergleichlich. Wenn das Haupt der Römischen Kirche, der Papst, nach dem Dogma dieser Kirche unfehlbar ist, so ist seine Unfehlbarkeit doch gleichzeitig auf das Klarste beschränkt, und zwar auf allgemeine Feststellungen, und ihre Ausübung ist an die deutlichsten, weithin sichtbare Formen (ex cathedra) gebunden. Hitler dagegen erliess generelle und Einzelanordnungen aller Art; er konnte Gesetze erlassen, Ehen scheiden, Strafen verhängen, die elterliche Gewalt entziehen, wie es ihm beliebte, und konnte das öffentlich oder geheim, mündlich oder schriftlich, unter vier Augen oder bei irgendeiner ihm passenden Gelegenheit, so dass die Berufung auf einen „Führerbefehl" im Grunde von niemand kontrolliert werden konnte. Der Papst, als das unfehlbare Haupt der Römischen Kirche, ernennt seinen Nachfolger nicht selbst; er kann, nach der über tausendjährigen Praxis und der Lehre von Kanonisten, nur den Modus der Bestimmung des Nachfolgers allgemein regeln. Hitler dagegen ernannte am 1. September 1939 seinen Nachfolger selbst, als wäre das die selbstverständlichste Sache der Welt, und ich fürchte, dass nur sehr wenige Menschen in Deutschland sich über diesen exorbitanten Vorgang staats- und verfassungsrechtliche Gedanken gemacht haben. Auf der anderen Seite stehen dann wiederum sonderbare Besorgnisse um formale Legalisierungen, wie die mehrfachen Verlängerungen des Ermächtigungsgesetzes vom 23. März 1933 (1937, 1938) mit dem staatsrechtlich völlig absurden Schluss einer Verlängerung durch eigenen Machtspruch des Ermächtigten, im Mai 1942.

Die Reichskanzlei war sozusagen ein Treffpunkt solcher Abnormitäten und ein Schnittpunkt ihrer inneren Widersprüche. Daraus ergibt sich ihre singuläre Stellung im allgemeinen und die Besonderheit ihres „überministeriellen" Charakters innerhalb des Regime. Daraus ergibt sich auch, dass diese „überministerielle" Stellung kein wirklicher Ansatz zu der Stellung war, die ein Ministerpräsident oder ein Staatskanzler (wie Hardenberg) in irgendeinem andern Regime hatte, sondern nur ein Zwischenglied zwischen einem in absolute Höhen emporsteigenden Staatshaupt und einer Reihe absinkender, zu blossen Verwaltungszentralen degradierten Ressortchefs, die den Namen Reichsminister und auch die persönliche Dienststellung von Reichsministern im bisherigen Sinne beibehielten. In diese eigentümliche Zwischenposition war der RMChdRK tief in die fundamentale Abnormität des ganzen Systems verwickelt, das keine bindende Formen und Einrichtungen kannte, sondern alles, was es tat oder erklärte, nur „freibleibend" tat und erklärte. Darum ist die fundamentale Unvereinbarkeit von Führer-Allmacht und staatlicher Legalisierungsordnung in der Stellung des RMChdRK wohl am deutlichsten zutage getreten.

Anmerkungen zur Stellungnahme III

Stellung des Reichsministers und Chefs der Reichskanzlei

[1] *Hans Heinrich Lammers* (1879–1962) promovierte 1904, war wissenschaftlicher Assistent, entschied sich nach der Großen Juristischen Staatsprüfung (1907) gegen die Hochschulkarriere und für den Richterberuf. Im Ersten Weltkrieg Frontoffizier, verlor 1917 ein Auge, nach dem Krieg im Reichsministerium des Innern, 1922 zum Ministerialrat befördert. Er vertrat das Reichsinnenministerium in den Prozessen zwischen Reich und Ländern vor dem Reichsgericht. Schwerpunkte seiner wissenschaftlichen und schriftstellerischen Tätigkeit waren neben Erläuterungen zur Reichsverfassung und zur preußischen Landesverfassung die Kommentierung des Gesetzes über den Staatsgerichtshof (1921), das er als Referent im Ministerium entworfen hatte, sowie die Sammlung der Entscheidungen des Staatsgerichtshofs und des Reichsgericht, die er mit dem Reichsgerichtspräsidenten *Simons* herausgab („Lammers-Simons"). Im „Handbuch des deutschen Staatsrechts", hrsg. von G. Anschütz / R. Thoma, verfaßte er das Kapitel über „Parlamentarische Untersuchungsausschüsse" (§ 94, Bd. II, 1932, S. 445–474). Lammers war Mitglied der „Deutschnationalen Volkspartei" und des „Stahlhelms", 1932 wechselte er zur NSDAP. Bereits am 30. Januar 1933 ernannte ihn Hitler auf Vorschlag von Frick zum Staatssekretär in der Reichskanzlei, „weil er an dieser Stelle nicht einen politischen Berater, sondern einen hochqualifizierten Ministerialbeamten wünschte" (*D. Rebentisch*). Am 26. November 1937 wurde er zum Reichsminister ernannt, um seine Koordinations-Aufgabe durch Gleichstellung mit den Reichsministern zu erleichtern. Während des Krieges nahm sein Einfluß auf die Verfahren ab, „seit Ende September 1944 wurde er mit staatlichen Angelegenheiten nicht mehr zum Führervortrag vorgelassen" (*D. Rebentisch*). Seit dem 11. Mai 1945 in amerikanischer Haft, verurteilte ihn das amerikanische Militärgericht im „Wilhelmstraßen-Prozeß" am 11. April 1949 zu 20 Jahren Haft unter Anrechnung der vierjährigen Untersuchungshaft. Im Rahmen der Überprüfung der Strafmaße der Nürnberger Urteile setzte Hochkommissar McCloy die Strafe auf zehn Jahre herab, im Dezember 1951 wurde Lammers nach Verbüßung von zwei Dritteln seiner Strafe entlassen. – Seine Tätigkeit in der Reichskanzlei untersuchte gründlich *Dieter Rebentisch*, Hitlers Reichskanzlei, S. 65–99; *ders.*, Führerstaat und Verwaltung, S. 48 ff.

[2] *Friedrich Wilhelm Kritzinger* (1890–1947), 1911 Gerichtsassessor, hochdekorierter Kriegsteilnehmer, 1931 Ministerialrat, 1938 berief Lammers ihn aus dem Reichsjustizministerium als Ministerialdirektor in die Reichskanzlei. Im einzelnen vgl. *Hans Mommsen*, Aufgabenkreis und Verantwortlichkeit des Staatssekretärs der Reichskanzlei Dr. Wilhelm Kritzinger, in: Gutachten des Instituts für Zeitgeschichte, Bd. 2, 1966, S. 369–98, sowie *Dieter Rebentisch*, Führerstaat und Verwaltung, S. 63–66 u. passim.

[3] *Hermann von Stutterheim*, Die Reichskanzlei, 1940, 40 S. *St.*, geb. 1887, 2. Staatsexamen 1917, seit 1920 als Legationsrat stellvertretender Reichsratsbevollmächtigter für Braunschweig, Anhalt und Mecklenburg-Strelitz. *St.* kam 1934 in die Reichskanzlei, trat 1937 in die NSDAP ein, vgl. *D. Rebentisch*, Führerstaat und Verwaltung, S. 62 f.

[4] Die hier angesprochene Denkschrift des *Freiherrn vom Stein* vom 26. / 27. April 1806 in: *Freiherr vom Stein*, Briefe und amtliche Schriften, bearb. v. E. Botzenhart, hrsg. v. W. Hubatsch, Bd. 2 / 1, Stuttgart 1959, S. 206 – 214; dazu *E. R. Huber*, Deutsche Verfassungsgeschichte seit 1789, Bd. 1, 2. Aufl., Stuttgart 1967, S. 146 ff.

[5] Zum Konflikt zwischen Wilhelm II. und Bismarck über das Recht des Immediatvortrages: *E. R. Huber*, Deutsche Verfassungsgeschichte, Bd. 4 , S. 237 ff. Das Protokoll der Sitzung des Preußischen Staatsministeriums vom 2. März 1890, das ausführliche Entlassungsgesuch Bismarcks vom 18. März und die Entlassungsordre Kaiser Wilhelms II. vom 20. März 1890 bei *E. R. Huber*, Dokumente zur deutschen Verfassungsgeschichte, Bd. 2, S. 514 ff.

[6] Die „drei Kanzleien" waren keine Entdeckung *Schmitts*. Am Schluß seiner 1942 publizierten ausführlichen Abhandlung über „Führererlaß und Führerverordnung" schrieb *Schmitts* Schüler *Werner Weber* über die „Strukturveränderungen, die in der Führungsordnung des Reichs sichtbar geworden sind. Der Führer hat sich mit einem engeren Kreise von Gehilfen gegenüber dem breit ausladenden Kollegium der Reichsminister abgesetzt. Ihre ursprüngliche Funktion unmittelbarer Ratgeber- und Gehilfenschaft in den höchsten Führungsentscheidungen hat die Reichsregierung abgegeben an die Kanzleien, denen insoweit das Oberkommando der Wehrmacht gleichzustellen ist, und an einen wechselnden Kreis besonders berufener Immediatstellen. Es ist ein bescheidenes und dennoch bemerkenswertes Kennzeichen für diese Entwicklung, das die Befugnis zur Mitzeichnung der Führererlasse sich jetzt auf den Kreis jener Kanzleichefs beschränkt" (Zeitschrift für die gesamte Staatswissenschaft 102 [1942], S. 137).

[7] *Martin Bormann* (1900 – 1945), seit 1941 Leiter der Parteikanzlei, 1943 „Sekretär des Führers", im einzelnen vgl. *Rebentisch*, Führerstaat und Verwaltung, S. 81 ff. u. passim mit weit. Nachw.

[8] *Lammers* als Herausgeber: mit dem Reichsgerichtspräsidenten *Walter Simons*: Die Rechtsprechung des Staatsgerichtshofes für das Deutsche Reich und des Reichsgerichts, 6 Bde., 1929 – 1939; 1933 trat er in den Kreis der Herausgeber der führenden verwaltungsrechtlichen Zeitschriften ein, nämlich „Reichsverwaltungsblatt" (zunächst „Preußisches Verwaltungs-Blatt", seit 1928: „Reichsverwaltungsblatt und Preußisches Verwaltungs-Blatt") 1933 – 1943; „Verwaltungsarchiv", Zeitschrift für Verwaltungsrecht und Verwaltungsgerichtsbarkeit, Bd. 38 – 47, 1933 – 1942. Über den Wechsel unter den Herausgebern und die Bedeutung von *Lammers* als „wichtigste politische Figur in diesem Kreis" s. *Carl Hermann Ule*, Vom Preußischen Verwaltungs-Blatt zum Deutschen Verwaltungsblatt – Zum 100. Jahrgang einer verwaltungsrechtlichen Zeitschrift, in: DVBl. 1985, S. 9 (11); *ders.*, 100 Jahre Verwaltungsarchiv, in: Verwaltungsarchiv 84 (1993), S. 6. Politisch heikle Aufsätze pflegte Koellreutter vor der Veröffentlichung dem Herausgeber *Lammers* mit der Bitte um Stellungnahme zuzusenden. Lammers hat sich jedoch nie kritisch oder ablehnend geäußert, meistens überhaupt nicht reagiert, was Koellreutter als Zustimmung zur Veröffentlichung interpretierte (persönliche Mitteilung von Herrn Kollegen Carl Hermann Ule an den Verf. am 25. 2. 1995). Seine verfassungsrechtlichen Auffassungen faßte *Lammers* in einer Reihe von Vorträgen zusammen, die er im Juni 1938 bei der Eröffnung der Verwaltungsakademien in Wien, Graz und Innsbruck unter der Überschrift „Staatsführung im Dritten Reich" gehalten hatte. Sie wurden im „Reichsverwaltungsblatt" 1938, S. 563 ff., 585 ff. u. 609 ff. veröffentlicht (s. *Ule*, DVBl.

1985, S. 485). Erst seit 1943 gehörte Lammers dem Präsidium der 1933 gegründeten „Akademie für Deutsches Recht" an.

[9] Hitler untersagte öfter die Veröffentlichungen seiner Erlasse im Reichsgesetzblatt, z. B. solche über Volkstumpolitik, Rassenpolitik und die Verhältnisse der SS, aber auch Erlasse über die Vereinfachung der Verwaltung, die Widersprüche von Propaganda und Realität im NS-Herrschaftssystem offengelegt hätten. Weil in unveröffentlichten Erlassen materielles Recht gesetzt werden sollte, kam die Verwaltungsgerichtsbarkeit in erhebliche Schwierigkeiten, vgl. *Rebentisch*, Hitlers Reichskanzlei, S. 90 f.

[10] *Otto Koellreutter*, Recht und Richter in England und Deutschland: Verwaltungsarchiv 47 (1942), S. 208–246. Das Thema hatte *Koellreutter* schon vorher erörtert, nämlich in seinem Aufsatz „Reichseinheit und Reichsrecht": Verwaltungsarchiv 45 (1940), S. 113, 123. Er berief sich auf *Werner Weber*, Führererlaß und Führerverordnung: Zeitschrift für die gesamte Staatswissenschaft 102 (1942), S. 101–137; *ders.*, Die Verkündung von Rechtsvorschriften, 1942, sowie *Ernst Rudolf Huber*, Reichsgewalt und Reichsführung im Kriege: Zeitschrift für die gesamte Staatswissenschaft 101 (1941), S. 530–579. Diese Zitate entbehren nicht der Delikatesse: *Weber* wie *Huber* waren Schüler *Schmitts*, dem *Koellreutter* öffentlich wie nichtöffentlich stets entgegengetreten war. Über das feindselige Verhältnis von *Koellreutter* und *Schmitt* ausführlich *Joseph W. Bendersky*, Carl Schmitt, S. 222 ff. Nach dem Zweiten Weltkrieg haben sich die beiden versöhnt, ausgehend von einem herzlichen Brief, den *Koellreutter* an den im Berliner Internierungslager einsitzenden *Schmitt* geschrieben hatte.

[11] Die Praxis der Führerverordnungen und Führererlasse war in der rechtswissenschaftlichen Literatur häufig erörtert worden. *Werner Weber* konnte 1942 (Führererlaß und Führerverordnung, s. Anm. 10) auf folgende Autoren verweisen: *E. R. Huber*, Verfassungsrecht des Großdeutschen Reiches, 2. Aufl. 1939, S. 251 ff.; *ders.*, Der Führer als Gesetzgeber, Deutsches Recht IX, 1939, S. 275 ff.; *ders.*, Reichsgewalt und Reichsführung im Kriege: Zeitschrift für die gesamte Staatswissenschaft 101 (1941), S. 548 ff.; *Johannes Heckel*, Wehrverfassung und Wehrrecht des Großdeutschen Reiches I, 1939, S. 336 ff.; *Otto Koellreutter*, Reichseinheit und Reichsrecht: Verwaltungsarchiv 45 (1940), S. 113 ff.; *Ulrich Scheuner*, Die deutsche Staatsführung im Kriege: Deutsche Rechtswiss. 5 (1940), S. 33 ff.

7. Stellungnahme IV

Überreicht Nürnberg 13 / 5 1947

Beantwortung der mir gestellten Frage:
„Warum sind die deutschen Staatssekretäre Hitler gefolgt?"

Meine Antwort lautet: Die Staatssekretäre (und mit ihnen die Ministerialbürokratie und das Gros des höheren Beamtentums) sind Hitler gefolgt, weil sie sich ihm aufgrund eines rein funktionalistischen, für ihre Berufsschicht typischen Begriffes von <u>Legalität</u> unterworfen haben. Sie sind dann, ebenfalls im Zusammenhang mit dieser Art Legalität, in einen Zustand der Gewissenslähmung und der Selbsttäuschung über ihre Verantwortlichkeit geraten und haben schliesslich auch bei der Durchführung offensichtlicher Unmenschlichkeiten in gewohnter Weise als Beamte funktioniert.

Die Frage betrifft nicht individuelle Einzelfälle, sondern einen bestimmten Personenkreis, nämlich die aus der höheren Beamtenlaufbahn hervorgegangene deutsche Ministerialbürokratie. Sie hat sich 1933 widerstandslos in den Dienst Hitlers gestellt. Es handelt sich demnach nicht um solche Gefolgsleute Hitlers, die ihre Ämter in den Ministerien nur als „alte Kämpfer" oder als bedingungslose Anhänger Hitlers erhalten haben, wie Freissler, Reinhardt, Klemm oder ähnliche Staatssekretäre [1]. Für diese stellt die Frage kein besonderes Problem dar. Dagegen ist diese Frage von ausserordentlichem Interesse für die typischen Exponenten der massgebenden Schicht des höheren deutschen Beamtentums.

I. Schon <u>vor 1933</u> haben manche höheren Beamten mit Hitler und seiner Bewegung sympathisiert, namentlich seit dem grossen Wahlerfolg Hitlers im September 1930 [2]. In den Research Studies of the State College of Washington (vol. 13, S. 132 f.) ist ein Schriftwechsel mit dem damaligen Oberreichsanwalt Karl August Werner mitgeteilt, der für das Jahr 1930 ein gutes Beispiel liefert [3]. Die Gründe dieses Sympathisierens sind verschiedenartig. Sie lagen zum Teil in der nationalsozialistischen Ideologie, zum anderen Teil in Standes- und Kasteninteressen. Das deutsche Beamtentum im allgemeinen und die höheren und höchsten Beamten im besonderen befürchteten anscheinend von Hitler und seiner Partei keine Gefährdung ihrer sozialen und ökonomischen Gesamt-Existenz. Diese aber beruhte auf dem überlieferten deutschen Beamtenstaat mit seinen „wohlerworbenen Rechten der Beamten" und seiner einflussreichen hohen Ministerialbürokratie.

Beides – wohlerworbene Beamtenrechte und die Machtstellung der hohen Ministerialbürokratie – hatte in den letzten Jahren der Weimarer Verfassung (1930–32) einen erstaunlichen Höhepunkt erreicht. Die Weimarer Verfassung hatte die wohlerworbenen Rechte der Beamten im Text der Verfassung ausdrücklich garantiert und positivrechtlich stärker geschützt als die Freiheitsrechte [4]. Eine vom Reichsbund der höheren Beamten betriebene und vom Reichsgericht sanktionierte Auslegung dieser Verfassungsgarantie hatte die Beamtenrechte noch bedeutend erweitert [5]. Die hohe Ministerialbürokratie war durch die Verordnungspraxis des Art. 48 zum Gesetzgeber geworden [6]. Die Verordnung hatte das Gesetz verdrängt, die Rechtssetzung war durch Vereinfachungen und Beschleunigungen „motorisiert". Jede „Motorisierung des gesetzgeberischen Verfahrens" aber bedeutet eine Machtsteigerung für die Büros, in denen die Verordnungen entstehen, besonders dann, wenn es nicht Ermächtigungsgesetze des Parlaments, sondern Ausnahmezustandsbefugnisse des Staatschefs sind, die die rechtliche Grundlage der Verordnungspraxis bilden, wie das in Deutschland vor 1933 der Fall war.

Bis 1933: 1. Die meisten Beamten sahen in Hitler keine Gefahr für ihre eigene Machtstellung als Ministerialbürokratie. Viele hielten ihn aufgrund seiner wiederholten Versicherungen sogar für den Retter des deutschen Berufsbeamtentums. Alle fürchteten den offenen Bürgerkrieg und sahen in Hitlers Legalitäts-Beteuerungen einen Schutz vor dem Bürgerkrieg. Von der Gefährdung, die ein totalitäres Partei-System für den traditionellen deutschen Beamtenstaat bedeuten musste, ahnten damals nur sehr wenige etwas. Hitler tat auch alles, um diese Ahnungslosigkeit des deutschen Beamtentums zu erhalten. Diesem Zweck dienten die Lobsprüche auf das deutsche Beamtentum in dem Buch „Mein Kampf", das Programm einer „Wiederherstellung des deutschen Berufsbeamtentums" [7] und die Organisierung des NS-Beamtenbundes unter Neef [8]. Entscheidend aber waren die feierlichen Legalitäts-Erklärungen, insbesondere der berühmte Legalitäts-Eid im Scheringer-Prozess [9]. Das Legalitäts-Problem erwies sich schon damals, 1930, als der Schlüssel zum Problem der staatlichen Macht in Deutschland. In dem Begriff der Legalität findet man deshalb, soweit es sich um die staatliche Seite der Machtergreifung handelt, die eigentliche Antwort auf die oben gestellte Frage. Ich werde in einer besonderen Ausführung auf den Begriff der Legalität zurückkommen (unten unter II).

2. Bei der sog. Machtergreifung Hitlers im Jahre 1933 glaubten die meisten Beamten ihre Position durch sofortige Unterwerfung halten zu können. In den Augen der hohen Ministerialbürokratie wie auch der Mehrheit des deutschen Volkes war die Machtergreifung Hitlers legal. (Auch für diese Legalitätsvorstellungen des Jahres 1933 muss ich auf meine Bemerkungen zum Begriff der Legalität unter II hinweisen.) Das sog. Ermächtigungsgesetz vom 24. März 1933 [10] wirkte sich als eine grosse General- und Pauschal-Legalisierung aus, und zwar sowohl nach rückwärts – für die Vorgänge des Februar und März 1933 – wie auch für alle künftigen Aktionen. Die faktische und pauschale Legalisierungswirkung dieses Gesetzes geht weit über seinen exakten Wortlaut hinaus. Sie ist deshalb so umfassend, weil Hitler und seine Gefolgschaft durch ein verfassungsänderndes Gesetz im effektiven Besitz der Macht vom Parlament bestätigt wurde, womit jeder legale Weg einer Rückgängigmachung dieser Machtergreifung verbaut war. Es blieb jetzt nur noch die schwache Hoffnung übrig, dass Hindenburg vielleicht doch noch imstande sein könnte, Hitler zu entlassen und einen anderen Reichskanzler zu ernennen. Aber wenn die Furcht vor einem Bürgerkrieg ein so starkes Motiv für die Unterwerfung unter Hitler gewesen war, so konnte jene Hoffnung auf eine Entlassung

Hitlers durch Hindenburg nicht viel bedeuten, weil jeder wusste, dass der Versuch einer Beseitigung Hitlers einen noch viel gefährlicheren Bürgerkrieg entfesseln würde.

Das Nürnberger Urteil vom 1. Oktober 1947 [11] stellt (auf S. 21 des gedruckten deutschen Textes) fest: „1934 war die ganze Macht in Hitlers Händen" [12]. Dieser Satz ist, unter dem Gesichtspunkt eines bestimmten Legalitätsbegriffes, von grösster Tragweite. Damit nämlich war Hitlers Macht, für die Legalitätsvorstellungen des deutschen Beamtentums, nicht nur selber legal, sondern auch die Quelle aller positivrechtlichen Legalität. Auch das Gesetz, das die Vorgänge vom 30. Juni bis 3. Juli 1934 nachträglich sanktionierte, wirkte sich in dieser Richtung aus und wurde als „Legalisierungsgesetz" bezeichnet. Es hat jene Vorgänge ausdrücklich für „rechtens" erklärt [13]. Die Beamtengesetze von 1937 verbargen ihr partei-totaliäres Gift, insbesondere den allgemeinen parteipolitischen Vorbehalt des § 71 [14], unter ausführlichen Normierungen und Sicherungen der Rechtsstellung des deutschen Beamten [wie sie den hergebrachten Grundsätzen des Berufsbeamtentums entsprachen].[15]

3. Ende August 1939 entfielen durch den Krieg die letzten Reste einer moralischen Widerstandskraft des deutschen Beamtentums. Erstens infolge der naheliegenden Berufung auf die Notwendigkeiten eines totalen Krieges, und zweitens, weil die Konzentrierung aller staatlichen Macht in der Hand Hitlers jetzt ihren äussersten Grad erreichte. Gesetzgebung, Verwaltung und Justiz funktionierten mit neuen Vereinfachungen und Beschleunigungen immer hemmungsloser als Befehlsapparate. In den letzten Kriegsjahren (etwa seit 1942) entstand besonders im Bereich der Ernährungswirtschaft ein neuer Begriff, die „Anordnung", deren Wesensmerkmal darin liegt, dass – wenn die Verordnung ein „motorisiertes Gesetz" darstellt – die Anordnung eine „motorisierte Verordnung" ist. Die allgemeine Motorisierung ist kennzeichnend für den reinen Funktionalismus dieser Apparatur. Von vereinzelten Ausnahmen abgesehen (wie Harnack und Popitz) ist von einem Widerstand in den Ministerien nichts bekannt geworden. Auch an den sonst so weit verzweigten Zusammenhängen mit dem 20. Juli 1944 ist die Ministerialbürokratie kaum beteiligt [16].

4. Dagegen zeigten sich im Jahre 1942 merkwürdigerweise bei Hitler selbst plötzlich wieder Anwandlungen des Bedürfnisses nach einem Schein des Rechts, und zwar nicht nur im Sinne seiner eigenen, absoluten Legalität, sondern sogar eine Art von demokratischer Legitimität. Das hat sich damals in zwei auffälligen Erklärungen dokumentiert. Die erste war die Reichstagserklärung vom 22. (?) April 1942 [17], in der anerkannt wurde, dass Hitler in wohlerworbene Beamtenrechte eingreifen könne (als ob es in einem solchen totalen Krieg kein anderes rechtliches Anliegen gegeben hätte als die wohlerworbenen Beamtenrechte). Das zweite hier zu nennende Dokument ist die Selbstverlängerung des Ermächtigungsgesetzes vom 24. März 1933 durch eine Erklärung Hitlers vom 10. Mai 1942 [18]. Beide Erklärungen sind in der Konfusion ihrer inneren Selbstwidersprüche kaum

noch glaublich. Sie beweisen aber eben dadurch umso deutlicher, dass Hitler selbst schliesslich noch mehr Interesse an einer gewissen Legitimierung hatte, als das Beamtentum, das ihm als der einzigen Quelle aller Legalität gehorchte.

II. Die Legalität als Funktionsmodus der staatlichen Bürokratie.

Mein Versuch einer Beantwortung der oben gestellten Frage stösst immer auf den Begriff der Legalität als den Kern des Problems. Die Lektüre der bereits zitierten Research Studies Vol. XIII, besonders der Legal Analysis S. 78, hat mich in der Auffassung bestätigt, dass hier der Schlüssel zur Erkenntnis des Hitler-Regime liegt, wenigstens soweit es sich um die staatliche Seite des Regimes handelt. Eine Erörterung des Legalitätsproblems scheint mir umso notwendiger, als die Frage der Legalität eines Regime bisher zu sehr vom Einzelbefehl und dazu noch vom militärischen Befehl her gesehen wurde, während sich hier die Frage der Legalität eines Regime im ganzen erhebt, eine Frage also, die das verfassungsrechtliche Strukturproblem betrifft. (Ich habe im Sommer 1932, angesichts der damals akuten Frage der Legalität der Hitler-Bewegung, eine Schrift über „Legalität und Legitimität" veröffentlicht und zu der Frage in systematischem Zusammenhang Stellung genommen [19].) Ich finde in diesen Tagen (Mai 1947) in der Zeitschrift „Die Gegenwart" einen Aufsatz von Prof. Karl Geiler unter dem gleichen Titel „Legalität und Legitimität" [20]. Das Problem ist also damals wie heute von Interesse, und das rechtfertigt vielleicht meinen scheinbar etwas theoretischen Exkurs über den Begriff der Legalität.

Die eigentliche Schwierigkeit, die noch wenig zum Bewusstsein gekommen ist, liegt in der soziologischen Wandlung, die in einem modernen, durchorganisierten Staatswesen hinsichtlich der Bedeutung des Wortes „Legalität" vor sich geht, wo die Legalität zu einem Funktionsmodus der Bürokratie geworden ist. Nur unter diesem Gesichtspunkt ist die Geschichte des deutschen Beamtentums von 1918 – 1945 zu verstehen. Die Legalität, von der hier die Rede ist, bedeutet keine bloss äusserliche, „rein juristische" Begleiterscheinung. Sie betrifft auch nicht die Frage nach Recht und Gerechtigkeit in einem allgemeinen Sinne, ebensowenig wie sie mit der „Legitimität" identisch ist, die als das geschichtliche, politische oder moralische Phänomen einer monarchisch-dynastischen oder einer demokratischen Legitimität auftritt. „Legal" und „Legalität" kann an sich alles bedeuten, was dem Worte „lex" entspricht, und dieses Wort hat in verschiedenen Ländern und Zeiten, bei verschiedener Organisation der Rechtssetzung und Rechtsprechung einen ganz verschiedenen Inhalt. Für meine Betrachtung deutscher Zustände und Entwicklungen bedeutet Legalität überhaupt nichts materiell-rechtlich Inhaltliches, sondern eine Methode des Arbeitens und Funktionierens in einer durchorganisierten Gesellschaft. Die Arbeitsweise, die Art der Geschäftserledigung, die Routine und Gewohnheiten des Amtes, die Sorge um die Erhaltung dieser Art Existenz und vor allem das Bedürfnis nach einer „Deckung" gegenüber der Verantwortlichkeit, nach einer Abwälzung der Verantwortlichkeit und jedes ernsthaften Risikos, das alles gehört zu dem Komplex einer bürokratisch-funktionalistisch aufgefassten Legalität, wie sie in einem Beamtenstaat wie Deutschland zur Herrschaft gekommen ist.

In Ländern, in denen die staatliche Bürokratie nicht oder noch nicht das Monopol der Erledigung öffentlicher Aufgaben hat, vor allem dort, wo Justiz und Verwaltung nicht von einem staatlich-zentralisierten Behördenapparat getragen werden, ist die Verwandlung des Rechts in einen Funktionsmodus arbeitender Behörden kaum begreiflich. Im englischen und amerikanischen Sprachgebrauch bedeutet das Wort „legal" so viel wie „rechtlich" oder „juristisch". Hier sind auch scharfe Antithesen von rechtlich und moralisch, rechtlich und politisch möglich, aber die scharfe Antithese von rechtlich und legal ist kaum ausdrückbar. Wo die Justiz Sache eines Richtertums ist, das sich nicht als Beamtenschaft einer staatlichen Justizverwaltung fühlt, sondern Recht und Legalität in der Gestalt von common law und case law selbständig trägt, erscheint der hier gemachte Gegensatz von Recht und Legalität fremd und unbegreiflich. In Frankreich, dem Land des staatlichen Gesetzesrechts und der grossen staatlichen Kodifikationen, hat die beamtete Justiz und der zentralisierte Verwaltungsapparat seit 1799 [21] ein halbes Dutzend Regime-Wechsel überdauert. Dort sind auch die schärfsten Formulierungen einer rein formalistisch-funktionalen Legalität als Gegensatz gegen das Recht entstanden. Dort ist z. B. schon vor der Revolution von 1848 das bekannte Wort geprägt worden „la légalité tue", ein Ausspruch, der im Französischen sofort ein geflügeltes Wort werden konnte, während man ihn ins Englische nicht übertragen und dort nur mit Mühe umschreiben kann. Unmittelbar nach 1848 hat der damalige Präsident Louis Napoleon Formulierungen proklamiert wie „sortir de la légalité pour entrer dans le droit" und seit etwa 1900 spricht die Opposition von einem „pays légal" als Gegensatz zum „pays réel".

Frankreich ist das Land der Legisten [22]. Es hat eine starke staatlich-zentralistische Tradition, aber auch eine bedeutende freie Advokatur und ein Juristentum, das nicht einfach im staatlichen Funktionalismus aufgeht. So erklärt es sich, dass die Trennung von Recht und Legalität in Frankreich am schärfsten empfunden und am prägnantesten formuliert worden ist. In Deutschland dagegen ist sie nicht zum kritischen Bewusstsein gekommen, oder wenigstens hat dieses Bewusstsein sich nicht weit verbreitet, obwohl die Trennung gerade hier ihre massivsten Auswirkungen gefunden hat. Der deutsche Staat war seit Jahrhunderten ein Beamtenstaat. Aber bis zum Zusammenbruch des November 1918 war der rein staatliche Funktionalismus des Beamtentums durch einen doppelten Schleier verhüllt, nämlich durch die monarchisch-dynastische Legitimität und durch die föderalistische Dezentralisierung. Im November 1918 entfiel die dynastische Legitimität und es blieb nur die (immer stärker zentralistische) staatliche Legalität als einzige Rechtsgrundlage staatlichen Funktionierens.

Die unbestritten herrschende Auffassung vom Recht war ein unbeschränkter juristischer Positivismus. Das bedeutete nichts anderes, als dass alles als „rechtens" galt, was von der für gesetzliche Anordnungen zuständigen staatlichen Stelle an

Normen oder Befehlen erlassen wurde. Alles andere war nicht „positives Recht"
und wurde unter Bezeichnungen wie „Naturrecht", „Wunschrecht", „blosses Programm" und dergleichen entwertet. Die höchste Stelle staatlicher Rechtssetzung
war einer Legitimität weder fähig noch bedürftig, weil sie selber die Quelle aller
Legalität und weil diese Legalität die einzige Form der Legitimität geworden war.
Die Staatsgewalt funktionierte als effektiv unwiderstehliche Zwangsgewalt. Ihre
Befehle waren „rechtens", weil sie alle „Gehorsamserzwingungschancen" [23] auf
ihrer Seite hatten. Das ist juristischer Positivismus. In jedem Lehrbuch und in zahlreichen Abhandlungen war es so zu lesen. Es wurde vor allem durch den höchsten
Gerichtshof, das Reichsgericht, in einer berühmten Entscheidung des Jahres 1919
(Band 100 der Entscheidungen in Zivilsachen) [24] auf das Nachdrücklichste formuliert. Dort wurden die revolutionären Arbeiter- und Soldatenräte der Zwischenzeit vom November 1918 (Beseitigung der alten, legitimen Monarchie) bis Februar
1919 (Zusammentreten einer demokratisch gewählten verfassunggebenden Nationalversammlung) als Träger einer öffentlichen staatlichen Gewalt anerkannt, mit
der Begründung, dass die Staatsgewalt keinen Augenblick aussetzen kann und
dass, wenn die frühere Form der Staatsgewalt entfällt, im gleichen Augenblick eine
andere an ihre Stelle treten muss, weil ein Vacuum undenkbar wäre. Dann heisst
es: die Rechtmässigkeit (des Entstehens) ist kein Merkmal der Staatsgewalt [25].
Damit war die scharfe Trennung von sachlich gerechtfertigter Legitimität und
staatlich-funktionalistischer Legalität vollzogen. Die von der effektiven, gleichgültig, ob rechtmässig oder nicht-rechtmässig entstandenen Staatsgewalt durch Normen oder Einzelbefehle der zuständigen Stellen gesetzte Legalität, wurde damit
zum einzigen Merkmal dessen erhoben, was für eine im Dienste dieser Staatsgewalt funktionierende Bürokratie positiv rechtens war*.

III. Das deutsche Legalitätsbedürfnis.

Deutschland ist nicht nur seit Jahrhunderten ein Beamtenstaat, das deutsche
Volk ist auch, in weiten Schichten, ein Beamtenvolk und von Beamtengesinnung
durchdrungen. Als (etwa 1938) für die Ämter der Mittelstufe in Partei und Staat
(Kreisleiter – Regierungspräsidenten und Landräte) Inkompatibilitäten eingeführt

---

* In den Research Studies a. a. O. S. 119 ist ein aufschlussreicher Satz aus der Entscheidung des Gerichtshofes zitiert, der über den Hitler-Putsch vom November 1923 zu urteilen
hatte. Das Gericht sagt: bei der Bildung der Angeklagten (Hitler, Hess u. a.) war es völlig
unmöglich, dass sie (damals im November 1923 in Bayern) annahmen, Kahr sei der absolute
Herrscher von Bayern gewesen, wie Ludwig XIV., der den Ausspruch tat: l'état c'est moi,
oder dass Kahr Ludwig XIV. auch nur nachahmte. Deshalb hätten sie auch nicht glauben können, dass alles, was sie mit Kahr zusammen taten oder was Kahr in Verbindung mit ihnen tat,
rechtmässig (im Sinne von legal) war. Das bedeutet: wäre Kahr ein absoluter Herrscher im
Stil Ludwigs XIV. gewesen, so wäre auch nach der Ansicht des Gerichts alles, was Kahr damals tat und was die Angeklagten taten, rechtens gewesen. Bei einer solchen Denkweise ergibt sich ohne weiteres die Folgerung für alles, was Hitler zusammen mit seinen Staatssekretären getan hat, nachdem er alle staatliche Macht in seiner Hand vereinigt hatte.

werden sollten und die Amtsträger vor die Wahl gestellt wurden, sollen sich fast alle unter Verzicht auf das Parteiamt für das Staatsamt entschieden haben.

Zu dieser Staatsbeamtengesinnung kommt bei einem grossen Teil des deutschen Volkes die religiöse Tradition der „Obrigkeit von Gott" hinzu, verbunden mit einer tiefen Neigung und Gewöhnung, äusserliche Unterwerfung und innerliches Freiheitsgefühl miteinander zu vereinigen. Bei einem anderen Teil ist das eine abstrakte Pflichtethik geworden, bei einem anderen wiederum ein moderner Kult der Arbeit und der technisierten Leistung. Der oft erwähnte Sinn für Ordnung ist bei einem so durchorganisierten Volk ein Sinn für klare Befehlszuständigkeiten und Spezialisierungen, für eine stark technisierte Disziplin und ein wertneutrales Funktionieren. (Ein Kenner der deutschen Verfassungsgeschichte, Rudolf Smend, hat die Deutschen ein „rührend legalitätsbedürftiges Volk" genannt. [26]) Alle diese allgemeinen, hier nur mit einem Wort angedeuteten Neigungen und Tendenzen gehören zu einer Erklärung der Tatsache, dass die Katastrophe des rein staatsbezogenen, funktionalistischen Legalitätsbegriffes gerade in Deutschland eintrat, obwohl auch andere Länder einen zentralistischen Staatsapparat, juristischen Positivismus und die Entscheidung von Recht und Legalität kennen.

Der grösste deutsche Soziologe, Max Weber, ein bewusster und aktiver Demokrat, hat in den kritischen Jahren 1919/20 den Zusammenhang von glatt funktionierender Demokratie und Legalität dargelegt. Er hat die Trennung von Rechtmässigkeit (Legitimität) und Legalität als eine typische Erscheinung analysiert und festgestellt: „Die heute geläufigste Legitimitätsform ist der Legalitätsglaube" [27]. Der Legalitätsglaube bleibt als einzige Form der Rechtfertigung einer restlos funktionalisierten Technik übrig. Max Weber hat damals schon die Prognose gestellt: Die Bürokratie ist unser Schicksal [28]. Sie ist es in der Tat durch ihre Art Legalität geworden.

Während der grossen französischen Revolution hat man angesichts des Terrors der Jacobiner ausgerufen: welche Verbrechen werden hier im Namen der Freiheit begangen! Angesichts der Mitwirkung des staatlichen Justiz- und Verwaltungsapparates an den Verbrechen Hitlers kann man nur sagen, dass diese Verbrechen im Zeichen einer völlig funktionalisierten Legalität möglich geworden sind.

Es ist nicht der Sinn meiner Darlegung, den Legalitätsbegriff einer hemmungslos funktionierenden Bürokratie zu benutzen, um menschlich unbegreifliche Handlungen begreiflich zu machen und zu entschuldigen. Ich versuche nur, für die oben gestellte Frage eine Antwort zu finden, die es psychologisch und soziologisch erklärt, dass hohe Beamte, die nicht einmal fanatische Hitler-Gläubige waren, bei offensichtlichen Unmenschlichkeiten mitgewirkt haben, ohne dass man sie deshalb für unzurechnungsfähige Geisteskranke, für moralische Idioten oder geborene Verbrecher (im Sinne der Strafrechtstheorie Lombrosos) halten muss. Das behavior ei nes restlos funktionalisierten Beamtentums kann in Zeiten einer totalitären Machtkonzentration zu solchen exorbitanten Erscheinungen führen. Das ist eine soziologische Feststellung von grosser Tragweite. Sie rechtfertigt diesen Versuch, das Legalitätsproblem als einen Schlüssel zur Erkenntnis des Hitler-Regime zu behandeln und dort die Antwort auf die oben gestellte Frage zu suchen.

Dabei zeigt sich allerdings eine spezifische Schwierigkeit infolge fortwährender Überschneidungen juristischer und soziologischer Kategorien. Das ist unvermeidlich. Die Frage bezieht sich auf einen Personenkreis, dessen soziologische Besonderheit durch seine juristische Ausbildung und eine unter juristischen Gesichtspunkten stehende Tätigkeit bestimmt ist. Auch die sprachlichen und terminologischen Hindernisse dieses Versuches sind ausserordentlich gross, wegen der Mehrdeutigkeit und sogar Missverständlichkeit der Worte „legal" und „Legalität". Ich bin mir alles dessen wohl bewusst und bitte daher um Nachsicht, wenn meine Beantwortung an einigen Stellen in eine dozierende Darlegung überzugehen scheint.

Anmerkungen zur Stellungnahme IV

„Beantwortung der mir gestellten Frage:
Warum sind die deutschen Staatssekretäre Hitler gefolgt?"

[1] *Roland Freisler* (1893 – 1945), 1933 Staatssekretär im preußischen, ab 1935 im Reichsjustizministerium, seit 1942 Präsident des Volksgerichtshofs.
Fritz Reinhardt (1895 – 1969), 1928 Gauleiter von Oberbayern, 1930 MdR, 1933 Präsident der Akademie für Deutsches Recht, 1933 – 1945 Staatssekretär im Reichsfinanzministerium, 1949 aus amerikanischer Haft entlassen.
Herbert Klemm (geb. 1903), 1939 Ministerialrat im Reichsjustizministerium, seit Januar 1944 Staatssekretär. Im Nürnberger Juristenprozeß 1947 zu lebenslänglicher Haft verurteilt, 1951 entlassen.

[2] Bei den Wahlen am 14. September 1930 vermehrte die NSDAP ihre Reichstagsmandate von 12 auf 107 (von insgesamt 577 Reichstagssitzen). Mit den 77 Mandaten der KPD hatten 31,9 Prozent der Wähler grundsätzliche Gegner des Weimarer Verfassungssystems in den Reichstag geschickt; im einzelnen vgl. *E. R. Huber*, Deutsche Verfassungsgeschichte, Bd. 7, S. 778 – 787.

[3] *Schmitt* spielt diskret an auf eine Abhandlung, die Robert *Kempner* selbst in den „Research Studies" im Juni 1945 veröffentlicht und ihm vermutlich zugänglich gemacht hatte. 1945 hatte *Kempner* keine Bedenken, seine eigenen Techniken der öffentlichen Information aufzudecken: Unter dem Pseudonym „Procurator" hatte er seine amtlichen Kenntnisse (Preuß. Innenministerium) in einem Aufsatz veröffentlicht, und zwar in der „Justiz", dem Organ des „Republikanischen Richterbundes" (Bd. 4, Nr. 11, August 1930), dem *Kempner* ebenso als aktives Mitglied angehörte wie der gleichfalls linksorientierten „Deutschen Liga für Menschenrechte". In seiner amtlichen Eigenschaft als Regierungsrat im preußischen Innenministerium sandte er diesen Artikel (also seinen eigenen) am 28. August 1930 an den Oberreichsanwalt, den Reichsminister für Justiz, dem Präsidenten des Reichsgerichts, dem Reichsinnenminister und dem preußischen Minister der Justiz zur Kenntnisnahme und weiteren Veranlassung. Nach zwei Erinnerungen antwortete der Oberreichsanwalt Werner, die Untersuchung gegen die Funktionäre der NSDAP aufgrund des Materials in dem Artikel sei noch nicht abgeschlossen, eine Mitteilung, die am 6. Juli 1931 wiederholt wurde. Am 7. August 1932 entschied der

Oberreichsanwalt, gegen die NSDAP nicht in der von Preußen vorgeschlagenen Weise vorzugehen. Daten und Fakten nach dem Kempner-Text. Schmitts Bezugnahme ist also in der Zeitangabe auf 1930 – 1932 zu ergänzen bzw. zu berichtigen. Ob wirklich eine kaschierte Sympathie des Oberreichsanwalts mit der NSDAP für die Ablehnung eines Hochverratsverfahrens gegen die NSDAP und ihre Funktionäre ursächlich war, wie *Kempner* behauptete, wird man angesichts der umstrittenen Verfassungsrechtslage bezweifeln dürfen. Außer Carl Schmitt gab es kaum Rechtslehrer, die dergleichen für zulässig hielten.

Die Bezugnahme auf die Abhandlung Kempners fehlt in den veröffentlichten Fassungen, vgl. „Die neue Ordnung", 4. Jg. 1950, S. 270 / 71; Verfassungsrechtliche Aufsätze, 1958, S. 441.

[4] Die Weimarer Reichsverfassung regelte in Art. 129 – 131 relativ umfänglich die Rechtsstellung der Beamten, u. a.: „Die wohlerworbenen Rechte der Beamten sind unverletzlich" (Art. 129 Abs. 1 S. 3). Gegen die zunächst herrschende Ansicht hatte *Schmitt* Art. 129 als „institutionelle Garantie" interpretiert, die dem Gesetzgeber erlaube, die dem Beamten nach den Besoldungsgesetzen zustehenden Dienstbezüge auch zu mindern bis zur untersten Grenze des zum „standesgemäßen Unterhalt" Erforderlichen, vgl. *C. Schmitt*, Verfassungslehre (1928), S. 172; *ders.*, Wohlerworbene Beamtenrechte und Gehaltskürzungen, in: Deutsche Juristenzeitung vom 15. 7. 1931, Sp. 917 – 921 = Verfassungsrechtliche Aufsätze, S. 174 – 179 mit der Anmerkung: „Der Aufsatz ... hat eine geradezu erbitterte Polemik entfesselt, weil er die Behauptung einer ziffernmäßigen Garantie widerlegte und damit die Zulässigkeit von Gehaltskürzungen anerkannte. Die Vertreter der Beamtenorganisation sahen darin einen Verrat am Beamtentum."

Das zeitgenössische Schrifttum zu Art. 129 bei *G. Anschütz*, Weimarer Reichsverfassung, S. 589 / 90.

[5] *Schmitt* spielt hier an auf die Entscheidung des Reichsgerichts vom 10. 07. 1931 (RGZ, Bd. 134, S. 1 – 16).
Anläßlich der Notverordnung der Regierung Brüning vom 1. 12. 1930, welche die Gehälter aller Angehörigen des öffentlichen Dienstes um 6 Prozent kürzte (RGBl. I, S. 517, bes. Kap. II §§ 1 – 11) vertrat *Schmitt* vor Verwaltungsbeamten erneut seine Lehre von der institutionellen Garantie: „Die staatsrechtliche Bedeutung der Notverordnung", in: Notverordnung und öffentliche Verwaltung, Berlin 1931 = Verfassungsrechtliche Aufsätze, S. 235 – 260, bes. S. 254 ff., mit einem nachträglichen Kommentar S. 260 – 262. Nach zwei weiteren Notverordnungen waren im Dezember 1931 die Gehälter gegenüber dem Stand von 1927 um etwa 21 Prozent gekürzt.

[6] Als am 27. März 1930 die Regierung Müller zurücktrat, weil sich die Koalitionsregierung nicht über eine Erhöhung der Beiträge zur Arbeitslosenversicherung einigen konnte (!), war eine auf parlamentarischer Mehrheit beruhende Reichsregierung nicht mehr möglich. Seit dem 30. März regierte der dem Zentrum angehörende Reichskanzler *Heinrich Brüning* mit einem Minderheitskabinett und einer Koalition vom Zentrum bis zu den Volkskonservativen. Die Maßnahmen der Regierung wurden in Form von Verordnungen aufgrund des Art. 48 Abs. 2 der Reichsverfassung erlassen. Über diese Praxis s. *Anschütz* (Anm. 4), S. 275 – 296; *C. Schmitt*, Die staatsrechtliche Bedeutung der Notverordnung (1931); vgl. bereits Anm. 4 u. 5; fernerhin *C. Schmitt*, Grundsätzliches zur heutigen Notverordnungspraxis, in: Reichsverwaltungsblatt v. 27. 2. 1932, S. 161 – 165; *Schmitt* sprach von der „sehr weit ausdehnenden Auslegung" des Art. 48 Abs. 2, die

„heutige Praxis" sei bislang nicht erfolgreich beanstandet worden (S. 161, 163). Das neuere Schrifttum wird nachgewiesen von *Achim Kurz*, Zur Interpretation des Art. 48 Abs. 2 WRV 1930 – 33, in: FS E.-W. Böckenförde, Berlin 1995, S. 395 – 413.

[7] Nach dem „Gesetz zur Wiederherstellung des Berufsbeamtentums" vom 7. April 1933 (RGBl. I, S. 175) und Änderungsgesetzen desselben Jahres waren Beamte aus dem Dienst zu entlassen, „die seit dem 9. November 1918 in das Beamtenverhältnis eingetreten sind, ohne die für ihre Laufbahn vorgeschriebene oder übliche Vorbildung oder sonstige Eignung zu besitzen", desgleichen „Beamte, die der kommunistischen Partei oder kommunistischen Hilfs- oder Ersatzorganisation angehört oder sich sonst im kommunistischen Sinne betätigt" hatten. § 4 des Gesetzes ermächtigte dazu, Beamte, „die nach ihrer bisherigen politischen Betätigung nicht die Gewähr dafür bieten, daß sie jederzeit rückhaltlos für den nationalen Staat eintreten, aus dem Dienst zu entlassen" (Kann-Vorschrift).

[8] *Hermann Neef*, Chef des am 15. Oktober 1933 gegründeten „Reichsbundes der Deutschen Beamten". Von ihm sind nur in Broschüren verbreitete Reden überliefert. In seiner 1938 erschienenen „Rede auf dem Reichsparteitag Groß-Deutschland" berichtete er von 1,33 Millionen Mitgliedern (nach dem Anschluß Österreichs), d. h. „rund 98 Prozent der deutschen Beamten bei völliger Freiwilligkeit des einzelnen" zum Beitritt (S. 3).

[9] In dem vom 23.9.-4. 10. 1930 geführten sog. Reichswehrprozeß vor dem Reichsgericht erklärte Hitler unter Eid, die NSDAP strebe ihre politischen Ziele allein mit legalen Mitteln an. Die Angeklagten, Oberleutnant *Hans Heinrich Wendt* (geb. 1903) sowie die Leutnante *Richard Scheringer* (geb. 1904) und *Hanns Ludin* (1905 – 1947), wurden zu 18 Monaten Festungshaft verurteilt, vgl. *Peter Bucher*, Der Reichswehrprozeß: der Hochverrat der Ulmer Reichswehroffiziere 1929/30, Boppard 1967; *E. R. Huber*, Deutsche Verfassungsgeschichte, Bd. 7, S. 685 – 690; über Ludin s. auch *E. v. Salomon*, Der Fragebogen, Hamburg 1951, S. 765 – 806.

[10] Nach dem „Gesetz zur Behebung der Not von Volk und Reich" (RGBl. 1933 [1934] I, S. 141 – ein verfassungsänderndes Gesetz – konnten Reichsgesetze auch durch die Reichsregierung beschlossen werden, auch die in den Art. 85 Abs. 2 und 87 der Reichsverfassung bezeichneten Gesetze. Die von der Reichsregierung beschlossenen Reichsgesetze konnten „von der Reichsverfassung abweichen, soweit sie nicht die Einrichtung des Reichstags und des Reichsrats als solche zum Gegenstand haben. Die Rechte des Reichspräsidenten bleiben unberührt" (Art. 2).

[11] Schreibfehler, das Urteil erging am 1. Oktober 1946.

[12] Nicht genau zitiert: „Kurz darauf starb Hindenburg, und Hitler vereinigte das Amt des Reichspräsidenten und das des Reichskanzlers in seiner Person. Bei einer darauf folgenden, unter Nazi-Druck stehenden Volksabstimmung gaben 38 Millionen Deutsche ihre Zustimmung, und als die Reichswehr den Treueid auf den Führer ablegte, war die ganze Macht in Hitlers Händen" (Der Prozeß gegen die Hauptkriegsverbrecher vor dem Internationalen Militärgerichtshof, Bd. XXII, Nürnberg 1948, S. 478). Das Gesetz vom 1. August 1934 vereinigte die Ämter des Reichskanzlers und des Reichspräsidenten und übertrug sie dem neuen „Führer und Reichskanzler" (RGBl. 1934 I, S. 747). Reichspräsident Hindenburg starb fast 87jährig am 2. August 1934, 9.00 Uhr morgens. Das Gesetz vom 1. August wurde mit der Volksabstimmung vom 19. August 1934 bestätigt; vgl. Nachruf und Regularien RGBl. 1934 I, S. 749 – 763.

[13] Das „Gesetz über Maßnahmen der Staatsnotwehr" vom 3. Juli 1934 beschränkte sich auf einen Artikel mit einem Satz: „Die zur Niederschlagung hoch- und landesverräterischer Angriffe am 30. Juni, 1. und 2. Juli 1934 vollzogenen Maßnahmen sind als Staatsnotwehr rechtens" (RGBl. I, S. 529).

[14] § 71 des Deutschen Beamtengesetzes vom 26. Januar 1937 (RGBl. I, S. 39) lautete: „Der Führer und Reichskanzler kann einen Beamten auf Lebenszeit oder auf Zeit auf einen von der obersten Dienstbehörde im Einvernehmen mit dem Reichsminister des Innern gestellten Antrag in den Ruhestand versetzen, wenn der Beamte nicht mehr die Gewähr dafür bietet, daß er jederzeit für den nationalsozialistischen Staat eintreten wird. Die diesen Antrag rechtfertigenden Tatsachen sind in einem Untersuchungsverfahren festzustellen, in dem die eidliche Vernehmung von Zeugen und Sachverständigen zulässig und der Beamte zu hören ist."

[15] Der Abschnitt V des Deutschen Beamtengesetzes („Sicherung der rechtlichen Stellung des Beamten") umfaßte die Vorschriften der §§ 36 – 42. Der eingeklammerte Text im Original stenographisch hinzugesetzt, in der Druckfassung: Verfassungsrechtliche Aufsätze, S. 443.

[16] Für die Ministerialbürokratie als solche trifft diese Feststellung wohl zu. Über die „Zivilisten" Popitz, Gördeler und den Kreisauer Kreis s. *Peter Hoffmann*, Widerstand – Staatsstreich – Attentat. Der Kampf der Opposition gegen Hitler, 4. Aufl., München 1985, S. 226 ff. Mit „Harnack" ist vermutlich Dr. iur. et phil. Arvid Harnack gemeint, Oberregierungsrat im Reichswirtschaftsministerium, der mit seiner Frau Mildred als zur sog. Roten Kapelle gehörend im Herbst 1942 verhaftet wurde. Über ihn und seine Haftzeit s. *Axel v. Harnack*, in: Die Gegenwart, 2. Jg., 1947, Nr. 1/2, S. 15 – 18. Arvid Harnack wurde am 19. 12. 1942 vom Reichskriegsgericht zum Tode verurteilt und am 22. 12. 1942 hingerichtet, Mildred H. am 15. 2. 1943. Einzelheiten über Harnacks Verbindungen zu dem sowjetischen Agenten und Oberleutnant im Reichsluftfahrtministerium Harro Schulze-Boysen s. *Heinz Schröter*, Geheime Reichssache 330, Klagenfurt 1969, S. 135 ff., 175.

[17] Beschluß des Reichstages vom 26. April 1942: „Der Führer muß daher – ohne an bestehende Rechtsvorschriften gebunden zu sein – in seiner Eigenschaft als Führer der Nation, als oberster Befehlshaber der Wehrmacht, als Regierungschef und oberster Inhaber der vollziehenden Gewalt, als oberster Gerichtsherr und als Führer der Partei jederzeit in der Lage sein, nötigenfalls jeden Deutschen ... mit allen ihm geeignet erscheinenden Mitteln zur Erfüllung seiner Pflichten anzuhalten und bei Verletzung dieser Pflichten nach gewissenhafter Prüfung ohne Rücksicht auf sog. wohlerworbene Rechte mit der ihm gebührenden Sühne zu belegen, ihn im besonderen ohne Einleitung vorgeschriebener Verfahren aus seinem Amte, aus seinem Rang und seiner Stellung zu entfernen" (RGBl. 1942 I, S. 247).

[18] Erinnerungsfehler *Schmitts*, der „Erlaß des Führers über die Regierungsgesetzgebung" datierte vom 10. Mai 1943: „Mit Rücksicht darauf, daß das Gesetz vom 24. März 1933 ... formell am 10. Mai 1943 abläuft, bestimme ich: Die Reichsregierung hat die ihr durch das Gesetz vom 24. März 1933 übertragenen Befugnisse auch weiterhin auszuüben" (RGBl. 1943 I, S. 295). In der Druckfassung berichtigt (Verfassungsrechtliche Aufsätze, S. 443).

[19] Legalität und Legitimität,1932, mit dem Vermerk: „Diese Abhandlung lag am 10. Juli 1932 abgeschlossen vor." 1993 erschien die 5. unveränderte Auflage. Der Text der Schrift ist ebenso abgedruckt in „Verfassungsrechtliche Aufsätze", S. 263 – 345 mit einem wichtigen Nachtrag S. 345 – 350.

[20] *Karl Geiler*, Legalität und Legitimität, in: Die Gegenwart, 2. Jg., Nr. 3 / 4 v. 28. 2. 1947, S. 15 – 17. Ausgehend von dem umstrittenen Urteil im Freiburger Tillessen-Prozeß sprach sich der *Verf.* für den Vorrang eines „modernen Naturrechts" aus, bezog sich auf *E. Kaufmanns* VDStRL-Vortrag von 1926, ließ aber den Namen dessen aus, der den Titel seines Aufsatzes als Begriffspaar überhaupt erst geläufig gemacht hatte. *Karl Geiler* (1878 – 1953), Priv.-Doz. 1919 Gesellschafts- und Wirtschaftsrecht, a.o. Prof. Heidelberg 1921 – 1939, Ministerpräsident von Hessen 1945 – 1947, danach o. Prof. Heidelberg.

[21] Dieses auch in der Endfassung (Verfassungsrechtliche Aufsätze, S. 445) nicht berichtigte Datum muß nicht notwendig ein Druckfehler sein; 1799 war das erste Jahr der Konsularregierung mit Napoleon als Erstem Konsul.

[22] Dazu *Carl Schmitt*, Die Formung des französischen Geistes durch den Legisten, zuerst in: Deutschland – Frankreich. Vierteljahrsschrift des Deutschen Instituts, Paris, 1. Jg. 1942, Heft 2, S. 1 – 30, wiederabgedr. in: *C. Schmitt*, Staat – Großraum – Nomos, S. 184 – 210 mit ausführlichen Anmerkungen des Herausgebers G. Maschke.

[23] *Robert Piloty* hatte 1904 die „Autorität als Chance" definiert, „Gehorsam für einen Herrscherbefehl zu finden" und die „Vollziehung der Herrscherbefehle" als wesentliches „Merkmal der Staatsgewalt", in: Jahrbuch der Internationalen Vereinigung für vergleichende Rechtswissenschaft und Volkswirtschaftslehre, Bd. 6 / 7, S. 552 f. Den Zusammenhang von Herrschaft und Staatsgewalt, von Befehl und Gehorsam als Merkmale von „Staat" hatte nicht erst *Max Weber*, sondern die Rechtsliteratur des 19. und beginnenden 20. Jahrhunderts immer wieder betont, vgl. die Nachweise von *Andreas Anter*, Max Webers Theorie des modernen Staates, S. 58 ff.

[24] Es handelt sich um das Urteil des Reichsgerichts vom 8. Juli 1920, RGZ 100, S. 25, 27.

[25] „Der durch die Umwälzung geschaffenen neuen Staatsgewalt kann die staatsrechtliche Anerkennung nicht versagt werden. Die Rechtswidrigkeit ihrer Begründung steht dem nicht entgegen, weil die Rechtmäßigkeit der Begründung kein wesentliches Merkmal der Staatsgewalt ist" (RGZ 100, S. 27).

[26] *Rudolf Smend*, Das Reichskammergericht. Geschichte und Verfassung, Weimar 1911, Neudr. Aalen 1965, S. 161. Das „rührende Legalitätsbedürfnis" verwendete *Schmitt* mehrfach, z. B. in dem Vortrag auf der Tagung des Verbandes Deutscher Geschichtslehrer im Oktober 1928 in Heppenheim / Bergstr. (veröffentlicht in der Sammlung „Rheinische Schicksalsfragen. Eine Schriftenfolge", hrsg. v. P. Rühlmann, Nr. 27 / 28: Probleme des deutschen Westens, Berlin 1929, S. 76 – 89; Sondervordruck im „Rheinischen Beobachter" 1928, S. 340 ff.; erneut abgedruckt in: „Positionen und Begriffe" [1940], S. 104 mit Quellenangabe in FN 1) sowie in dem Vortrag vom 10. Mai 1930 „Das Problem der innerpolitischen Neutralität des Staates" (zunächst veröffentlicht in den „Mitteilungen der Industrie- und Handelskammer zu Berlin" vom 10. Mai 1930, dann in: „Verfassungsrechtliche Aufsätze", S. 41 – 58 [48]).

[27] In der Sache bereits in der „Einleitung in die Wirtschaftsethik der Weltreligionen", in: Archiv für Sozialwissenschaft und Sozialpolitik, 41. Bd. (1916), S. 1 ff., 29: „Die Legi-

timität der Herrschaft wird hier zur Legalität der generellen, zweckvoll erdachten formell korrekt gesatzten und verkündeten Regel" (= Gesammelte Aufsätze zur Religions-
soziologie, 1. Bd. [4. Aufl., Tübingen 1947], S. 237 ff., 272/73); vgl. dazu *Weyma Lübbe*, Legitimität kraft Legalität. Sinnverstehen und Institutionenanalyse bei Max Weber
und seinen Kritikern, Tübingen 1991.

[28] *Schmitt* faßt hier Überlegungen zusammen, die *Max Weber* häufig vorgetragen hatte,
z. B. in „Wirtschaft und Gesellschaft im Rom der Kaiserzeit", Handwörterbuch der
Staatswissenschaften, 3. Aufl., Bd. I (1909), S. 52–188, dort S. 180–182; erneut abgedr. in „Gesammelte Aufsätze zur Sozial- und Wirtschaftsgeschichte", hrsg. v. Ma-
rianne Weber, Tübingen 1924, Neudr. 1988, S. 1 f., S. 277 f.; besonders in der im Sommer 1918 erschienenen Schrift „Parlament und Regierung im neugeordneten Deutschland" zum Thema „Beamtenherrschaft und politisches Führertum" (in: Gesammelte Politische Schriften, hrsg. v. J. Winckelmann, 4. Aufl., Tübingen 1980, S. 306, 320 ff.,
330 ff.). *Max Webers* These der Unentrinnbarkeit der Bürokratie war nicht neu, sie entsprach der herrschenden Meinung seiner Zeit, vgl. die Nachweise von *Andreas Anter*,
Max Webers Theorie des modernen Staates, 166 f., 184 f.

III. Rechtfertigung und Sachverstand

1. Die Großraumordnung

Carl Schmitt nutzte die von ihm verlangte Stellungnahme zu seinen Schriften über Raum und Großraum vorab zu einer Beschreibung seiner persönlichen Stellung im Dritten Reich. Vielleicht wird der heutige Leser eine „objektive" Würdigung der eigenen Stellung und seines Wirkens im Dritten Reich vermissen. Aber solche Objektivität war im Nürnberger Justizpalast nicht gefragt. Alle Nürnberger Prozesse wurden nach der Maxime des anglo-amerikanischen Strafverfahrens geführt: Die Anklage ist zuständig für die Belastung, die Verteidigung für die Entlastung. Das Gericht als unabhängiger Dritter würdigt die von Anklage und Verteidigung, den „Prozeßparteien", vorgetragenen Tatsachen, Beweise und Argumente und entscheidet. Unter diesem prozessualen Gesichtspunkt müssen Schmitts Darlegungen gelesen werden.

Die Schilderung seiner unerwartet bescheidenen persönlichen Umstände mag denjenigen unglaubhaft erscheinen, die seinen Namen immer noch mit dem fabulösen Titel des „Kronjuristen" verbinden. Seine Angaben zur Person waren jedoch richtig. Zu beachten sind freilich seine zwei Zeitangaben: „... seit meiner öffentlichen Diffamierung vom Dezember 1936" und „Ich bin seit 1936 ...". Das Jahr 1936 bildete in der Tat die Zäsur. Schmitt verlor am Ende des Olympiajahres seine Ämter außerhalb der Universität: die Stellung als Herausgeber der „Deutschen Juristenzeitung", die Leitung der wissenschaftlichen Abteilung des Rechtswahrerbundes und als „Reichsgruppenwalter" der Hochschullehrer. Er blieb ordentlicher Professor in der Juristischen Fakultät der Berliner Universität und Mitglied des Preußischen Staatsrats. Der Staatsrat war freilich längst funktionslos geworden; er trat zuletzt 1936 zusammen. Es war auch nicht ein persönliches Interesse, das Göring veranlaßte, Schmitt vor weiteren öffentlichen Attacken des „Schwarzen Korps" zu schützen. Der Preußische Ministerpräsident trat einem Übergriff der jungen Leute des SS-Organs in seinen Herrschaftsbereich entgegen. Diese Konstellation erhielt Schmitt vermutlich auch seinen Berliner Lehrstuhl. Die nationalsozialistische Herrschaftstechnik gegenüber unliebsamen Universitätsprofessoren hatte sich nicht nur bei Rudolf Smend gezeigt – Smend wurde von Berlin nach Göttingen „versetzt" –, sondern auch im Falle des Schmitt-Schülers Ernst Forsthoff (1902 – 1974). Als dieser 1933 begeisterte Anhänger des Umbruchs 1936 dem obersten Juristen Hamburgs (*Rothenberger*) in einem öffentlichen Vortrag in der Frage der Verbindlichkeit des NSDAP-Programms für die Rechtsprechung deutlich widersprach, „verschaffte" ihm Hamburgs Chef-Jurist einen Ruf an die Königsberger Universität und untersagte gleichzeitig der Hamburger Universitätsverwaltung die üblichen Bleibeverhandlungen. So kam Forsthoff nach nur einem Hamburger Jahr nach Königsberg; für binnendeutsche Professoren eine „Verbannung nach Sibirien".

E. Forsthoff bot übrigens ein überdeutliches Beispiel für den Einstellungswandel im Dritten Reich. Als *Schmitt* 1936 auch ihn zur sog. Judentagung einlud, suchte er seinen verehrten Lehrer auf und erklärte ihm, weshalb er eine Teilnahme ablehne. Danach endeten alle Kontakte. Der Sohn des bekannten ev. Pfarrers Heinrich Forsthoff wandte sich besonders dem Staatskirchenrecht zu. Seine grundlegende Abhandlung über die „res sacrae" erinnert zum Stichwort „Profanierung" an sein Gutachten für die Kirche, das erfolgreich die Absicht Himmlers durchkreuzte, einen norddeutschen Dom zur Erinnerung an Heinrich den Löwen umzufunktionieren (AÖR NF 31 [1940], S. 209, 249 ff.). Als im Jahre 1938 der Rechtshistoriker *Hermann Krawinkel* (1895 – 1975) als sein eigener Lehrstuhlvertreter erstmals nach Königsberg kam, holte ihn Forsthoff als Dekan mit seinem Wagen vom Bahnhof ab. Krawinkel war von *Herbert Heyer* habilitiert worden, der den „Völkischen" zugerechnet wurde. Nachdem sich die Herren vorgestellt und ins Auto gesetzt hatten, eröffnete Forsthoff das Gespräch ohne Umschweife mit der Feststellung: „Herr Kollege, ich muß Sie darauf aufmerksam machen: Wir sind hier keine Nazi-Fakultät." Krawinkel erwiderte verblüfft: „Spectabilis, ich bin ein Schüler von Julius Hatschek". Der 1926 verstorbene Hatschek war ein Sohn des Oberrabbiners von Czernowitz (Bericht von *Hans Hattenhauer,* Kiel, Schüler von Krawinkel, v. 28. 3. 1994 an den Verf.). Auf Forsthoffs Berufung 1941 an die Universität Wien reagierte der dortige Reichsstatthalter v. Schirach mit einem Vorlesungsverbot, ein Umstand, den Forsthoff zur Niederschrift der ersten Fassung seines berühmten „Lehrbuchs des Verwaltungsrechts" nutzte. Vielleicht störten den Reichsstatthalter Forsthoffs Aktivitäten als Herausgeber des „Archivs für Evangelisches Kirchenrecht" seit 1940 (mit K. Kronenberg und Christhard Mahrenholz). 1943 nach Heidelberg berufen, konnte er wieder unterrichten. – Nach 1945 nahm Forsthoff die Verbindung zu Schmitt wieder auf; auf den Anlaß ihres Zerwürfnisses 1936 ist keiner der beiden je zurückgekommen (persönliche Mitteilung von E. Forsthoff an den Verf.).

Schmitt an eine andere Universität zu „versetzen", wäre gewiß möglich gewesen, hätte aber zugleich ein Mitglied des „Preußischen Staatsrats" getroffen. Göring mochte das Interesse an dieser Institution längst verloren haben, die Mitgliedschaft aber bestand fort und symbolisierte die Zugehörigkeit zu seinem Imperium. So blieb Schmitt die Lehrtätigkeit an der Berliner Universität. Zur Ironie der Entwicklung gehörte: im Wintersemester 1944 / 45 war er der einzige und letzte lehrende Fachvertreter des Öffentlichen Rechts, bis am 2. Februar 1945 der verheerende Großangriff der amerikanischen Bomberverbände den Universitätsunterricht beendete. – Der Verlust der außeruniversitären Ämter 1936 ließ die Verwertung seines Namens durch die wissenschaftlichen Zeitschriften unberührt; er blieb „Mitherausgeber" der damals wie heute angesehenen „Zeitschrift für ausländisches öffentliches Recht und Völkerrecht" und der „Zeitschrift für Völkerrecht", was nur etwas besagt über das Ansehen des Mitherausgebers in der Leserschaft und seine persönlichen Beziehungen zum eigentlichen „Herausgeber". Für seine Bücher, Abhandlungen und Aufsätze standen ihm die wissenschaftlichen Verlage und die rechtswissenschaftlichen Publikationsorgane bis zuletzt offen. Hingegen waren ihm leitende oder ehrenvolle Funktionen innerhalb des wissenschaftlichen Betriebs verschlossen. Er wurde weder Dekan seiner Fakultät noch 1943 Direktor des Instituts für ausländisches öffentliches Recht und Völkerrecht nach dem Tode von Bruns[1]. Insofern berücksichtigte die Universität nolens volens die nichtöffentliche Ungnade, in die er Ende 1936 bei den politischen Instanzen gefallen war.

Das Nebeneinander von wissenschaftlicher Anerkennung und politischem Verruf demonstrierten auch seine 14 Vorträge zwischen 1942 und 1944 im europäischen Ausland. Bei der kulturpolitischen Offensive Deutschlands sollte der europaweit berühmte Wissenschaftler Schmitt nicht fehlen. Andererseits durften Schmitt nicht etwa im Ausland Ehren zuteil werden, die ihm das Inland versagte. Ob Schmitt freilich 1938 die Mitgliedschaft an der Königlich Spanischen Akademie der Wissenschaften „gern" seinem Kollegen Victor Bruns überließ, wird man bezweifeln dürfen. Seit seinen Vorträgen in Spanien 1929[2] fühlte er sich zu diesem Lande besonders hingezogen. Die hohe spanische Auszeichnung hätte auch ein Gegengewicht zu seiner innenpolitischen Isolierung bilden können.

Vorträge im Ausland und politische Diffamierung im Inland waren für Kempner „ein gewisser Gegensatz ..., der mir etwas schwer verständlich ist"[3]. Dieses Eingeständnis, auch wenn es zugleich Zweifel an der Glaubwürdigkeit Schmitts dokumentieren sollte, überrascht nicht bei einem durch zahlreiche Verhöre besonders gut unterrichteten Vernehmer. Denn Kempner hatte nach zwölf Jahren Emigration deutschen Boden erst nach dem Ende des NS-Regimes wieder betreten. Seine Sicht der Verhältnisse im Dritten Reich war vorgeprägt durch persönliche und politische Feindschaft des jüdischen Sozialisten gegenüber dem Nationalsozialismus und die äußerst kritische Wahrnehmung der innerdeutschen Verhältnisse durch die öffentliche Meinung in den Vereinigten Staaten. In Deutschland hingegen hatte jeder die Machtübernahme 1933 und ihre Folgen individuell erlebt. Bis weit in den Krieg hinein hatten die NS-Organisationen zwar „gleichgeschaltet", was ihnen wichtig erschien, aber diese Gleichschaltung überlagerte in den gesellschaftlichen Sphären, aber auch im Staatsapparat, nur die im übrigen fortbestehenden „bürgerlichen" Strukturen und Einstellungen. Eben das unterschied das nationalsozialistische Deutschland (wie das faschistische Italien) von der Sowjetunion und ihren Satelliten nach dem Zweiten Weltkrieg. Die kommunistische Partei hatte Staat und Gesellschaft insgesamt und bis in die letzten Verästelungen hinein durchdrungen und allenfalls zufällig „Nischen" übriggelassen. Dieser fundamentale Unterschied in der Realität der Systeme war in der amerikanischen

---

[1] s. vorn Anm. 9 zur Stellungnahme I (S. 79).

[2] „Der unbekannte Donoso Cortés", Vortrag am 23. 10. 1929 in Madrid, in spanischer Sprache zuerst veröffentlicht 1930 in den Veröffentlichungen des Centro de Intercambio Intelectual Germano-Espagnol, Heft 17; „Das Zeitalter der Neutralisierungen und Entpolitisierungen", Rede auf der Tagung des Europäischen Kulturbundes in Barcelona am 12. 10. 1929, mehrfach abgedr. in Deutschland und Frankreich; beide Texte wiederabgedr. in „Carl Schmitt, Positionen und Begriffe" (1940), S. 115 ff., 120 ff.

[3] Verhör am 3. April 1947, hier S. 55.

Emigration schwer zu erkennen; hier nahm man die Selbstdarstellung des totalen Staates in der NS-Propaganda offenbar ernst, sie kam der eigenen Kritik auch entgegen.

Schmitts Kommentar zur Resonanz auf seinen Kieler Vortrag vom 1. April 1939 über die „Völkerrechtliche Großraumordnung" ist zu ergänzen oder auch zu korrigieren. Die deutsche Tagespresse berichtete bereits am 3. April 1939 über seinen Vortrag, so die „Frankfurter Zeitung" und die „Deutsche Allgemeine Zeitung", dort ausführlich noch einmal am 7. April; in derselben Weise K. H. Bremer in den „Münchener Neuesten Nachrichten" vom 26. April 1939[4]. Nach der Drucklegung des Vortrags rezensierten auch Provinzblätter, selbst der NSDAP, durchaus wohlwollend[5].

Die englische Presse berichtete nicht, wie Schmitt sich erinnerte, „Mitte April 1939"; die Berliner Korrespondenten der „Times" und der „Daily Mail" hatten am 4. April über Schmitts Kieler Vortrag gekabelt, die Berichte erschienen am 5. April. Die Autoren werden sich aus der deutschen Presse, nämlich aus den Berichten in der „Frankfurter Zeitung" und der „Deutschen Allgemeinen Zeitung" informiert haben. Die „Times" nannte Schmitt „the Nazi expert on constitutional law", für „Daily Mail" avancierte Schmitt sogar zu „Hitler's ‚key' man" und „the leading international lawyer in Germany"[6]. Derartige Attribute wiesen die Korrespondenten als wenig informiert aus; vielleicht wollten sie mit solchem Aufputz ihrer Meldung auch nur Gewicht verleihen. Während der „Times"-Korrespondent aus den Prinzipien der Großraumordnung folgerte, „Eastern Europe an area under German Domination", begnügte sich die „Daily Mail" mit der Begründung eines Monroeplans für Europa: „Policy against Interference in Central Europe". Ob tatsächlich, wie Schmitt annimmt, dieses britische Echo den Herausgeber des Sammelbandes, Paul Ritterbusch, dazu veranlaßte, Schmitts Vortrag gesondert zu veröffentlichen, ist wenig wahrscheinlich. Ritterbusch war ein linientreuer Hochschul-Funktionär, aber zugleich (1929 habilitierter) Wissenschaftler und Kollege Schmitts, seit 1941 in Berlin. Schon die lebhafte Diskussion des Referats in Kiel und das „aktuelle" Thema selbst werden ihn zur gesonderten Publikation veranlaßt haben. Unter dem Aspekt der Zensur hätte die Aufmerksamkeit des Auslandes gegen eine zusätzliche Veröffentlichung gesprochen. Ohnehin existierte im Dritten Reich keine allgemeine und überdies wirksame Vorzensur wissenschaftlicher Schriften und Aufsätze. Die „Parteiamtliche Prüfungskommission zum Schutze des NS-Schrifttums" („Der Beauftragte des Führers für die Überwachung der gesamten geistigen und weltanschaulichen Erziehung der NSDAP", vulgo Amt Rosenberg) pflegte eine Vorzensur des selbständigen Schrifttums, das „Probleme der nationalsozialistischen Weltanschauung" erörterte; was bei der Prüfung durchfiel, durfte nicht mehr

---

4 Nachweise G. *Maschke*, Staat, Großraum, Nomos, S. 343, 344.

5 Nachweise G. *Maschke*, ebenda, S. 358.

6 Ausführlich *Joseph H. Kaiser*, Europäisches Großraumdenken, in: Epirrhosis. Festgabe für Carl Schmitt II, Berlin 1968, S. 538; *Maschke*, a. a. O., S. 471 / 72.

als Buch erscheinen oder vertrieben werden. Der Abdruck in einer Fachzeitschrift war dadurch nicht gehindert.

So etwa im Falle der Habilitationsschrift von *Carl Hermann Ule:* „Herrschaft und Führung im nationalsozialistischen Reich". Die 1940 von der Münchener Juristenfakultät angenommene Schrift erschien zuerst als Aufsatz im „Verwaltungsarchiv", Bd. 45, 1940, S. 193–260; Bd. 46, 1941, S. 1–53. Der Verlag druckte den Text als selbständiges Buch und leitete vor Auslieferung ein Exemplar der „Schrifttumsabteilung" des Propagandaministeriums zu, die das Exemplar zuständigkeitshalber der oben genannten Prüfungskommission weiterleitete. Diese „ersuchte" (im typischen Bürokratenstil) am 5. 9. 1941 den Verlag „um Mitteilung, warum eine Vorlage der Arbeit bei der Parteiamtlichen Prüfungskommission nicht erfolgt ist. Zumindest wäre es notwendig gewesen, wenn Sie uns von Ihrer Absicht, die bisher im Verwaltungsarchiv veröffentlichte Arbeit nunmehr als Buch herauszubringen, verständigt hätten." Am 18. 2. 1942 teilte die Kommission dem Verlag mit, daß „der Vertrieb der Schrift im öffentlichen Buchhandel nicht in Betracht kommt". Die beigefügte knappe Begründung warf dem Verfasser vor, er verwende den Herrschaftsbegriff als einen selbständigen und technischen Begriff, „wobei er auch noch nichtarische Autoren wie Jellinek, Laband und Heller heranzieht, ohne kritisch von ihnen Abstand zu nehmen". Schließlich versuche er für die „Vorgänge des 30. Juli 1934 nachzuweisen, daß der Führer hierbei als Herrscher, nicht als Führer gehandelt habe. Mit diesen Bezugnahmen wird den Möglichkeiten einer Neubelebung überwundener liberalistischer Vorstellungen Vorschub geleistet." Der Verfasser blieb im übrigen unbeanstandet Dozent an der Münchener Universität, auch der Verlag hatte nur die vergeblich aufgewendeten Druckkosten zu beklagen.

Schmitt konnte problemlos zwei weitere Aufsätze zur Raumfrage veröffentlichen; den ersten über „Reich und Raum" fügte er als Kapitel VI in die dritte Auflage 1941 ein, den zweiten über den „Neuen Raumbegriff in der Rechtswissenschaft" setzte er als Kapitel VII der vierten Auflage desselben Jahres hinzu[7]. Bereits seine Monographien über Th. Hobbes (1938) und „Die Wendung zum diskriminierenden Kriegsbegriff" aus demselben Jahre konnten anstandslos erscheinen; jedenfalls ist von Schwierigkeiten bei der Publikation, von Vor- oder Nachzensur, nichts bekannt geworden.

Es beruhte nicht auf Schmitts Großraumbegriff, wenn die von Alfred Rosenberg und Mitarbeitern geleitete Parteipresse, aber auch die Publikationsorgane der SS Schmitts Schriften grundsätzlich ignorierten. Rosenberg kannte seit 1932 Schmitts Engagement für die Kanzler der Weimarer Endzeit und hatte 1934 ausdrücklich vor „dem ersten Berater Brünings" gewarnt[8]. Der große SD-Bericht aus dem Jahre 1936 hatte Schmitt als den „in seiner Art gefährlichsten Gegner" des Nationalsozialismus in den letzten Jahren der Weimarer Republik bezeichnet[9]. Zwei einfluß-

---

[7] Die Editionsgeschichte beschreibt *Maschke,* Staat, Großraum, Nomos, S. 341 f.

[8] *Quaritsch,* Positionen und Begriffe Carl Schmitts, S. 53 FN 90; weitere Nachweise bei *Maschke,* Staat, Großraum, Nomos, S. 469.

[9] Bl. 200 der SD-Akte *Schmitt* als Resümee von fünf engzeiligen Schreibmaschinenseiten mit Auszügen aus „Legalität und Legitimität" (1932). „In dieser Zeit, als der Nationalsozialismus in das entscheidende Stadium des Kampfes um die Macht eintrat, gab Schmitt mit diesem Buch eine geradezu entscheidende Handhabe zur Verewigung der autoritären Regie-

reiche NS-Instanzen führten ihn also auf ihren schwarzen Listen; Schmitt brauchte
sich über ihr mißtrauisches Schweigen nicht zu wundern. Stellung nahm in den
„Nationalsozialistischen Monatsheften" Herbert Lemmel, den Höhn 1939 in Berlin
habilitiert hatte; Schmitt hatte sich der allerdings kritischen Mitwirkung an dem
Verfahren nicht entziehen können. Lemmel hatte die Großraumtheorie Schmitts
zwar nicht als „vatikanisch" verdächtigt, wie Schmitt sich erinnerte, den Vatikan
nur als mögliches Zentrum einer Großraumordnung à la Schmitt erwähnt. Der junge Autor kanzelte Schmitt jedoch in einer Weise ab, die nicht nur schlechte akade-
mische Manieren verriet, sondern mittelbar über die institutionell schwache Stellung Schmitts aufklärt:

> „Die Arbeit enthält eine Fülle guter Beobachtungen und scharfsinniger Überlegungen,
> aber sie behandelt das gestellte Thema zu einseitig und läßt allzu deutlich erkennen, daß
> Verfasser aus einer Denkschule ganz bestimmter Art kommt. Seine Meinungen, seine Vor-
> stellungen sind erdacht, am Schreibtisch erklügelt, aber nie erlebt. Sie lassen eine Genera-
> tion kalt, die eben mit Feuer und Blut das wahre Reich aufbaut. Der Vatikan könnte auf
> der Grundlage der Schmittschen Überlegungen genauso gut sein ‚Reich' über einen ‚Groß-
> raum' ausdehnen, wie Deutschland über Mitteleuropa und Italien über den Mittelmeer-
> raum. Schmitt entgeht nicht der Gefahr des Völkerrechtlers, letzten Endes beim Pazifismus
> zu landen und alles über einen Kamm zu scheren ... Man kann die Geistesschärfe und die
> Ideenfülle der Ausführungen nicht leugnen ..., aber sie können doch dem nationalsoziali-
> stischen Rechtsdenken nicht weiterhelfen[10]."

Abgesehen von dem Irrtum, Schmitt habe „Reich" und „Großraum" in eins gesetzt – unter normalen akademischen Bedingungen hätte der 29jährige Privatdozent Lemmel gegenüber einem 52jährigen Ordinarius der eigenen Fakultät niemals
einen solchen Ton anschlagen können, schon gar nicht einem Ordinarius vom Kali-
ber Schmitts. Seit 1933 waren die alten Sitten teilweise außer Kraft gesetzt, jedenfalls für die Jungakademiker der SS, die sich gegenüber älteren Professoren ohne
NS-Hausmacht einen ablehnend-herablassenden Ton herausnehmen konnten. Auch
Höhns Verhalten gegenüber Schmitt wäre ohne seinen hohen SS-Rang unmöglich
und unerklärlich gewesen.

2. Der Angriffskrieg

Kempners Verdacht, Schmitt könne „direkt und indirekt" an der Planung von
Angriffskriegen mitgewirkt haben[11], war schon 1947 weit hergeholt. Gleichwohl
hatte sich der Häftling Schmitt mit einem solchen Vorwurf ernsthaft auseinander-

---

rung und zur Verhinderung der legalen Machtübernahme durch den Nationalsozialismus"
(Bl. 195 der SD-Akte, Institut für Zeitgeschichte München).

10 Nationalsozialistische Monatshefte 11 (1940), S. 91, ebenso bei *Maschke,* Staat, Großraum, Nomos, S. 470/71, mit weiteren Angaben über die seit 1936 von Lemmel gegen
Schmitt erhobenen Vorwürfe.

11 Erstes Verhör am 3. April 1947, hier S. 52.

zusetzen. Kempner vertrat die Anklagebehörde der amerikanischen Militärge-
richtsbarkeit, also antwortete Schmitt von Anfang an auf der vermutlichen Argu-
mentationslinie der amerikanischen Justiz. Er nannte nicht einmal die möglichen
Tatbestände des KRG Nr. 10, die ein angeklagter deutscher Jurist gegenüber einem
deutschen Gericht zunächst einmal aufgezählt, analysiert und dann auf seinen Fall
angewendet hätte. Schmitt hingegen nahm das von ihm als richtig unterstellte Urteil des Nürnberger IMT vom 1. Oktober 1946 als Maßstab und verglich seine Stellungen und sein Verhalten im Dritten Reich 1933 bis 1936 mit den Positionen der
Angeklagten, die dem IMT nicht für eine Verurteilung wegen Angriffskriegs aus-
reichen. Sein Vergleich mit Schirach und anderen dieser Angeklagten, die in
Deutschland nicht erst durch den Nürnberger IMT-Prozeß bekannt geworden waren, mußte eigentlich auch einen mißtrauischen Ankläger überzeugen. Seine Positionen in den NS-Organisationen der Juristen und in den Schriftleitungen brauchte
er nur aufzuzählen. Das IMT hatte den ihm vorgesetzten Chef des NS-Juristenbundes, Hans Frank, wegen seines Verhaltens als Generalgouverneur in Polen verurteilt, nicht wegen Angriffskriegs.

Die Stellung des neuen Preußischen Staatsrats und seine eigene Mitarbeit schildert Schmitt ausführlich; seine wohl zutreffende Deutung des institutionellen Hin-
tergrundes ist auch zeitgeschichtlich wichtig. Die gegenwärtige Forschung gelangt
– wenn auch ohne nähere Begründung – zu dem bestätigenden Ergebnis, der neue
Staatsrat habe trotz seiner NS-Prominenz „keinen nennenswerten Einfluß auf die
Staatsführung" gewonnen und sei „weitgehend bedeutungslos" geblieben[12].

Schmitt wehrte sich gegen den Vorwurf, bereits seine Professur für Öffentliches
Recht sei eine „entscheidende Stelle" gewesen, die ihn mit den deutschen Angriffskriegen verbunden habe. Kempner hatte ihn als Repräsentanten der durch „Mitwirkung" schuldigen deutschen Professoren angesprochen. Schmitts Reaktion:

„Was meine Stellung als Universitätsprofessor betrifft, so hatte ich allerdings einen großen
Namen. Ich war seit meiner ‚Verfassungslehre' (1928) einer der bekanntesten Rechtslehrer
Deutschlands und Europas."

Man glaubt ihn zu sehen, wie er sich bei der Äußerung so starken Selbstbewußt-
seins in seiner trüben Nürnberger Zelle aufrichtet. Auch wenn ihm die Haßausbrü-
che Hitlers gegen den Stand der Juristen damals noch unbekannt waren: Er hatte
gelernt, wie wenig Juristen im Regime Hitlers galten „bei den dort herrschenden
Auffassungen von Wissenschaft, Bildung und Jurisprudenz". Als er sich im April
1933 zur „Mitarbeit" entschloß, glaubte er wohl, dem Kanzler Hitler ebenso die
Stichworte liefern zu können wie kurz zuvor dem Kanzler Schleicher. Es hängt
dieser Irrtum weniger mit einer übertriebenen Selbsteinschätzung zusammen. Für
ihn wie für viele Intellektuelle und Politiker der Weimarer Zeit war Hitler ein
„Trommler", eine Redemaschine, nur fähig, die Besucher von Massenversammlun-
gen und Wähler suggestiv zu beeinflussen. Auch deshalb fühlte sich Schmitt Adolf

---

12 *Heinz Dieter Bayer,* Der Staatsrat des Freistaates Preußen, Berlin 1992, S. 166 f.

Hitler „überlegen". Kempner glaubte sich verhört zu haben, weshalb er in dem Verhör am 29. April 1947 nachfragte:

„Sie fühlten sich Adolf Hitler überlegen?"

Schmitt antwortete, als sei diese Einstellung selbstverständlich:

„Geistig unendlich. Er war mir so uninteressant, daß ich gar nicht darüber sprechen will."

Es wäre falsch, in diesem erstaunlichen Satz nur ein Manöver zu sehen, um Kempner zu verblüffen und abzulenken. Hitler kam für Schmitt nur als Adresse für Ratschläge in Betracht, nicht als Gegenstand geistiger Erfassung. Schmitt hatte sich sehr wohl auch mit „Politikern" beschäftigt, aber *Joseph de Maistre, Louis Bonald* und *Juan Donoso Cortés* waren trotz ihrer Staatsämter schriftstellernde Intellektuelle des 18. und 19. Jh. Schmitt nannte sie „Staatsphilosophen der Gegenrevolution"[13]. Die ihn faszinierenden Denker des 16. und 17. Jahrhunderts, der Jurist *Jean Bodin* und der Philosoph *Thomas Hobbes,* waren keine Politiker, auch wenn beide versuchten, die Politik zu beeinflussen. Für Schmitt war der Nationalsozialismus ein inhaltsleeres Propagandainstrument, dem er glaubte „einen Sinn" geben zu können (Verhör am 29. April 1947).

Im Nachhinein mag man über dieses Fehlurteil den Kopf schütteln. Schmitt stand aber mit dieser Absicht nicht allein. Generalität, Ministerialbürokratie, alle, die sich zur „Mitarbeit" entschlossen, meinten, dem Nationalsozialismus einen eigenen Sinn geben zu können; die „Großideologie" (*H. Lübbe*) lud dazu ein.

Als Schmitt Ende 1936 bedeutet wurde, er werde nicht mehr gebraucht, wird er wohl begriffen haben: Dieses Regime hatte ihn nicht als Ideenspender verwendet, sondern bis zur eigenen Konsolidierung als wissenschaftliches Aushängeschild. Seine in den zwanziger Jahren erwachte Leidenschaft für aktuelle Rechtsfragen ließ ihn nach diesem Absturz weder verstummen, noch in die Vergangenheit flüchten. Er schrieb zwar noch eine Monographie über Thomas Hobbes, aber auch dieses Buch war nicht frei von aktuellen Stellungnahmen und verdeckten Anspielungen[14]. Vor allem aber wandte er sich „diagnostizierend" den Aktualitäten des Völkerrechts zu, wie bei ihm üblich den politisch heißen Eisen: dem Begriff des totalen Krieges, der Piraterie (U-Boot-Krieg), dem Wandel des Neutralitätsbegriffs, vor allem aber dem Problem des Großraums[15]. Abgesehen von dem in einem totalitären Staat notwendig affirmativen Charakter jeder publizierten Stellungnahme zu auswärtigen Angelegenheiten: Schmitt unterlag erneut, wenn auch in anderer Hinsicht, einer für schreibende Intellektuelle typischen Fehldeutung des eigenen Wirkens.

„Ich habe in dieser Hinsicht eine große Erfahrung gemacht und den Preis dafür bezahlt."

---

13 Politische Theologie, S. 67 ff.

14 Vgl. das Nachwort von *Günter Maschke* zu dem Neudruck, Köln 1982, S. 179, 195 ff.

15 Vgl. die Bibliographie von *P. Tommissen,* in: FS Carl Schmitt, Berlin 1959, Neudr. 1989, S. 292 – 294.

Welche Erfahrung?

„Viele Hörer und Leser fassen die Thesen und Formulierungen, die sie hören, nicht in diesem Sinne wissenschaftlich auf, sondern stellen sie ohne nachzudenken automatisch in den Zusammenhang der ihnen geläufigen praktischen Vorstellung und ihrer augenblicklichen Zwecke und Interessen."

In der Tat: Schmitt und sein Berliner Kollege, der professorale SS-Führer Höhn, verstanden unter „Großraum" nicht dasselbe. Die Unterschiede zwischen einer Staatengruppe unter hegemonialer Führung (Schmitt) und einer „völkischen" Einheit waren trotz mancher Überschneidungen beträchtlich. Aber wer hatte Schmitts Schrift über den „Großraum" aufmerksam gelesen und wer die Texte von Höhn in der wissenschaftlich wie politisch doch eher randständigen Zeitschrift „Reich – Volksordnung – Lebensraum"[16]? Und wer fand sich noch zurecht in der unglaublichen Fülle der in jenen Jahren nicht nur von Juristen geschriebenen Aufsätze zu „Großwirtschaftsraum" und „Großraum"?[17] Da Hitler häufig den Begriff des „Lebensraums" verwendet und eine „Monroedoktrin für Europa" gefordert hatte[18], identifizierte das Ausland Schmitts Darlegungen mit Hitlers Praxis. In den Medien und durch die Medien verständigen sich Journalisten und Leser allein über Stichworte. Es nützte ihm nichts, daß ein kritischer wie in der Literatur jener Zeit belesener Autor 55 Jahre später die Großraumtheorie Schmitts als eigenständig und wissenschaftlich qualifizierte[19].

Für seine späteren Veröffentlichungen zog Schmitt zumindest überwiegend die Konsequenz, sich von politisch aktuellen Rechtsfragen fernzuhalten. Sein Gutachten über „Das internationalrechtliche Verbrechen des Angriffskrieges" hatte er im Sommer 1945 vor seinen „Erfahrungen" im Internierungslager und im Nürnberger Justizgefängnis geschrieben. Der Text war auch weder im Nürnberger Flick-Prozeß vorgelegt noch sonst veröffentlicht worden[20]. 1949 publizierte er auch seinen einzigen Ausflug in die Aktualität: „Amnestie, die Kraft des Vergessens" erschien seit

---

[16] *Reinhard Höhn*, Großraumordnung und völkisches Rechtsdenken – Zugleich eine Auseinandersetzung mit der nunmehr in dritter Ausgabe vorliegenden Schrift von Carl Schmitt: „Völkerrechtliche Großraumordnung mit Interventionsverbot für raumfremde Mächte, in: Reich – Volksordnung – Lebensraum, Bd. 1, 1941, S. 256–288; *ders.*, Reich – Großraum – Großmacht, ebd., Bd. 2, 1941, S. 97–226. Schließlich publizierte *Höhn* in einem kleinen, der SS nahestehenden Verlag eine inhaltlich mit seinen Aufsätzen weithin identische Schrift: Reich, Großraum, Großmacht, L. C. Wittich Verlag, Darmstadt 1942, 143 S. (freundlicher Hinweis von Herrn *G. Maschke*).

[17] Vgl. die Übersicht im Schrifttumsverzeichnis von *Schmoeckel*, Die Großraumtheorie, S. 287–295; s. jetzt vor allem den erschöpfenden Literaturbericht von *Günter Maschke*, Staat, Großraum, Nomos, S. 321 ff., 341–371 unter Berücksichtigung auch der Debatte im Ausland, besonders in Italien.

[18] In der Reichstagsrede am 28. April 1939, s. *Max Domarus*, Hitler. Reden und Proklamationen, Bd. II, München 1965, S. 1148, 1166–1179.

[19] *Schmoeckel*, Die Großraumtheorie, S. 143.

[20] Im einzelnen s. *Quaritsch*, in: Carl Schmitt, Das internationalrechtliche Verbrechen des Angriffskrieges, S. 125 ff.

1949 in mehreren Zeitungen und Zeitschriften – ohne Verfasserangabe. Als er sich 1950 wieder mit seinem Namen in die Öffentlichkeit traute, zog er „allgemeine" Themen vor („Zugang zum Machthaber"). Gleichwohl fühlten sich einige Hüter der geistigen Ordnung der Bundesrepublik verpflichtet zu warnen, als führte er eine Phalanx von Demokratiefeinden an: „Carl Schmitt redivivus?" (*W. Lewald*), „Carl Schmitt – Kein Bundesgenosse" (*L. Raiser*), „Carl Schmitt vor den Toren" (*E. Rosenbaum*). Seine 1950 erschienene Monographie „Der Nomos der Erde im Völkerrecht des Jus Publicum Europaeum" wie die Schrift über „Die Lage der europäischen Rechtswissenschaft" haben kenntnisreiche Autoren durchaus respektvoll bis anerkennend rezensiert[21]. Als er freilich 1953 bei einer Tagung der Evangelischen Akademie Bad Herrenalb für den Schlußvortrag („Der Antichrist und was ihn aufhält") angekündigt wurde – der Leiter der Akademie, Hans Schomerus (1903–1969), hatte ihn eingeladen –, protestierte beim Badischen Landesbischof äußerst scharf der Staatssekretär im Bundesjustizministerium, Walter Strauß (1900–1976). Strauß informierte abschriftlich den Bundestagspräsidenten Hermann Ehlers (1904–1954) und den ebenfalls in kirchlichen Gremien tätigen Politikwissenschaftler und a. o. Prof. in Berlin, Otto Heinrich von der Gablentz (1898–1972). Ehlers und Gablentz folgten seinem Beispiel, Ehlers deutlich zurückhaltender, Gablentz setzte noch eins drauf und versprach, die „Deutsche Vereinigung für die Wissenschaft von der Politik" zu mobilisieren. Schomerus mußte den ihm gut bekannten Schmitt zähneknirschend wieder ausladen[22], zumal Strauß der Akademie mit „weittragenden Folgen" gedroht hatte. Auf Vorträge in Evangelischen Akademien mußte Schmitt fortan verzichten[23]. Weniger der Öffentlichkeit zugewendete Gesprächskreise und wissenschaftliche Zirkel (*J. Ritter, E. Forsthoff*) – gelegentlich auch der Rundfunk – blieben ihm in Westdeutschland als Foren erhalten[24].

In der Vernehmung am 29. April 1947 sollte Kempner ihn zweimal fragen, ob er sich schäme. Zunächst wich Schmitt aus: „Ich habe das 1933 geschrieben."

Als Kempner nachsetzte („Schämen Sie sich, daß Sie damals derartige Dinge geschrieben haben?"), antwortete Schmitt eher formelhaft: „Heute selbstverständlich." Aber er verallgemeinert sogleich sein Verhalten, indem er von der „Blamage" sprach, „die wir da erlitten haben". Es war für ihn kein individueller, sondern ein kollektiver Irrtum und Fehltritt.

---

[21] Vgl. Bibliographie *P. Tommissen,* in: FS C. Schmitt (1959), S. 313–315.

[22] Zum Sachverhalt selbst vgl. *Ulrich Bayer,* Ein kleiner Disput aus dem Jahre 1953 über das öffentliche Auftreten von Carl Schmitt im Raum der evangelischen Kirche, in: FS C. Nicolaisen, Göttingen 1995, S. 530–535.

[23] Den Vorgang erwähnte *Schmitt* in einem Brief vom 22. 11. 1955 an *Armin Mohler* mit dem Zusatz: „Was tat ich auch bei den Evangelischen?" (s. Carl Schmitt – Briefwechsel, S. 209).

[24] In dem zit. Brief vom 22. 11. 1955 schreibt *Schmitt* über einen „Vortrag über ‚Hamlet' in Düsseldorf" vor etwa 200 Zuhörern am 30. 10. 1955, vermutlich der im gleichen Brief erwähnte Düsseldorfer Rhein-Ruhr-Club. *Schmitts* Schrift „Hamlet oder Hekuba" erschien bei Eugen Diederichs, Düsseldorf 1956.

Es mag offenbleiben, weshalb Kempner so großen Wert auf ein individuelles Bekenntnis von „Scham" legte, das kein Eingeständnis von Schuld im Sinne der strafrechtlichen Anklage bedeutete. Die Psyche des Anklägers und die identischen wie merkwürdigen Bedürfnisse der Öffentlichkeit in der Zeit bis 1950, dann wieder seit Mitte der 60er Jahre stehen hier nicht zur Debatte.

Seiner Stellungnahme gegen den Vorwurf der Teilnahme am Angriffskrieg hatte Schmitt abschließend eine „kurze Bemerkung allgemeiner Art" hinzugesetzt. Es ist die einzige schriftliche Äußerung zu seiner persönlichen Verantwortung, die von ihm überliefert ist. Er trennte auch nicht zwischen seinen NS-Bekenntnissen 1933 bis 1936 und den Publikationen nach seiner öffentlichen Degradierung und den Ämterverlusten. Ein Strafgericht könne ihn zwar nicht verurteilen, aber er sei deshalb nicht von Verantwortung frei:

> „Jeder Autor hat auch in der Tat eine große Verantwortung, und wir alle werden Rechenschaft ablegen müssen für jedes unnütze Wort aus unserem Munde."

Mit dieser religiösen Wendung verschob er seine Rechenschaftspflicht auf den Jüngsten Tag. Er spürte aber doch: so ließ sich der Fall Schmitt nicht erledigen. Seine irdische Verantwortung verlagerte er auf das Problem der „Auswirkung von Thesen und Meinungen ... von wissenschaftlich gemeinten Darlegungen":

> „Jede Lautverstärkung ist eine Sinnveränderung und meistens auch eine Sinnverfälschung."

Das mochte zutreffen, etwa auf seine Großraumschrift. Aber er hatte sich über Emigranten und Juden in Formen geäußert, die auch wohlwollend betrachtet nicht als „wissenschaftlich gemeint" anzusehen waren, sondern nur als brachiale Ausbrüche politischen Hasses. „Sinnveränderungen" oder „Sinnverfälschungen" waren weder möglich noch nötig. Er suchte nicht zu erklären, noch verlangte er Nachsicht. Wahrscheinlich glaubte er, durch die erniedrigende Zeit im Internierungslager genug bestraft zu sein. Er schwieg jedenfalls bis ans Ende seiner Tage.

3. Das Lammers-Gutachten

Schmitt hatte den Auftrag Kempners, sich zur Stellung des Reichsministers und Chefs der Reichskanzlei als „Sachverständiger" zu äußern, wörtlich genommen und – wie könnte es bei Schmitt anders sein – in sechs Tagen einen Aufsatz geschrieben, der vor der wissenschaftlichen Umwelt wie der Nachwelt bestehen sollte[25]. Ob Kempner durch Schmitt mehr erfuhr, als er ohnehin schon wußte, steht dahin; Schmitt hat Lammers jedenfalls nicht persönlich belastet[26]. Er ordnete Lam-

---

[25] Zuerst und unter Hinweis auf die Entstehungsgeschichte mit einem Nachwort veröffentlicht in: Verfassungsrechtliche Aufsätze, S. 430 – 439. Die Überlegungen dieses Aufsatzes verwertete Schmitt in seinem „Gespräch über die Macht und den Zugang zum Machthaber" (Pfullingen 1954, Berlin 1994).

mers der „staatlichen Seite" der NS-Herrschaft zu, die für die zivilen Aufgaben verantwortlich war, er rechnete ihn nicht zur „verschworenen Gemeinschaft" um Hitler und vergaß auch nicht die in der Tat erstaunliche Ernennung des Berliner Fakultätskollegen *Hans Peters* – 1933 Zentrumsabgeordneter im Preußischen Landtag und Nicht-PG – zum Studienleiter der „Deutschen Verwaltungsakademie" in Berlin[27]. Hierher gehört auch Schmitts Hinweis auf *Otto Koellreutter,* der ungewöhnlich scharf gegen die Auflösung des Normensystems durch Anerkennung von „Parteirecht" und geheime „Führergesetze" polemisiert hatte („bolschewistisch"), und das in einer ebenso verbreiteten wie renommierten Zeitschrift, die Lammers als ranghöchsten Mitherausgeber nannte[28]. Die Andeutung, Lammers könne diesem Aufsatz „nahegestanden" haben, war nicht aus der Luft gegriffen: Koellreutter war seit 1933 Herausgeber des „Verwaltungsarchivs" und hatte als Hauptschriftleiter maßgeblichen Einfluß auf den Inhalt der Zeitschrift; „wenn es erforderlich erschien, zog er die ‚wichtigste politische Figur' des Herausgeberkreises zu Rate, nämlich Lammers"[29].

Andererseits ging es Schmitt zeitlebens nicht um Personen, sondern um Institutionen. So zeichnete er mit kühnem Strich die drei Schaltzentralen („Kanzleien"), die Hitlers unbeschränkte Herrschaft in Anordnungen und Befehle umsetzten: Parteikanzlei, Reichskanzlei und Oberkommando der Wehrmacht. Aber mit diesen drei Stationen unterstellte er der Herrschaftsarchitektonik des Dritten Reiches zuviel Harmonie – die Wirklichkeit war unübersichtlicher[30]. Es führten viele Wege

---

[26] Zur Biographie von Lammers *Dieter Rebentisch,* in: Jeserich / Neuhaus (Hrsg.), Persönlichkeiten der Verwaltung, S. 370 – 374 mit vielen Nachw.; *ders.,* NDB, Bd. 13, 1982, Sp. 448 – 451, besonders *ders.,* Führerstaat und Verwaltung, S. 48 ff.

[27] *Hans Peters* (1886 – 1966), a. o. Professor, Berlin (1928 – 49, seit 1946 o. Prof.), danach in Köln bis zur Emeritierung. Schriftverzeichnis in: Gedächtnisschrift Hans Peters, 1967, S. 977 – 985. – Im Prozeß Preußen gegen das Deutsche Reich 1932 vertrat er die preuß. Zentrumsfraktion wie *Schmitt* die Reichsregierung. Das Gutachten über *Schmitt,* das *Peters* am 17. Juni 1946 erstattete, beurteilt *Schmitts* politisches und persönliches Verhalten im Dritten Reich differenziert, es endet mit dem Vorschlag, *Schmitt* aus der Internierungshaft zu entlassen; vgl. die zusammenfassende Wiedergabe durch *Christian Tilitzki,* in: Siebte Etappe, 1991, S. 110 / 11.

[28] *Otto Koellreutter,* Recht und Richter in England und Deutschland: Verwaltungsarchiv. Zeitschrift für Verwaltungsrecht und Verwaltungsgerichtsbarkeit 47 (1942), S. 208 – 246. Der Aufsatz war wirklich „nicht ohne Mut": Koellreutter hatte in diesem Zusammenhang nicht nur seinen Kollegen Johannes Heckel angegriffen, sondern vor allem die ranghohen SS-Juristen Reinhard Höhn und Werner Best. Der Vorwurf der Bolschewisierung galt Best; Höhn (Das ausländische Verwaltungsrecht der Gegenwart, 1940) machte er einen unter Wissenschaftlern geradezu vernichtenden Vorwurf: „Der Kenner merkt auch an vielen sonstigen Stellen des Höhnschen Werkes, daß ihm und vielen seiner Mitarbeiter eine gründliche eigene und eigens erarbeitete Kenntnis des fremden Rechtes abgeht" (ebd., S. 219/20, FN 28).

[29] *Carl Hermann Ule,* 100 Jahre „Verwaltungsarchiv". in: Verwaltungsarchiv 84 (1993), S. 6. *Ule* war Schüler von Koellreutter und vertrat ihn in der Schriftleitung 1938/39, als *Koellreutter* in Japan weilte.

[30] Kurzfristig existierte 1943 ein Dreier-Ausschuß, dem der Chef des OKW, der Chef der Reichskanzlei und der Leiter der Parteikanzlei angehörten, dessen Geschäftsführung in der Hand von Lammers lag. Vgl. *Rebentisch, Hitlers Reichskanzlei, S. 65, 93 f.

zu Hitler, und dieser selbst fühlte sich in keiner Weise der Unterscheidung von Partei und Staat verpflichtet und deshalb auch nicht, etwaige Zuständigkeiten der Reichskanzlei zu respektieren. Fernerhin: Den „Zugang zum Machthaber" hatte Schmitt an den Anfang seiner Untersuchung gestellt. Das entsprach seiner Neigung, für die Lösung eines Problems, zur Erklärung einer Schrift und eines Autors, den archimedischen Punkt zu suchen. Das konnten „Schlüsselsätze" sein oder Institutionen, z. B. der „Kommissar" für die Entstehung des modernen Staates – oder eben „Der Zugang zum Machthaber". Die berühmten Fälle der deutschen Verfassungsgeschichte des 19. Jahrhunderts, die Schmitt aus dem Stegreif extemporierte, unterstrichen die Bedeutung des Zugangs. Damit hob er aber den RMChdRK auf eine Ebene, die Lammers trotz seiner pompösen Titulatur weder erreichte noch erstrebte. Seine Herrschaft über den Zugang zu Hitler beschränkte sich auf die staatlichen Informanden und Informationen, sie war diejenige eines korrekten Bürokraten, nicht eines Hardenbergs oder Bismarcks oder des Herzogs von Alba[31]. Schmitts wohl auch von Kempner nicht leicht zu verstehenden, aber zutreffenden Überlegungen zur Bedeutung der „Mitzeichnung" – Übernahme der Verantwortung für Vorbereitung, authentische Bekanntgabe und korrekte Durchführung ausschließlich gegenüber Hitler selbst – bereiteten das Ergebnis vor, mit dem Schmitt den RMChdRK aus den Hochnebeln der absoluten Macht holte:

„Daraus ergibt sich auch, dass diese ‚überministerielle' Stellung kein wirklicher Ansatz zu der Stellung war, die ein Ministerpräsident oder ein Staatskanzler (wie Hardenberg) in irgendeinem andern Regime hatte, sondern nur ein Zwischenglied zwischen einem in absolute Höhen emporsteigenden Staatshaupt und einer Reihe absinkender, zu blossen Verwaltungszentralen degradierter Ressortchefs, die den Namen Reichsminister und auch die persönliche Dienststellung von Reichsministern im bisherigen Sinne beibehielten."

Über 40 Jahre später, in der gründlichsten Untersuchung der Stellung und der Tätigkeiten von Reichskanzlei und Reichsministerien, lautet das Fazit kaum anders:

„Die Reichskanzlei gewann als Führerexekutive an bürokratischer Macht gegenüber den Ressorts, während sie gleichzeitig nahezu jeden Einfluß auf die politischen Grundentscheidungen des Führers verlor. Der Einfluß der Reichskanzlei im Staat Hitlers beruhte ausschließlich auf der Handhabung bürokratischer Verfahrensvorschriften, also in der Herrschaft über die Geschäftsordnung der Reichsregierung und auf dem Zugang zum Diktator[32]."

---

[31] In der weiteren Ausführung über den „Zugang zum Machthaber" nannte *Schmitt* Schillers „Don Carlos", dessen Handlung nach *Schmitt* sich um die Frage bewegt: Wer hat unmittelbaren Zugang zum absoluten Monarchen Philipp II.? (Gespräch über die Macht und den Zugang zum Machthaber, S. 22); s. bereits die Eintragungen im „Glossarium" am 19.7. und 23. 7. 1951 (S. 318, 319).

[32] *Rebentisch*, Führerstaat und Verwaltung, S. 48. Der „Zugang zum Diktator" ging nicht für alle Reichsminister über den Chef der Reichskanzlei, nämlich nicht für die Minister Göring, Goebbels, von Ribbentrop und Speer, selbstverständlich auch nicht für die Reichsstatthalter und Oberpräsidenten, soweit sie zugleich Gauleiter waren. Während des Krieges mußte Lammers selbst um den Zugang zum Machthaber ringen.

Schmitt hatte den „RMChdRK" als Stichwort für die Erörterung eines Problems benutzt, das gar nicht mit dem Namen Lammers verbunden werden konnte, allenfalls – ab 1942 – mit dem Namen Martin Bormann. Er hatte den RMChdRK zunächst auf einen verfassungsgeschichtlichen Höhenflug mitgenommen – das kam der Anklagebehörde gewiß entgegen –, um ihn zum Schluß in die Niederungen ministerialer Restbestände fallen zu lassen. Aber er verfaßte kein Gutachten für die Verteidigung, wie sein Kollege *Hermann Jahrreiss,* der ein Jahr später dem RMChdRK eine Stellung „neben der sachentscheidenden ‚Staats'-Hierarchie" gab[33]. Schmitt formulierte das Kernproblem des leitenden Staatsbeamten in der NS-Diktatur, der als Etatist die Verwaltung und ihre tradierten Grundsätze zu erhalten sucht, mit einem einzigen Satz:

> „Aber es gehörte zu dem inneren Widerspruch zwischen den Regierungsmethoden Hitlers und den Traditionen eines Beamtenstaates, daß alle Bemühungen um die Rettung dieser Traditionen das, was sie vor der zerstörenden Macht Hitlers retten wollten, ihr gleichzeitig in die Hand gaben und ihr gefügig machten[34]."

Aber auch mit diesem Resultat waren die Vorstellungen und Absichten Kempners nicht zu stützen. Gleichwohl trug die Anklagebehörde allen Ernstes zu Beginn des Wilhelmstraßen-Prozesses vor:

> „Abgesehen von Hitler selbst, gab es niemanden, der die Zügel des Dritten Reiches fester in seiner Hand hielt als der Angeklagte Lammers. Von 1933 bis unmittelbar zum Ende des Regimes war er Hitlers oberster Gesetzgeber und der Sache nach Kanzler des Deutschen Reiches ... Hitler legte den Mantel seiner eigenen Herrschaftsmacht um Lammers Schultern[35]."

Das Gericht mochte der Anklagebehörde so weit nicht folgen, sprach aber von der „großen Bedeutung und dem beherrschenden Einfluß" des Angeklagten „in den hochgestellten nationalsozialistischen Kreisen, die zu der politischen Staatsführung gehörten" und verurteilte ihn zu 20 Jahren Haft[36]. Nach Überprüfung der Nürnberger Urteile durch die amerikanischen Militärgouverneure[37] wurde die Strafe um zehn Jahre herabgesetzt. Lammers wurde nach sechseinhalbjähriger Haft im Dezember 1951 entlassen; er starb 1962.

---

[33] „Die Stellung des Chefs der Reichskanzlei in der Hierarchie des Hitler-Regimes", undatiertes Gutachten aus dem Jahre 1948 für das Militärgericht IV in Nürnberg (Wilhelmstraßen-Prozeß), abgedruckt in: *Georg Franz-Willing,* Die Reichskanzlei 1933–1945. Rolle und Bedeutung unter der Regierung Hitler, Tübingen 1984, S. 227–262.

[34] Hier S. 96 nach Anm. 8.

[35] *Franz-Willing* (FN 158), S. 135.

[36] Wilhelmstraßen-Prozeß, S. 47, 197 ff., 245 ff.

[37] Ausführlich *Th. A. Schwartz,* VfZG 38 (1990), S. 375 ff., 413; s. auch *Quaritsch,* Apokryphe Amnestien, in: FS H. J. Arndt, Bruchsal 1993, S. 241, 249 ff.

der Menge der einlaufenden Eingänge die Auswahl traf und bestimmte, was überhaupt vorgelegt und was nicht vorgelegt werde. Die zweite Frage betraf den andern Teil der Erledigung von Angelegenheiten, die Weitergabe der Befehle und Entscheidungen an die ausführenden Stellen, eine Frage, die hier besonders wichtig ist, weil es für den Führerbefehl keine klar bestimmten Formen gab und die Anordnungen oft sehr knapp und abrupt waren. Die Transformation eines vom Machthaber erlassenen Befehls in eine sachgemäße, durch einen modernen Behördenapparat vollziehbare Fassung ist nicht nur eine Angelegenheit der sprachlichen Stilisierung. Sie ist besonders bei den im Gesetzblatt zu veröffentlichenden Normierungen mit Gesetzeskraft auch von sachlichem Einfluß auf die Art und Weise der effektiven Vollzugs.

Je höher nun Hitler stieg und mit ihm jeder, der zu ihm Zugang hatte oder mit ihm in persönlicher Berührung stand, umsomehr sanken die Reichsminister, die nicht zu dieser Privilegierten gehörten, zu blossen Verwaltungsbeamten herab. Das Reichskabinett ist seit 1937 nicht mehr zusammengetreten. Zwischen der Spitze der politischen Macht und den absinkenden bisherigen höchsten Stellen entstand ein leerer Raum, der durch neue überministerielle Gebilde ausgefüllt werden müsste, und zwar durch solche, die dem äusserst persönlichen Charakter dieser Art von Machtfülle und Machtausübung gemäß waren. Das konnten praktisch keine Behörden im Sinne einer rational und sachlich durchdachten Kompetenz, sondern nur höchstpersönliche Stäbe sein, gleichgültig unter welcher Benennung; sie geführt würde. Als übliche und in gewissem Sinne typische Benennung bildete sich "Kanzlei" heraus. Doch war z.B. auch das OKW eine Kanzlei in diesem Sinne. Die wichtigsten Kanzleien entsprachen den drei Säulen des Regimes: Partei, Wehrmacht, Staat. Die "Kanzlei des Führers" und die Präsidialkanzlei sind durchaus nicht bedeutungslos. Aber die Parteikanzlei, das OKW und die Reichskanzlei waren die drei Verbindungsglieder der persönlichen Machtspitze mit drei durchorganisierten, riesigen "Maschinen" oder Befehlsmechanismen und dadurch drei grosse Transformatoren zu dieser Spitze und von ihr weg.

Der RMuChdRK beherrschte den Verbindungspunkt vom Staat zum alleinigen Träger der Macht und von diesem zum Staat. Daraus beruhte seine aussergewöhnliche Stellung. Die Benennung

Seite 4 des Lammers-Gutachtens

5

»Reichsminister« ist dabei nur in zweiter Linie von Interesse. Der Chef der Parteikanzlei, Martin Bormann, war, soviel ich weiß, nicht Reichsminister sondern war »einem Reichsminister gleichgestellt«. Er war natürlich eifrig bestrebt, es wirklich zu werden und hat das vielleicht auch erreicht; jedenfalls war sein sachlicher und politischer Einfluß deshalb um nichts geringer als der eines Reichsministers im vollen Sinne. Ebenso ist es keine zweitrangige Angelegenheit für sich, warum der Chef der Präsidialkanzlei zur »Staatsminister« war. Auch die offiziellen oder offiziösen Erwägungen, die dafür gegeben wurden (der mit anderen »Staaten« in Verbindung stehende Tätigkeits-Bereich) sind neben sächlich.

Der als »Staat« bezeichnete Verwaltungsapparat stand nach den Grundsätzen des Hitler-Regimes hinter der Partei zurück. Aber dieser staatliche Behördenapparat war immer noch die eigentliche Executive, die einen wirksamen Vollzug garantierte und für die Durchführung der enormen Verwaltungsaufgaben des Krieges praktisch wichtiger war als die Partei. Das hat sich auf allen wichtigen Gebieten, z. B. auf dem der Ernährungswirtschaft gezeigt. Die staatliche Tradition aller deutschen Länder enthielt immer noch weit mehr Ordnungs- und Executivkraft, als der anmaßende Apparat der Partei. Das staatliche und kommunale Beamtentum hat trotz seiner Degradierung und Mißhandlung durch die Partei den zivilen Sektor des Krieges gehalten.

Der RMChdRK stellte also für die spezifisch staatliche Aufgaben die Verbindung zu der persönlichen Machtspitze dar. In der Staatsbezogenheit liegt der Schwerpunkt seiner Bedeutung. Auch seine Stellung im Reichsverteidigungsrat und seine stark hervortretende Mitwirkung bei der vereinfachten Gesetzgebung enthalten dadurch ihren Inhalt. Man hatte auch den Eindruck, daß er bemüht, soweit es möglich war, die frühere staatliche Tradition gegen die Zerstörung durch die Partei zu retten suchte. Wenigstens wurde z. B. seine Leitung der »Deutschen Verwaltungsakademie« meistens so gedeutet, zumal er mit deren Studienleitung den Verwaltungsrechtler Prof. Dr. Hans Peters betraute, der früher Landtagsabgeordneter der Zentrumspartei gewesen und nicht Parteigenosse war (er steht heute im öffentlichen Leben Deutschlands an hervorragender Stelle). Der RMChdRK war auch Mitherausgeber mehrerer öffentlich-rechtlicher Zeitschriften, in denen gelegentlich Aufsätze von einigem

Seite 5 des Lammers-Gutachtens

grundlegend wichtige organisatorische oder sonstige Anordnungen. Das Wort „Erlaß" wurde bisher (und vielfach auch noch weiter) für Anordnungen in der Verwaltung oder auf militärischem Gebiete (Verkehrsverordnungen usw.) gebraucht. Daneben aber setzte sich ein spezifischer Begriff von „Erlaß" durch, als ein Ausdruck für die alles, vor allem auch alle anderen Formen der Rechtsetzung überragende Macht Hitlers. Das ließe sich an der Hand der letzten Jahrgänge des Reichsgesetzblattes vermutlich belegen. Der Führer-Erlaß in diesem besonderen Sinne ist also eine Anordnung von höchster Geltungskraft auch gegenüber anderen gesetzlichen Bestimmungen. Natürlich enthielt nach der offiziellen These jeder „Führer-Befehl" eine alles überragende Kraft. Doch enthielt der „Führer-Erlaß" bereits einen äußerlichen Ansatz zur formalen Unterscheidung. Darum ist es von Interesse, daß solche Führer-Erlasse, wenn sie im Reichsgesetzblatt bekannt gegeben wurden, vom RMuChdRK mitgezeichnet wurden. Einzelne Beispiele kann ich aus dem Gedächtnis nicht angeben. Ich erinnere mich nur des Ansatzes zu dieser Entwicklung. Sie war ein Symptom für die sich allmählig ausprägende Stellung des RMuChdRK.

IV. Abnormität und Unberechenbarkeit aller Entwicklungen innerhalb des Hitler-Regime.

Bei der Feststellung aller solcher Ansätze zu neuen Einrichtungen oder Formen ist zu beachten, daß Hitler jede Festlegung durch Formen oder gar Einrichtungen aufs tiefste gehaßt hat und daß ein Stirnrunzeln genügt hätte, um alle die genannten Ansätze wieder zu beseitigen. Der absichtliche Subjektivismus und damit die fundamentale Abnormität seines Regime ist wirklich beispiellos und unvergleichlich. Denn das Haupt der Römischen Kirche, der Papst, nach dem Dogma dieser Kirche unfehlbar ist, so ist seine Unfehlbarkeit doch gleichzeitig auf das Höchste beschränkt, und zwar auf allgemeine Feststellungen und ihre Ausübung ist an die deutlichsten weithin sichtbare Formen (ex cathedra) gebunden. Hitler dagegen erließ generelle und Einzelanordnungen aller Art; er konnte Gesetze erlassen, Ehen scheiden, Strafen verhängen, die elterliche Gewalt entziehen, wie es ihm beliebte, und konnte das öffentlich oder geheim mündlich oder schriftlich, unter vier Augen oder bei irgendeiner ihm passenden Gelegenheit, so daß die Berufung auf einen „Führerbefehl" im Grunde von niemand kontrolliert werden konnte. Der Papst, als das unfehlbare Haupt der Römischen Kirche, ernennt seinen Nachfolger nicht

Seite 8 des Lammers-Gutachtens

I. Schon vor 1933 haben manche höheren Beamten mit Hitler und seiner Bewegung sympathisiert, namentlich seit dem grossen Wahlerfolg Hitlers im September 1930. In den Research Studies of the State College of Washington (vol. XIII S. 132 f) ist ein Schriftwechsel mit dem damaligen Ober-reichsanwalt Karl August Werner mitgeteilt, der für das Jahr 1930 ein gutes Beispiel liefert. Die Gründe dieses Sympathisierens sind verschiedenartig. Sie liegen zum Teil in der nationalsozialistischen Ideologie, zum andern Teil in Standes- und Kasteninteressen. Das deutsche Beamtentum im allgemeinen und die höheren und höchsten Beamten im besonderen befürchteten anscheinend von Hitler und seiner Partei eine Gefährdung ihrer sozialen und ökonomischen Gesamt-Existenz. Diese aber beruhte auf dem überlieferten deutschen Beamtenstaat mit seinen " wohlerworbenen Rechten der Beamten " und seiner einflussreichen hohen Ministerial-bürokratie.

Beides — wohlerworbene Beamtenrechte und die Macht-stellung der hohen Ministerialbürokratie — hatte in den letzten Jahren der Weimarer Verfassung (1930–32) einen er-staunlichen Höhepunkt erreicht. Die Weimarer Verfassung hatte die wohlerworbenen Rechte der Beamten im Text der Verfassung ausdrücklich garantiert und positivrechtlich stärker geschützt als die Freiheitsrechte. Eine vom Reichsbund der höheren Beamten betriebene und vom Reichsgericht sanktionierte Auslegung dieser Verfassungsgarantie hatte die Beamtenrechte noch bedeutend erweitert. Die hohe Ministerialbürokratie war durch die Verordnungspraxis des Art. 48 zum Gesetzgeber geworden. Die Verordnung hatte das Gesetz verdrängt, die Rechtsetzung war durch Vereinfachungen und Beschleunigungen " motorisiert ". Jede " Motorisierung " des gesetzgeberischen Verfahrens " aber bedeutet eine Machtsteigerung für die Büros, in denen die Verordnungen entstehen, besonders dann, wenn es nicht Ermächtigungsgesetze des Parlaments, sondern Ausnahmezustandsbefugnisse des Staatschefs sind, in denen die rechtliche Grundlage der Verordnungspraxis liegen, die

Seite 2 des Gutachtens:
Warum sind die Staatssekretäre Hitler gefolgt?

4. Die deutschen Staatssekretäre unter Hitler

Schmitt bestimmte zunächst und zutreffend die Personen, auf die Kempners Frage zielte. Deshalb schied er von vornherein „Freissler, Klemm oder ähnliche Staatssekretäre" aus, die ihre ministerialen Stellungen „als bedingungslose Anhänger Hitlers" erhalten hatten, vor allem, so ist hinzuzufügen, vor 1933 der Ministerialbürokratie fernstanden. Ebenso gehörten nicht nur diejenigen in den Kreis der Erörterung, die 1933 bereits Staatssekretäre waren. Wilhelm (sic!) v. Weizsäcker wurde erst 1937 Ministerialdirektor, danach Staatssekretär im Auswärtigen Amt, gehörte aber seit 1920 zum Auswärtigen Dienst und hatte im Jahre 1933 als Geschäftsträger in Oslo (1931 – 1933) und in der Schweiz (1933 – 1936) durchaus Stellungen eines höheren Ministerialbeamten erreicht. Franz Schlegelberger (1876 – 1970), Kammergerichtsrat seit 1914, seit 1920 Ministerialrat im Reichsjustizministerium, wurde 1927 Ministerialdirektor und war von 1931 bis 1942 Staatssekretär im Reichsjustizministerium[38]. Schwerin von Krosigk war seit dem 2. Juni 1932 Reichsfinanzminister und blieb es bis 1945.

Schmitt nannte drei Gründe für die Gefolgschaft der Staatssekretäre (in dem umschriebenen Sinne), allerdings mit unterschiedlichem Gewicht. (1) Manche höheren Amtsträger hätten seit 1930 mit Hitler sympathisiert. Schmitt bezog sich, ohne den Namen des Verfassers zu nennen, auf eine Veröffentlichung Kempners aus dem Jahre 1945, die den Schriftwechsel des preußischen Innenministeriums in der Person des Regierungsrats Kempner mit dem Oberreichsanwalt Werner in den Jahren 1930 bis 1932 wiedergab. Im Sinne des Autors Kempner schrieb Schmitt dem Oberreichsanwalt jener Zeit also „Sympathien mit Hitler" zu. Das mochte Kempner gefallen, war aber doch wenigstens zweifelhaft. Schmitt hat die Bezugnahme auf die Abhandlung Kempners wie die Nennung des Namens des Oberreichsanwalts in den Veröffentlichungen seiner Stellungnahme IV in den Jahren 1950 und 1958 ersatzlos getilgt. Es blieb seine Feststellung:

---

[38] Im einzelnen jetzt *Klaus Bästlein*, Der Nürnberger Juristenprozeß und seine Rezeption in Deutschland, in: L.M. Peschel-Gutzeit (Hrsg.), Das Nürnberger Juristenurteil von 1947, Baden-Baden 1996, S. 13 – 17; die *Schlegelberger* betreffenden Gründe des Urteils vom 3. und 4. Dezember 1947 ebd. S. 143 – 147 mit dem bemerkenswerten Schluß: „Schlegelberger ist eine tragische Gestalt. Er liebte das Geistesleben, die Arbeit des Gelehrten. Er verabscheute das Böse, das er tat, aber er verkaufte diesen Intellekt und dieses Gelehrtentum an Hitler für ein politisches Linsengericht und für die eitle Hoffnung persönlicher Sicherheit." Das Gericht verurteilte ihn zu lebenslanger Haft, 1950 wurde der 74-Jährige wegen Haftunfähigkeit entlassen. Sein Name erschien deutschen Verlagen und Juristen unbeschädigt. Die von ihm bereits früher herausgegebenen Werke erschienen weiter unter seinem Namen: das „Seehandelsrecht", bearb. v. R. Liesecke (2. Aufl., Berlin 1964), der Großkommentar zum Handelsgesetzbuch, bearb. v. E. Geßler, bis 1982 mehrere Auflagen; er selbst kommentierte noch das „Gesetz über die Angelegenheiten der freiwilligen Gerichtsbarkeit" (6. Aufl., Köln 1952) und die „Allgemeinen Deutschen Seeversicherungsbedingungen" (Berlin 1960). Durch seine Nachweis-Sammlung „Das Recht der Gegenwart" (4. Aufl., München 1959, 29. Aufl. 1998) dürfte der Name Schlegelberger den Juristen bis zur Gegenwart bekannt geblieben sein.

9 Quaritsch

„Viele höhere und niedere Beamte haben schon vor 1933 mit Hitler und seiner Bewegung sympathisiert, namentlich seit dem großen Wahlerfolg im September 1930[39]."

Auch das blieb eine Vermutung; es gab in der Weimarer Republik keine allgemeine oder berufs- und rangspezifische moderne „Meinungsforschung". Mitgliedschaften in der NSDAP und ihren Gliederungen wurden verborgen, denn sie waren den Beamten zumindest in Preußen ausdrücklich verboten, Aktivitäten wurden disziplinarisch verfolgt. Immerhin: Die Regierung Brüning hatte in den Jahren 1930 und 1931 allen Beamten durch drei Notverordnungen die Bezüge um insgesamt 21 Prozent gekürzt[40]. Solche Maßnahmen konnten die Betroffenen in ihrer Republiktreue nicht bestärken, auch wenn sich die Beamten durch ihren sicheren Arbeitsplatz objektiv ungleich besser standen als die mit der Gefahr und der Not von Arbeitslosigkeit bedrohten Angestellten der Privatwirtschaft. So mochten sich viele Beamte von Hitler die Aufhebung der Brüningschen Gehaltskürzungen versprechen – die Hoffnung sollte trügen – wie die Angestellten den sicheren Arbeitsplatz und die Beseitigung der Arbeitslosigkeit.

Schmitt hat dieses mögliche Motiv der „Sympathie mit Hitler" nicht herangezogen. Er konzentrierte sich vielmehr – unterschiedlich intensiv – auf zwei Fragenkreise: (1) das Vertrauen auf die Sicherheit der beamtenrechtlichen Stellung durch die verfassungsrechtliche Garantie der „wohlerworbenen Rechte" und (2) auf das Legalitätsdenken. Über das eine wie das andere Thema hatte er in Weimarer Zeit (1931 und 1932) ausführlich publiziert[41]. So konnte er seine Erinnerungen an die eigenen Texte mit den späteren Erfahrungen verknüpfen. Besonders seine Schlüsse aus dem „juristischen Positivismus" und dem in Deutschland verwurzelten legalistischen Denken sind typisch für Schmitts Argumentation: ein verwickeltes Problem – der Gehorsam des überkommenen Staatsapparats im Dritten Reich – von einem gleichsam archimedischen Punkt her zu lösen. Diese für einen Rechtsfall häufig angebrachte und elegante „Problemlösung" ist für die Deutung eines historischen Vorgangs, an dem Millionen Menschen beteiligt waren, auch dann unbefriedigend, wäre mit jenem archimedischen Punkt tatsächlich das wichtigste Gehorsamsmotiv erfaßt. So gab es unter den höheren Rängen der beamteten Juristen zusätzliche, durchaus nicht notwendig gleichlaufende Motive. Als Beispiele seien genannt: (1) die auch unter den Politikern rechts und links verbreitete Erwartung, Hitler werde sich nach spätestens einem Jahr „verbraucht" haben und wieder abtreten; (2) die im „Jahr der nationalen Erhebung" 1933 ansteckende Begeisterung für die Regierung Hitler – ihr fielen auch kritische Geister zum Opfer, z. B. Gottfried Benn; (3) die Unterwerfung und Anpassung derjenigen Amtsträger, die nicht auf die Solidarität von Sozialisten und Juden im Ausland rechnen durften oder denen auch der Weg in die „innere" Emigration, etwa in die private Wirtschaft, mit Rück-

---

[39] Verfassungsrechtliche Aufsätze, S. 441.

[40] Vgl. vorn S. 110, Anm. 5.

[41] Vgl. die Nachweise vorn S. 110/111, Anm. 4 bis 6, sowie die 1932 veröffentlichte Schrift „Legalität und Legitimität".

sicht auf familiäre Verantwortungen zu riskant erschien, weil eben diese Wirtschaft 1933 keineswegs schon wieder florierte. Schmitt hätte auch auf Erich Kaufmann verweisen können, der sein Amt als Hochschullehrer 1933 nicht aufgab, trotz Zwangsemeritierung 1934 und guter internationaler Kontakte in Deutschland blieb und erst nach dem Judenpogrom im November 1938 („Reichskristallnacht") Deutschland verließ. Er hätte schließlich über die eigenen Erwägungen seit der Machtübernahme am 30. Januar 1933 über das künftig richtige Verhalten berichten können[42]. Dazu: Die Einstellungen zum Hitler-Regime hatten zwischen 1933 und 1945 meistens gewechselt. Dafür gab es prominente wie weniger prominente Beispiele.

Vermutlich waren die hier nur exemplarisch genannten Motivationsstränge auch Kempner bekannt und geläufig. Vielleicht unterließ Schmitt schon deshalb jeglichen Hinweis. Er konzentrierte sich auf den Gesichtspunkt, der bei der Frage nach den Gehorsamsmotiven der höheren Ministerialbeamten regelmäßig im Hintergrund geblieben war: Rechtspositivismus und legalistisches Denken. Diese Prägung der höheren Beamten hat Schmitt überzeugend herausgearbeitet.

Es bleiben freilich zwei Fragen: (1) Das „legalistische Denken" muß die Gehorsamsmotivation nicht so dominiert haben, wie Schmitt es annahm. In den von deutschen Truppen besetzten Ländern West- und Nordeuropas blieben die höheren Beamten, wenn sie (ausnahmsweise) nicht geflohen waren, genauso loyal auf ihren Posten wie ihre deutschen Kollegen in den Jahren seit 1933. Die Zahl der deswegen seit 1945 gemaßregelten Beamten, z. B. in den Niederlanden, ist erstaunlich groß[43].

(2) Schmitts Überlegungen sind zu sehr aus der ex post-Perspektive geschrieben. Dieser Einwand berührt sich mit den bereits erwähnten Motiven, die Schmitt außer acht ließ. Allerdings war im Jahre 1947 die Entwicklung des NS-Regimes während des Krieges allen Beteiligten unmittelbar gegenwärtig, seit 1945 auch jene Fakten, die während des Krieges den meisten Deutschen unbekannt geblieben waren. Es war daher schwierig, sich von diesen nachträglichen Erkenntnissen zu lösen und Kempners Frage aus der Sicht der ersten Jahre des Dritten Reiches zu beantworten, um dann die weiteren (theoretisch) möglichen Scheidewege anzugehen: die Reichstagsgesetze des Jahres 1935 und der Judenpogrom 1938.

Der eine Gesichtspunkt gehörte in die Psychologie, der andere in die Geschichtswissenschaft. Auch wenn Schmitt sonst die Grenzen zu den Nachbarwis-

---

[42] *Quaritsch,* Positionen und Begriffe Carl Schmitts, S. 98 – 102.

[43] In den Niederlanden wurden 11.500 Angehörige des öffentlichen Dienstes unehrenhaft, 6.000 ehrenhaft wegen Kollaboration entlassen, 6.000 Beamte wurden disziplinarisch bestraft, vgl. *Peter Romijn / Gerhard Hirschfeld,* in: Klaus-Dietmar Henke / Hans Woller (Hrsg.), Politische Säuberungen in Europa, München 1991, S. 305; für die übrigen Länder s. *Paul Sérant,* Die politischen Säuberungen in Westeuropa, Oldenburg 1966, S. 153 – 156, und die breit angelegte Untersuchung über Frankreich von *Philippe Bourdrel,* L'Èpuration Sauvage 1944 – 45, Bd. 1, Paris 1988, Bd. 2, Paris 1991, S. 385 ff.

senschaften häufig überschritt: hier blieb er Jurist. Nicht zu verkennen ist freilich der durchgehend rechtssoziologische Charakter seiner Darlegungen.

In seinen Stellungnahmen und Gutachten urteilte Schmitt aus der Sicht des Jahres 1947. Gegenüber deutschen Instanzen hätte er sich nicht anders geäußert. Deshalb hatte er auch keine Bedenken, die Ausführungen über Lammers und die Staatssekretäre unverändert oder ohne grundsätzliche Änderung 1958 in seinen „Verfassungsrechtlichen Aufsätzen" zu veröffentlichen.

Die Stellungnahmen zu den Themen „Großraum" und „Angriffskrieg" enthalten kein Bekenntnis individueller Schuld oder Reue. Kempner repräsentierte die Besatzungsmacht. Die Haager Landkriegsordnung regelte das Verhältnis von Siegern und Besiegten; sie verpflichtete die Bürger des besetzten Landes nicht zu Scham- oder Reue-Bekundungen. Die westlichen Besatzungsmächte hatten zwar die Geltung der HLKO für sich und das besiegte Deutschland bestritten und entsprechend gehandelt. Aber das war kein Grund für die Besiegten, ihnen die Stellung deutscher Behörden einzuräumen. Aber gegenüber einer deutschen Anklagebehörde hätte sich der Jurist Schmitt nicht anders verhalten. Er hatte keine Straftat begangen, es gab nichts zu gestehen.

Die deutschen Entnazifizierungs-Ausschüsse und Berufungskammern mit ihren Einstufungen und deren Folgen ahndeten zwar Einstellungen, Haltungen und Handlungen, die das Kriminalstrafrecht nicht erfaßte. Vor ihnen waren Reue-Erklärungen häufig, weil angeraten, aber Schmitt hatte sich niemals einem solchen Verfahren gestellt. Die schlechten Erfahrungen einiger seiner Freunde, schließlich auch der Kirchen und der demokratischen Parteien bestätigten seine Befürchtungen[44]. Es ist ihm auch niemals eingefallen, sich von literarischen „Bekenntnissen" eine Absolution durch die Öffentlichkeit zu erhoffen. Seine Publikationen im Dritten Reich konnte jeder nachlesen. Er glaubte nicht zu einer öffentlichen Erklärung verpflichtet zu sein, er habe sich damals geirrt – diese Erkenntnis verstand sich für ihn von selbst[45]. Er hatte diesen, wie er ihn nannte, „blamablen" Irrtum mit Millionen seiner Landsleute geteilt.

Kempner gegenüber hatte er am Ende des letzten Verhörs am 29. April 1947 die ausdrücklich verlangte „Scham"-Erklärung abgegeben:

K.: Schämen Sie sich, daß Sie damals derartige Dinge geschrieben haben?

S.: Heute selbstverständlich. Ich finde es nicht richtig, in dieser Blamage, die wir da erlitten haben, noch herumzuwühlen.

K.: Ich will nicht herumwühlen.

S.: Es ist schauerlich, sicher. Es gibt kein Wort darüber zu reden.

---

[44] Über die sog. Entnazifizierung und ihr unrühmliches Ende 1950 vgl. *Quaritsch,* Der Staat 31 (1992), S. 540 ff. m. weit. Nachw.; dazu die noch maßvollen Debatten im Bundestag am 18.10. und 24.12. 1950 zu Drucks. 1/1658, Protokolle S. 3431 ff., 4054 ff.

[45] Über den Zeitpunkt s. *Quaritsch,* Positionen und Begriffe Carl Schmitts, S. 113/14.

K.: Ich finde es besser, wenn wir uns draußen über solche Sachen unterhalten, nicht hier in Haft.

Schmitts Antworten klingen routiniert, fast geschäftsmäßig. Vermutlich wurde von ihm in Nürnberg nicht das erste Mal ein Scham-Bekenntnis verlangt. Das wird bereits im September 1945 nach seiner ersten Verhaftung im Berliner Interrogation Center geschehen sein, dann in der Verhandlung seines Falles vor dem deutschen Sicherheits- und Überprüfungsausschuß am 27. Juni 1946, nach der seine Internierung zwei Monate später beendet wurde. Wahrscheinlich wurden in diesen Verfahren auch Einzelheiten erörtert. Dazu kam: Schmitt war mit den „automatic-arrest"-Häftlingen der Berliner Ministerialbürokratie eingesperrt. „Die höheren Beamten stellten die dritte große Gruppe der Internierten, vom Regierungsrat aufwärts... Es wimmelte von Präsidenten aller Art, Ministerial- und Landgerichtsräten, General- und Oberstaatsanwälten ... die höheren Beamten ... waren die geistige Elite des Lagers, ... ununterbrochen zuwege, die Ursachen und Wirkungen des deutschen Zusammenbruchs bis in die klitzekleinsten Zusammenhänge durchzudiskutieren, und jedenfalls stets einer Meinung, wenn auch nie der gleichen"[46]. Schmitt war solcher „Herumwühlerei" überdrüssig. Er hatte „diese Dinge" vor seinem forum internum genug hin und her gewendet – davon wird man ausgehen können.

Kempner verlangte kein „Schuld"-Eingeständnis. Der in US-Uniform gekleidete Vertreter der Anklagebehörde war als deutscher Jurist ausgebildet worden; er befragte einen deutschen Juristen. Beide verstanden „Schuld" als Rechtsbegriff, als Vorsatz oder Fahrlässigkeit bezogen auf einen strafrechtlichen Tatbestand. Im letzten Verhör hatte Kempner seine strafrechtlichen Vorwürfe fallengelassen. Von „Schuld" konnte nicht mehr die Rede sein. „Scham" war das Bewußtsein, von den sozialen Erwartungen und Wertvorstellungen abgewichen zu sein, die jetzt im Westen Deutschlands wieder galten. Wahrscheinlich aber „schämte" sich Schmitt seiner ungenügenden Voraussicht, also zu wenig den Ausgang der Dinge bedacht zu haben, mithin keines moralischen Fehltritts, sondern intellektuellen Ungenügens. Kempner insistierte nicht, begnügte sich mit dem allgemeinen Scham-Bekenntnis.

In der deutschen Öffentlichkeit der Jahre 1945 bis 1948 wurde freilich viel von „Schuld" geredet und geschrieben. Gemeint war der Selbstvorwurf, Hitler nicht genügend widerstanden zu haben. An diesen bis zur These von der deutschen „Kollektivschuld" vorgetriebenen Erörterungen beteiligten sich vorzugsweise Theologen und Geisteswissenschaftler. Diese Selbstanklagen kamen der Absicht der Westalliierten entgegen, den Deutschen für längere Zeit eine „punitive period"[47] aufzuerlegen. Zu den öffentlichen Schuld-Bekennern gehörte *Eduard*

---

[46] So berichtete ein Mithäftling aus dem niederbayerischen US-Camp Natternberg (*Ernst v. Salomon*, Der Fragebogen, Hamburg 1951, S. 702); die Verhältnisse in den Detention Camps Lichterfelde-Süd und Berlin-Wannsee werden nicht anders gewesen sein.

[47] Den Begriff verwendete Robert Jackson, US-Hauptankläger im Nürnberger IMT, wie *Otto Kranzbühler* mehrfach berichtete (Rückblick auf Nürnberg, Hamburg 1949, S. 24); weit. Nachw. *Quaritsch*, Das internationalrechtliche Verbrechen des Angriffskrieges, S. 238/39.

Spranger[48]. Ende Juni 1945 besuchte er Schmitt; sie kannten sich aus der gemeinsamen Zeit an der Friedrich-Wilhelms-Universität Berlin: „Diesem Philosophen und Pädagogen hatte ich vor Jahren alle Verehrung und Anhänglichkeit meiner Seele entgegengebracht... Ich freute mich, ihn wiederzusehen, weil meine alte Liebe zu ihm noch nicht erloschen war", berichtete Schmitt in der emphatischen Art, die in seinen persönlichen Aufzeichnungen häufig anzutreffen ist[49]. Für Schmitt war es der Besuch eines Berliner Kollegen, der gleich ihm die verheerenden Luftangriffe und die Schlacht um Berlin überlebt hatte. Spranger aber befragte ihn „streng, aber nicht böse... Er war davon erfüllt, in jeder Hinsicht Recht zu haben, ethisch, philosophisch, pädagogisch, geschichtlich und politisch. Alles Recht, alles was es in dieser Hinsicht nur geben konnte, justa causa und res judicata, war auf seiner Seite"[50]. Schmitt überlegte einen Gegenangriff: „Ich sah meinen Interrogator an und dachte: Wer bist *Du* denn eigentlich, der Du mich in Frage stellst? Woher deine Überlegenheit?... Solche Gegenfragen lagen nahe. Aber mir liegt es nicht, Gegenfragen zu stellen"[51]. In der Tat lagen Gegenfragen nahe bei einem Kollegen, der dem Regime trotz seiner zahlreichen Veröffentlichungen niemals unliebsam aufgefallen war, sonst wäre 1943 wohl nicht ein „wissenschaftlicher Film: Eduard Spranger" gedreht worden. Schmitt antwortete ihm „wie einem Philosophen, nicht wie einem Fragebogen. Ich sagte ihm: Mein Wesen mag wohl nicht ganz durchsichtig sein; aber mein Fall läßt sich benennen, mit Hilfe eines Namens, den ein großer Dichter gefunden hat: Es ist der schlechte, unwürdige und doch anthentische Fall eines *christlichen Epimetheus*. Aus dieser Antwort", so beschließt Schmitt seinen Text scheinbar bekümmert, „ist aber kein Gespräch mehr entstanden"[52]. Natürlich entstand aus dieser Antwort kein Gespräch. Der Kulturphilosoph und Pädagoge kannte den „christlichen Epimetheus" nicht und konnte deshalb auch nichts mit dem „großen Dichter" anfangen, der diese Figur erfunden und sie als Chiffre in seinem Traktat „Der christliche Epimetheus" benutzt hatte: *Konrad Weiß*, ein nur von wenigen Kennern hochgeschätzter Lyriker, Dramatiker und Prosaist[53].

Spranger wird jedoch das zuerst von Hesiod überlieferte Schicksal der Titaniden Prometheus und Epimetheus geläufig gewesen sein. Seinem „sprechenden" Namen

---

[48] *Eduard Spranger* (1882–1963); Priv.-Doz. 1909 Berlin, a.o. Prof. f. Philosophie und Pädagogik Leipzig 1911, o. Prof. 1912, Berlin 1920, Tübingen 1946.

[49] Ex captivitate salus, S. 11,12.

[50] Ebenda S. 11.

[51] Ebenda S. 10.

[52] Ebenda S. 12.

[53] *Konrad Weiß* (1880–1940), Redakteur „Hochland" (1905–1920), danach Kunstkritiker der „Münchener Neuesten Nachrichten", befreundet mit Th. Haecker, H v Hofmannsthal, R. Borchardt. Über ihn die kongeniale Monographie von *Carl Franz Müller*, Konrad Weiss, Dichter und Denker des „geschichtlichen Gethsemane", Freiburg / Ch 1965 mit Bibliographie und weiterer Literatur S. 221–225. Weiß wurde erst um 1950 (vorübergehend) einem größeren Lesepublikum bekannt, vgl. etwa *Curt Hohoff*, Geist und Ursprung, München 1954, S. 118–137.

gemäß (der zu spät Bedenkende) mißachtet Epimetheus die Warnungen des „vorausdenkenden" Bruders Prometheus. Er nimmt die von Zeus gesandte reizvolle Pandora zur Frau, aus deren Pithos (Büchse) alle Übel und Leiden unter die Menschen kommen. Schmitt bezog lediglich die Bedeutung des Namens auf sich: er hatte zu spät erkannt, auf was er sich 1933 trotz mehrfacher Warnung eingelassen hatte. Damit aber endete schon die Reichweite der antiken Figur. Konrad Weiß hatte die drei mythischen Gestalten in sein christliches, genauer: katholisch-marianisches Verständnis übertragen; von der griechischen Sage blieben kaum mehr als die Namen. Die antiken Vorstellungen kreisen um Prometheus und Pandora; Epimetheus ist eine Randfigur, Werkzeug und Opfer. Für Konrad Weiß, geistig verwurzelt im „gewaltigen epimetheischen Wesen des Mittelalters"[54], steht hingegen Epimetheus zentral: Sinnbild des zukunftsblinden, dem Geschehen und der Geschichte nachsinnenden Menschen, der den von Gott vorgezeichneten Weg zu gehen hat; die christliche Pandora hält die schwere Gabenfülle des Lebens, zugleich Sinnbild für die Fülle der Zeit[55]. Die Figur des Prometheus hingegen wird kaum erwähnt, sie steht für „Aufklärung", die idealistische Philosophie und Ästhetik, während die Verse Weiß' an Friedrich von Spee erinnern und seine Philosophie von Friedrich Schlegel beinflußt war. Im übrigen hatte er „seinen Stand im deutschen und geistlichen Mittelalter eines Bonaventura, eines Wolfram von Eschenbach, einer Hildegard von Bingen, eines Adam von St. Viktor und der deutschen Mystiker"[56]. Der verschlossene „Schreiber", wie er sich bezeichnete, war ein Spätberufener, sein erster Gedichtband („Tantum dic verbo") und seine erste selbständige Veröffentlichung überhaupt, erschien 1918. Zu seinem kleinen Kreis von christlichen, überwiegend katholischen Kennern und Freunden gehörten Veit Rosskopf, Erik Peterson, Karl Eschweiler; sie waren von Carl Schmitt, der Weiß seit seinen Münchener Jahren kannte, an ihn herangeführt worden.

Das Bild des „christlichen Epimetheus" mochte den bildungsstolzen Pädagogen und Philosophen Spranger düpiert haben. Immerhin hatte sich Schmitt mit dem geläufigen Juristenterminus „Fall" eines christlichen Epimetheus bezeichnet und hinzugesetzt: ein „schlechter, unwürdiger und doch authentischer" Fall für diese Metapher. „Authentisch" war in Schmitts Verständnis die Blindheit des Epimetheus für das künftige Verhängnis. Zugleich aber sieht er sich als „schlechtes, unwürdiges" Exempel dieser Figur. Seine Neigung zu verbaler Zuspitzung und Übertreibung eingerechnet, bleibt doch ein negativer Rest. Der auch in seiner christlichen Fassung zukunftsblinde Epimetheus war zwar Sünder, aber nicht notwendig „schlecht und unwürdig". Insofern gesteht Schmitt in den Zusätzen zum Epimetheus-Bild eigene moralische Schuld. Gegenstand und Umfang dieser Schuld bleiben offen.

---

54 Der christliche Epimetheus, 1933, S. 102.
55 Ebenda, S. 53, 95, 110.
56 *C. F. Müller*, Konrad Weiß, S. 19.

Schmitt setzte sich ebenfalls nicht in „Erinnerungen" mit der Zeit seit 1933 auseinander, seinem Erleben, seinen Erfahrungen und Irrtümern. Nicht einmal über die ereignisreiche Zeit vor 1933, über keinen Abschnitt seines langen Lebens hat er je berichtet – trotz seiner Bewunderung für die „Souvenirs" Tocquevilles und das „Journal intime" von Benjamin Constant[57]. „Wer beichten will, gehe hin und zeige sich dem Priester"[58].

Einen Vorgang, der ihn wenigstens von dem häufigen Vorwurf der bewußten Herbeiführung des NS-Diktatur hätte entlasten können, verschlüsselte er in einem andeutenden und knappen Satz der 1958 erschienenen „Verfassungsrechtlichen Aufsätze". Seinen letzten Versuch, die Regierung Schleicher gegen die drohende Kanzlerschaft Hitlers im Amt zu halten, beschrieb er eher beiläufig im Zusammenhang mit seiner Erörterung des Kaas-Briefes vom 26. Januar 1933:

„Wie er (scil. Kaas) sich über meine verfassungsrechtlichen Konstruktionen informiert hat, weiß ich nicht. Meine Schriften zu lesen oder mich einfach persönlich zu fragen, hatte er wohl keine Zeit. An dem Gerede vom Staatsnotstand habe ich mich nie beteiligt, weil ich wußte, daß damit die Legalität einer Verfassung nur ihren Feinden ausgeliefert wird und weil ich der Meinung war, *daß die legalen Möglichkeiten, verbunden mit den Prämien auf dem legalen Machtbesitz, noch keineswegs erschöpft waren*[59]. Die Gründe dieser Verweigerung, wohl auch Unfähigkeit, über sich und sein eigenes Handeln zu schreiben, wurden am Anfang dieser Untersuchung dargelegt.

---

[57] Ex captivitate salus, S. 28, 76.

[58] Ebenda S. 77.

[59] Nachtrag zu „Legalität und Legitimität" in: Verfassungsrechtliche Aufsätze, S. 350, Hervorhebung von mir. Dazu die Berliner politikwiss. Dissertation von *Lutz Berthold*, Carl Schmitt und der Staatsnotstandsplan der letzten beiden Regierungen der Weimarer Republik, Berlin 1999.

IV. Überlieferung der Texte

1. Die Vernehmungsprotokolle

Die drei Protokolle über die Vernehmung Schmitts durch Robert Kempner am 3. April, 21. April und 29. April 1947 in Nürnberg sind wiedergegeben nach Fotokopien von den im „Office of U.S. Chief of Council for War Crimes" archivierten Originalen in Washington. *J. Bendersky* hatte sie Ende 1975 bereits in Washington erhalten; weiteres Material, besonders Schmitts Stellungnahmen I bis IV, konnte bereits damals in den U.S.-Archiven nicht gefunden werden[1].

Kempner selbst veröffentlichte 1969 Auszüge aus der protokollierten Vernehmung[2]. Der gebotene Verschnitt erweckt den Eindruck einer einmaligen, vollständig wiedergegebenen Vernehmung; der kundige amerikanische Historiker Bendersky nannte diese Art der Textrepräsentation „unreliable, because he splices together questions and answers from all three, out of sequence and minus contextual information"[3]. Kempners Buch ist – zumindest die Schmitt-Vernehmung – eine volkspädagogische Bemühung auf allenfalls mittlerer Ebene. Schmitt hat das Buch ignoriert.

Im Jahre 1987 wurden die Protokolle zum ersten Male vollständig veröffentlicht. In Westdeutschland publizierte sie ein bis dahin unbekannter Autor in einer am linken Rand des politischen Spektrums angesiedelten Zeitschrift, die sich unter einem merkwürdigen Namen vorzugsweise mit Themen aus der NS-Zeit beschäftigte[4]. Noch im gleichen Jahr erschienen die Protokolle in englischer Sprache. Die Zeitschrift „Telos" brachte im Sommer 1987 ein „Special Issue on Carl Schmitt"[5], redigiert von Paul Piccone und Gary L. Ulmen, mit zehn Aufsätzen über Schmitt, aber auch Übersetzungen von Texten Schmitts selbst. J. Bendersky übersetzte die

---

[1] Briefliche Mitteilung von Herrn Kollegen *Bendersky* vom 12. 07. 1995 an den Verf.

[2] *R. M. W. Kempner,* Das Dritte Reich im Kreuzverhör. Aus den unveröffenlichten Vernehmungsprotokollen des Anklägers, S. 293 – 299. Der Titel ist irreführend; „Kreuzverhöre" enthält das Buch nur selten. Der französischen Ausgabe, wiewohl als vollständig bezeichnet, fehlt das Schmitt-Verhör, s. *R. Kempner,* Le Troisième Reich en procès, Paris 1972.

[3] Telos, No. 72, Washington (N. J.) Summer 1987, S. 97 Fn. 1.

[4] *Wieland,* Carl Schmitt in Nürnberg, in: „1999", S. 99 – 122; das Protokoll ebd., S. 109 – 122. Diese Publikation widmete der Verf. *R. Kempner* zum 87. Geburtstag am 17. 10. 1986. Die Zeitschrift „1999" wird herausgegeben von der Hamburger Stiftung für Sozialgeschichte des 20. Jahrhunderts (Jan Reemtsma). Über Arbeit und Hintergrund der „Stiftung" berichtet nüchtern wie ausführlich *Ernsthelmut Maasch,* in: Criticón, Nr. 157 (1997), S. 72 – 74.

[5] Telos, No. 72, Washington (N. J.), Summer 1987.

Protokolle und versah sie mit erklärenden Fußnoten zu Namen und Ereignissen sowie einem einführenden Bericht über die Nürnberger Haftzeit[6].

2. Stellungnahmen I – IV

Die vier schriftlichen Stellungnahmen, die Schmitt im Auftrage Kempners (Stellungnahmen I, III und IV) oder aus eigenem Entschluß (Stellungnahme II) anfertigte, können nicht nach den Kempner übergebenen Originalen wiedergegeben werden. Erstaunlicherweise beließ Kempner diese Texte nämlich nicht der Anklagebehörde und übergab sie auch nicht dem zuständigen U.S.-Militär-Archiv. Bereits 1973 deutete Kempner bei einem Interview durch Joseph Bendersky[7] an, er habe wichtige Dokumente der Nürnberger Prozesse, an denen er beteiligt gewesen sei, behalten, um sie für seine noch zu schreibenden Memoiren zu verwenden[8]. Bendersky hatte den sicheren Eindruck, daß hierzu auch Materialien von und über Schmitt gehörten[9]. Kempner versprach, Bendersky von diesen Materialien einiges zu überlassen, sandte dann aber nur zwei Schreibmaschinenseiten von Schmitts Stellungnahme zu den Staatssekretären[10]. Der auf meine Bitte 1995 von Gary L. Ulmen in Washington erneut angestellte Versuch, die Originale zu sichten, scheiterte ebenfalls. Immerhin erfuhr Ulmen von dem gerade pensionierten Direktor der Military Archives, Robert Wolf, sein Freund Kempner habe seine Unterlagen nicht dem Archiv in Washington, sondern lieber dem Militär-Archiv in Freiburg überlassen oder überlassen wollen[11]. Auf meine Anfragen an das Bundesarchiv-Militärarchiv in Freiburg, das Bundesarchiv in Koblenz wie an das nach Potsdam verlegte Militärgeschichtliche Forschungsamt erfuhr ich indes 1995, daß dort nichts vorhanden sei oder nur die Protokolle der Vernehmungen Schmitts durch Kempner (Mikrofilm) verwahrt würden. Es erwies sich als unmöglich, die gesuchten Dokumente aus dem Nachlaß des 1993 verstorbenen Kempner zu erhalten. 1995 war über die Verwendung des Nachlasses noch nicht entschieden[12]. Als 1998 der Nach-

---

6 ebenda, S. 91–96.

7 *Bendersky,* Carl Schmitt. Theorist for the Reich, Princeton, N.J., 1983.

8 1983 erschien „Ankläger einer Epoche", 474 S.; als Ullstein-Taschenbuch 1986. Die zurückhaltend-vorsichtige Besprechung von *R. Morsey* ist immer noch lesenswert: Historisches Jahrbuch 105 (1985), S. 320 f.

9 Briefliche Mitteilung von Herrn Kollegen Bendersky an den Verf. vom 12. 7. 1995.

10 In dem an *Bendersky* gerichteten Begleitschreiben vom 28. Mai 1973 (Kopie im Besitz des Verf.) erlaubte Kempner, den Text nur mit einem von ihm vorgeschriebenen Vermerk zu gebrauchen: „Bei einer Vernehmung von Professor Karl [sic] Schmitt im Laufe des Wilhelmstrassen-Prozesses hat der damalige Hauptankläger in diesem Prozeß, Dr. Robert M. W. Kempner, dem Professor Schmitt die folgenden Fragen vorgelegt: siehe Anlage ....". Hauptankläger im Wilhelmstraßen-Prozeß war übrigens Telford Taylor, Kempner war einer von vier „stellvertretenden Hauptanklägern", vgl. Das Urteil im Wilhelmstraßen-Prozeß, S. XVIII.

11 Schreiben von Herrn Kollegen Ulmen vom 11. 7. 1995 an den Verf.

12 Schreiben von Robert Kempners Sohn Lucian Kempner vom 13. 3. 1995 an den Verf.

laß im Bundesarchiv in Koblenz zugänglich war, enthielt der vorläufig geordnete Teil mit den Schmitt-Unterlagen – neben den fotokopierten drei Protokollen – nur maschinenschriftliche Abschriften seiner Stellungnahmen I und II[13]. Allerdings sind Teile des Nachlasses in Lansdale, USA, geblieben; das Bundesarchiv hat sich bisher vergeblich um Zusammenführung bemüht[14]. Die handschriftlichen Texte („Reinschriften") Schmitts können also noch einmal auftauchen.

Von diesen Handschriften sind Neuigkeiten nicht zu erwarten. Schmitt war stets darauf bedacht, die eigenen Texte zu sammeln. So sind die Stellungnahmen I-IV in handschriftlichen Fassungen überliefert, außerdem die ersten Entwürfe in Alt-Gabelsberger Stenographie, die heute allenfalls Spezialisten nur schwierig entziffern können; wie bei geübten Stenographen üblich, hatte Schmitt seine Kurzschrift individualisiert. Die stenographischen Entwürfe schrieb Schmitt in Nürnberg langschriftlich in Schulhefte ab[15]. Diese langschriftlichen Fassungen werden hier für die Wiedergabe zugrunde gelegt. Schmitt fertigte vermutlich von diesen Vorlagen die Kempner übergebenen „Reinschriften" an. Die Vorlagen konnte er behalten.

Die Kempner übergebenen „Originale" müssen sich in zwei Fällen von den handschriftlichen „Vorlagen" durch zusätzliche Vermerke unterscheiden. Kempner verlangte von Schmitt bei der Übergabe der Stellungnahme I („Großraum") am 21. April 1947, die Seiten mit den Anfangsbuchstaben C.S. zu unterzeichnen. Außer-

---

[13] BA N 1470/353; das weitere Material N 1470/354, 355 besteht aus zahlreichen Zeitungsausschnitten, die sich mit Schmitt befassen. Interessant sind zwei Briefe des Soziologen *Helmut Schelsky* (1912–1984), der schließlich in äußerst scharfer Form 1983 mehrfache Berichtigungsverlangen Kempners zurückwies; Kempner war mit dem Vorwort zu dem Neudruck (1981) des Hobbes-Buches von Schelsky aus dem Jahre 1941 nicht einverstanden gewesen. Schelsky hatte dort „auf zwei Seiten dieses viel umstrittenen Gelehrten" Schmitt hingewiesen, „die bisher kaum gesehen werden: Während er gegenüber den etablierten wissenschaftlichen Autoritäten seiner Zeit von geradezu verachtender Arroganz sein konnte, wofür ich in einigen unvergeßlichen Szenen Zeuge war, hat er jüngere Wissenschaftler, auch wenn sie gerade seinen wissenschaftlichen Thesen widersprachen, intellektuell und persönlich gefördert, wofür ich keineswegs das einzige Beispiel bin. Wichtiger erscheint mir zu sehen, daß Hobbes nicht nur wissenschaftlich-akademisch der ‚Lieblingsautor' Carl Schmitts war, sondern daß er dessen intellektuelles und persönliches Schicksal im Verhältnis zur Staatsmacht teilte: Indem er die Absolutheit des jeweiligen Souveräns stützte, ihn aber zugleich normativen, rechtlichen und philosophischen Regelungen seiner Machtausübung unterwerfen wollte, wurde er als eine Art wissenschaftlicher Winkelried zum herausgestellten Gegner der intellektuellen Opposition und fiel gleichzeitig den angeblich unterstützten Herrschenden durch seine normative Folgerichtigkeit auf die Nerven. Dies sicherte ihm Verfolgung und Kritik von beiden Seiten, aber wahrscheinlich auch seinen Platz in der geistigen und politischen Geschichte unserer Zeit ... Daß ich mich als junger Wissenschaftler an ihm messen durfte, ist einer der vielen Glücksfälle meines Lebens, der in dieser alten Untersuchung über Hobbes dokumentiert ist" (S. 5).

[14] Auskunft von Herrn Ltd. ArchivDir. Wolf Buchmann, Koblenz, v. 15. 09. 1998, bestätigt am 02. 08. 1999.

[15] Schmitt schrieb aus Nürnberg, Justizpalast, am 12. April 1947 an seine Frau: „Noch einen Wunsch habe ich, liebe Duška. Irgendwo muss noch ein altes Schulheft mit gutem Papier liegen. Das hätte ich gern, auch zwei, wenn soviel da sind. Zwar bekomme ich hier Schreibpapier, aber keine Hefte, wie ich sie gewohnt bin."

dem hatte er – wohl am Ende des Textes – hinzuzusetzen: „Die Richtigkeit obiger
Ausführungen wird an Eides Statt versichert." Der Stellungnahme III („Lammers")
mußte Schmitt am 29. April die Versicherung hinzufügen: „Ich versichere, oben-
stehendes Gutachten nach bestem Wissen und Gewissen abgegeben zu haben."
Auf Verlangen Schmitts hingegen ließ Kempner zugleich protokollieren: „Die Aufzeichnung über die staatsrechtliche Stellung des Reichsministers und Chefs der
Reichskanzlei hat Professor Carl SCHMITT auf Veranlassung des Vernehmenden
gemacht." Schmitt sicherte auf diese Weise zugleich die urheberrechtliche Situation. Ein Gefälligkeitsgutachten für Kempner persönlich war es jedenfalls nicht. Angesichts der Nürnberger Stellung des stets uniformierten Anklägers ist eine solche
Annahme ausgeschlossen.

Die handschriftlichen Entwürfe und Vorlagen sind, soweit ersichtlich, vollständig überliefert. Im Hauptstaatsarchiv in Düsseldorf, das den Nachlaß Schmitt verwahrt (RW 265), befindet sich ein Aktendeckel (RW 265–92, M 9–18), dessen
Inhalt Schmitt selbst auf der Vorderseite handschriftlich so kennzeichnete:

„Notizen und Entwürfe zu den vier Texten:

18. April:	Großraumpolitik
28. April:	Vorbereitung des Weltkrieg [sic]
29. April:	Chef der Reichskanzlei (Lammers)
13. Mai:	Staatssekretäre

(Dieser Text Nr. 4 nur stenographiert; wesentlicher Inhalt: „Meine verfassungsrechtlichen
Aufsätze (1958), S. 440–451, Das Problem der Legalität)"

Diese „Notizen und Entwürfe" sind teils stenographisch, teils langschriftlich mit
Bleistift abgefaßt; es handelt sich offenbar nur um erste Entwürfe.

Ausschließlich stenographische Vorarbeiten und Entwürfe für die *Stellungnahme
I* befinden sich in RW 265–92, M 15 auf insgesamt drei Blatt DIN A 4. Schmitt
kennzeichnete den Inhalt dieser Seiten tintenschriftlich, also wohl nachträglich,
mit dem Stichwort „Großraumpolitik". Ein vollständiger Text der Stellungnahme I
befindet sich in RW 265–92, M 10. Es sind 24 langschriftliche, und zwar von
Schmitt mit Bleistift geschriebene Seiten, adressiert

„An Herrn Prof. Dr. Robert M. W. Kempner

Beantwortung Ihrer Frage:

Wieweit haben Sie die theoretische Untermauerung der Hitlerschen Großraumpolitik gefördert?"

Abgeschlossen am 18. April 1947, überreicht 21. 4. 1947"

Diese Vorlage war immer noch ein Entwurf; häufig werden Wörter durchgestrichen und durch andere ersetzt, gelegentlich werden ganze Sätze hinzugefügt. Diese
offenbar letzte Vorlage schrieb er mit Tinte sauber in ein Schulheft (DIN A 5); dieser Text ging nunmehr über 29 Seiten – S. 29 nur mit vier Zeilen; er befindet sich
nicht im Düsseldorfer Hauptstaatsarchiv, sondern im Münchener Institut für Zeitgeschichte (ED 179/1). Schmitt sorgte in Plettenberg für eine maschinenschriftli-

che Fassung: elf Seiten engzeilig; ein Durchschlag befindet sich jetzt im Hauptstaatsarchiv (RW 265 – 92, M 12). Den Durchschlag versah Schmitt handschriftlich mit dem Datum 18. April 1947 und unterstrich diese Angabe zweimal.

Von den maschinenschriftlichen Abschriften verwahrt das Düsseldorfer Hauptstaatsarchiv die Stellungnahme I unter RW 265 – 92, M 12 (elf Seiten engzeilig). Das Datum 18. April 1947 hat Schmitt noch einmal handschriftlich hinzugesetzt.

Stellungnahme II („Angriffskrieg"): Stenographische Vorarbeiten sowie Exzerpte aus dem Urteil des Internationalen Militärtribunals gegen die Hauptkriegsverbrecher vom 31. September / 1. Oktober 1946 befinden sich im Hauptstaatsarchiv Düsseldorf unter RW 265 – 92, M 14. Diese Texte sind mit Bleistift geschrieben. Ein langschriftlicher Text der Stellungnahme II zur Frage des Angriffskrieges befindet sich in dem oben erwähnten Schulheft im Münchener Institut für Zeitgeschichte (IfZG ED 179 / 1). Die 18 Seiten dieses Textes sind auf den letzten beiden Seiten – zugleich die letzten Seiten des Heftes – eng und klein geschrieben. Die weiteren Seiten des Heftes, vermutlich etwa zwölf, sind herausgerissen.

Der maschinenschriftliche Text der Stellungnahme II („Angriffskrieg") ist auf acht Seiten engzeilig in Düsseldorf unter RW 265 – 92, M 13 verwahrt.

Die stenographischen Entwürfe zur *Stellungnahme III* („Lammers") befinden sich im Düsseldorfer Hauptstaatsarchiv RW 265 – 92, M 16 (vier Blatt DIN A 5 eng stenographiert) und M 17 (drei Blatt DIN A 4 eng stenographiert); dieser Text trägt einen langschriftlichen Vermerk von Carl Schmitt mit Tinte: „Lammers Abschrift RMCK (28.29 / 4 47) *Reichsminister und Chef der Reichskanzlei (Lammers"* [sic].

Den langschriftlichen Text des Lammers-Gutachtens schrieb Schmitt in ein Schulheft, wegen des beschränkten Vorrats an Schulheften mit gutem Papier[16], sehr eng und ohne Rücksicht auf die vorgegebenen Linien. Das Heft ist im Düsseldorfer Hauptstaatsarchiv verwahrt, dort allerdings nicht bei den anderen Materialien RW 265 – 92, M 9 – 18, sondern in RW 265 – 61 / Mat. 15. Der Text geht über neun Seiten. Auf der Rückseite, gelegentlich auch auf dem Rand befinden sich offenbar nachträglich hinzugesetzte, überwiegend stenographierte Bemerkungen. Sie müssen hier unberücksichtigt bleiben; sie sind nicht zu entziffern.

Der maschinenschriftliche Text der Stellungnahme III befindet sich im Hauptstaatsarchiv (RW 265 – 92, M 11). Es sind zehn Blatt eineinhalbzeilig beschrieben. Identisch mit diesem Durchdruck ist die maschinenschriftliche Stellungnahme III im Institut für Zeitgeschichte archiviert (Akz. 7856 / 90, Sign. ED 179 / 2).

Der stenographische Entwurf der *Stellungnahme IV* („Staatssekretäre") ist, wie bereits erwähnt, in dem Aktendeckel enthalten, in dem Schmitt die bei ihm verbliebenen Nürnberger Unterlagen sammelte (RW 265 – 92, M 18), und zwar in tintenschriftlicher Stenographie (vier Blatt DIN A 5). Der stenographische Text trägt den

---

[16] Vgl. vorn FN 15 (S. 139).

lang- und tintenschriftlichen Vermerk Schmitts: „Nürnberg, 13. Mai 1947 Staatssekretäre. Nürnberg 13 / 5 / 47" (RW 265 – 92, M 18).

Der langschriftliche Text der Stellungnahme IV („Staatssekretäre") befindet sich
– wie die Stellungnahme III – in dem Schulheft, das im Düsseldorfer Hauptstaatsarchiv verwahrt wird (RW 265 – 61 / Mat. 15). Wegen des beschränkten Papieran-
gebots schrieb Schmitt sehr eng und ohne Rücksicht auf die vorgegebenen Linien
(zwölf Seiten). Auch hier finden sich auf der Rückseite, gelegentlich auch auf dem
Rand offenbar nachträglich hinzugesetzte, überwiegend stenographierte Bemerkungen.

Außer den beiden Stellungnahmen III und IV enthält das Heft (RW 265 – 61 /
Mat. 15) nur noch eingeklebte Zeitungsausschnitte zur Entnazifizierung allgemein
und zu den „Fällen" Globke, Schlüter, Harlan, Schlegelberger, Ziesel und anderen
aus den fünfziger und sechziger Jahren, dazu knappe Literaturauszüge, teils in
Lang-, teils in Kurzschrift. Dementsprechend ist das Etikett des Heftes offenbar zu
verschiedenen Zeiten beschrieben worden: Der Name „Prof. Carl Schmitt" ist von
Schmitt in deutscher Schrift geschrieben, offenbar nachträglich setzte er über seinen Namen die Zeitangaben „1947 – 1957" hinzu. Der ursprüngliche Zweck dieses
Heftes stand unter dem Namen in deutscher Schrift „Bücher-Rechnungen", war
aber durchgestrichen und durch zwei Stichworte in lateinischer Schrift ersetzt worden: „Nürnberg Re-Education".

Die maschinenschriftliche Fassung der Stellungnahme IV („Staatssekretäre")
befindet sich weder in Düsseldorf noch in München. Das mir vorliegende Exemplar hat Schmitt auf der ersten Seite handschriftlich mit seinem Namen und dem
Datum 13 / 5 47 versehen. Die von Herrn Kollegen Piet Tommissen, Brüssel, erhaltene Kopie (elf Seiten, unpaginiert, eineinhalbzeilig) ist aber offensichtlich nicht
auf derselben Maschine geschrieben wie die Stellungnahmen I-III; Piet Tommissen
erhielt sie von Hans Franzen, den Schmitt 1939 habilitiert hatte[17].

Die hand- und langschriftlichen Vorlagen zu den hier wiedergegebenen vier
Stellungnahmen sind also so verteilt: Die Stellungnahme I („Großraum") und II
(„Angriffskrieg") befinden sich im Institut für Zeitgeschichte (ED 179 / 1 – 2). Die
handschriftlichen Stellungnahmen III („Lammers") und IV („Staatssekretäre") sind
im Düsseldorfer Hauptstaatsarchiv unter RW 265 – 61 / Mat. 15. Die stenographischen Entwürfe und weitere Vorlagen für die Stellungnahmen I, II und IV verwahrt
das Düsseldorfer Hauptstaatsarchiv (RW 265 – 92, M 9 – 18).

Die für den Bearbeiter etwas verwirrende Verwahrung der Entwürfe und Vorlagen im Hauptstaatsarchiv Düsseldorf wie im Institut für Zeitgeschichte München
beruht auf einem zufälligen Umstand: Der in den fünfziger Jahren am Münchener

---

17 Titel der Habilitationsschrift: „Irland und Großbritannien seit 1919. Ein Beitrag zur Verfassungslehre", in: Jahrb. f. Öffentl. Recht 25, 1939, S. 280 – 375; zur Person und zum Habi-
litationsverfahren s. *Christian Tilitzki*, in: Siebte Etappe, 1991, S. 74 f.; fernerhin die Erinnerungen von *Hans Franzen*, Im Wandel des Zeitgeistes 1931 – 1991. Euphorien, Ängste, Her-
ausforderungen, München 1992, S. 65 – 71, 77 – 80.

Institut arbeitende Historiker Hans Buchheim hatte Schmitt mit Brief vom 8. Juni 1955 um Auskünfte über die SS ersucht und wurde daraufhin offenbar zu einem Besuch nach Plettenberg eingeladen[18]. In seinem Brief vom 10. Juli 1955 bedankte sich Buchheim für die Möglichkeit des Besuchs, das Gespräch, für ein Buch mit Widmung und die „Aufzeichnungen, die Sie mir zum Teil als Geschenk, zum Teil leihweise überlassen haben … Ihre Aufzeichnungen sende ich Ihnen zurück, sobald ich da von München [sic] habe Abschriften machen lassen"[19]. Buchheim konnte sich 1995 nicht mehr erinnern, ob und welche Aufzeichnungen er an Schmitt zurückschickte. Wenn von „Geschenken" die Rede gewesen sei, dann hätten sie nicht ihm als Person gegolten, hätten vielmehr an das Institut für Zeitgeschichte weitergeleitet werden sollen[20]. Buchheim übergab die noch in seinem Besitze befindlichen Schmitt-Unterlagen 1990 dem Institut für Zeitgeschichte; dort wurden sie dann unter den genannten Nummern registriert (ED 179 / 1 – 2). Ebenfalls bei diesen Unterlagen befindet sich der maschinenschriftliche Text der Stellungnahme III[21].

3. Druckfassungen

Die Stellungnahme III („Lammers") veröffentlichte Schmitt zuerst 1958 in dem Sammelwerk „Verfassungsrechtliche Aufsätze aus den Jahren 1924 – 1954. Materialien zu einer Verfassungslehre"[22]. Dem Abdruck unter dem neuen Titel – „Der Zugang zum Machthaber, ein zentrales verfassungsrechtliches Problem (1947)" setzte er – neben einem längeren ergänzendem Kommentar zur Sache selbst – eine editorische Bemerkung hinzu:

„Die hier abgedruckten Darlegungen sind eine wörtliche Wiedergabe aus der schriftlichen Antwort, die ich am 29. April 1947 im Gefängnis in Nürnberg Herrn Dr. Robert Kempner überreicht habe. Die Frage, die mir gestellt worden war, lautete: Die Stellung des Reichsministers und Chefs der Reichskanzlei. Die Gedanken dieses Aufsatzes sind in meinem „Gespräch über die Macht und den Zugang zum Machthaber" weiter ausgeführt (Verlag Günther Neske, Pfullingen, Württemberg, 1954). Das Gespräch wurde vom Frankfurter Sender am 22. Juni 1954 übertragen …".[23]

Ein Vergleich der Druckfassung mit den stenographisch und maschinenschriftlich überlieferten Fassungen ergibt in der Tat eine wörtliche Übereinstimmung bis

---

[18] Die Briefe Buchheims in RW 265 – 92, K 2136 – 2140.

[19] Der letzte im Hauptstaatsarchiv verwahrte Brief Buchheims an Schmitt, eine Gratulation zum 70. Geburtstag, datiert vom 19. 7. 1958.

[20] Schreiben von Herrn Kollegen Buchheim an den Verf. vom 28. 1. 1995.

[21] Fernerhin auch ein Brief Schmitts an Buchheim vom 1. Adventssonntag 1955 (zwei DIN A 4-Seiten handschriftlich) mit einer Stellungnahme zum Buchheim-Aufsatz „Die Chiffren des Todes".

[22] Berlin 1958, 3. Aufl. 1985, S. 430 – 437.

[23] Ebenda, S. 437.

in die Überschriften hinein; lediglich die Nachweise der Aufsätze von Koellreutter und Gerhard Wacke sind in der Druckfassung präzisiert. Allerdings fehlen der Druckfassung die beiden ersten Absätze der in Nürnberg übergebenen Stellungnahme, in denen er seinen persönlichen Standort „als Fachmann des Staatsrechts und der Staatslehre" umreißt und seine begrenzte Einsicht in die Interna des Hitler-Regimes und der Reichskanzlei betont. Deshalb ist die Behauptung „wörtlicher Wiedergabe" nicht falsch. Es war eine wörtliche Wiedergabe „aus" der schriftlichen Antwort, nicht hatte Schmitt die vollständige Reproduktion seiner schriftlichen Antwort behauptet. In der englischen Übersetzung, die in „Telos" veröffentlicht wurde, sind diese beiden ersten Absätze wiedergegeben, nicht aber die von Schmitt vorangestellte „Übersicht".

Die Stellungnahme IV („Staatssekretäre") publizierte Schmitt unter dem ebenfalls neuen Titel „Das Problem der Legalität" zuerst 1950 in der Zeitschrift „Die neue Ordnung"[24]. Zu diesem Publikationsorgan des Dominikaner-Ordens und seinem Schriftleiter, Pater Eberhard Welty, hatte er gute persönliche Beziehungen; Welty hatte bei ihm in Köln im Kolleg gesessen[25]. Hinzugefügt hatte er einleitend und abschließend zwei kurze Absätze, zusammen etwa eine Druckseite, über einige Reflexionen des 1932 verstorbenen Oratorianers Laberthonnière zur „Kritik der Souveränität des Gesetzes", 1947 in Paris zuerst herausgegeben. Der zweiten Veröffentlichung dieses so erweiterten Textes 1958 in seinen „Verfassungsrechtlichen Aufsätzen"[26] stellte er am Anfang seines ausführlichen zusätzlichen Kommentars eine editorische Bemerkung voran:

> „Mit Ausnahme der Stellen über P. Laberthonnière am Anfang und am Schluß ist er in allem Wesentlichen die wörtliche Wiedergabe einer schriftlichen Antwort, die ich am 13. Mai 1947 im Zeugenhaus in Nürnberg Herrn Dr. Robert W. Kempner überreicht habe. Die mir gestellte Frage lautete: Warum sind die Staatssekretäre Hitler gefolgt? ..."

Die bei allen Titeln dieser Aufsatzsammlung hinzugesetzte Jahreszahl ist nicht ohne Belang. Sie verdeutlicht nämlich, daß der Text seine endgültige Fassung 1950 erhalten hat, also für die Veröffentlichung in „Die neue Ordnung". Diese neue Fassung beruht nicht allein auf den Zusätzen, in denen Schmitt auf das Werk des Oratorianers *Laberthonnière* verweist. Der Aufsatz geht in seinem Umfang erheblich über den Text vom 13. Mai 1947 hinaus. Eben das ist mit der Jahreszahl 1950 klargestellt, wenn auch Schmitts einleitende Bemerkung in seinem hier besonders wichtigen Nachtrag eine größere Übereinstimmung andeutet. Richtig ist: Die Gedankenführung als solche hat Schmitt nicht verändert, sondern in dem Text von 1950 nur ausgebaut.

---

[24] 4. Jg. 1950, S. 270–275.

[25] Herausgeber war die Albertus-Magnus-Akademie Walberberg. Einzelheiten über frühere und spätere Veröffentlichungen Schmitts in dieser Zeitschrift s. *Piet Tommissen*, in: Schmittiana II, S. 128 f., 156 f.

[26] „Das Problem der Legalität (1950)", in: Verfassungsrechtliche Aufsätze, S. 440–448.

Die Nürnberger Stellungnahmen I – III wurden dann 1987 in englischer Sprache veröffentlicht; *Capers Rubin* hatte die Texte übersetzt, Joseph Bendersky sie mit erläuternden Anmerkungen versehen[27]. Als Vorlage dienten Durchschläge bzw. Kopien der hier bereits beschriebenen maschinenschriftlichen Fassungen der Stellungnahmen I-III, die Schmitt Ende der fünfziger Jahre dem US-amerikanischen Gelehrten George Schwab übergeben hatte[28]. Die Übereinstimmung der ihm übergebenen maschinenschriftlichen Texte nach Typen und Schriftbild mit den in Düsseldorf und München archivierten Stücken bestätigte Herr Kollege Schwab 1995 gegenüber dem Verf.[29]. Unbekannt ist, weshalb ihm Schmitt nicht auch die Stellungnahme IV („Staatssekretäre") übergab.

Die Stellungnahme I („Großraumpolitik") veröffentlichte Günter Maschke 1995 in dem Sammelwerk: „Staat – Großraum – Nomos". Den ebenfalls nach der maschinenschriftlichen Abschrift wiedergegebenen Text versah der Herausgeber mit ausführlichen Erläuterungen und Anmerkungen[30].

---

[27] In: Telos No. 72 (N. Y.), Summer 1987, Special Issue. Carl Schmitt: Enemy or Foe?, S. 107 – 129.

[28] Telos No. 72, S. 107 Anm. 1. *George Schwab,* The Challenge of the Exception. An Introduction to the Political Ideas of Carl Schmitt between 1921 and 1936, Berlin 1970. Die Studie war 1962 als Ph. D.-Dissertation an der Columbia University eingereicht, aber auf Betreiben *Otto Kirchheimers* abgelehnt worden; *Schwab* mußte über ein unverfänglicheres Thema eine neue Ph. D.-Dissertation schreiben. Über seine Beziehungen zu *Schmitt* und den daraus entstehenden Problemen für seine wissenschaftliche Karriere berichtete *Schwab* später in: H. Quaritsch (Hrsg.), Complexio Oppositorum. Über Carl Schmitt, Berlin 1988, S. 449 sowie ausführlich in: Piet Tommissen, Schmittiana I: Carl Schmitt through a Glass Darkly, S. 70 – 87 mit wichtigen Einzelheiten zur Schmitt-Rezeption in den USA.

[29] Schreiben vom 13. 1. 1995.

[30] *Carl Schmitt,* Staat, Großraum, Nomos, S. 453 – 463, 463 – 477 (Anm.).

Literaturverzeichnis

Aufgeführt ist nur das häufiger zitierte Schrifttum

Anschütz, Gerhard, Die Verfassung des Deutschen Reichs vom 11. August 1919. 14. Aufl., Berlin 1933.

Anter, Andreas, Max Webers Theorie des modernen Staates, Berlin 1995.

Bendersky, Joseph W., Carl Schmitt – Theorist for the Reich, Princeton, N. Y. 1983.

Boveri, Margret, Der Diplomat vor Gericht, Berlin 1948.

Grewe, Wilhelm, Ein Leben mit Staats- und Völkerrecht im 20. Jahrhundert, in: Freiburger Universitätsblätter 118 (1992), S. 35.

Hausmann, Frank-Rutger, „Deutsche Geisteswissenschaft" im Zweiten Weltkrieg: die „Aktion Ritterbusch" (1940 – 1945), Dresden 1998.

Huber, Ernst Rudolf, Deutsche Verfassungsgeschichte seit 1789, Bd 1, 2. Aufl., Stuttgart 1967; Bd 4, 2. Aufl. Stuttgart 1982; Bd 7, Stuttgart 1984.

– Dokumente zur deutschen Verfassungsgeschichte, Bd 2, 3. Aufl. Stuttgart 1988.

Kaiser, Joseph H., Europäisches Großraumdenken, in: Epirrhosis. Festgabe für Carl Schmitt II, Berlin 1968, S. 529 ff.

Kaufmann, Erich, Gesammelte Schriften, Bde. I-III, Göttingen 1960.

Kempner, „Nachruf", in: Die Mahnung 32 (1985), Nr. 5 v. 1. 5. 1985.

Kempner, Robert, „Preußens Ende", in: Frankfurter Allgemeine Zeitung v. 29. 4. 1991.

– Blueprint of the Nazi Underground – Past and Future Subversive Activities, in: Research Studies of the State College of Washington, Vol. XIII (1945), S. 51 – 153.

– Ankläger einer Epoche, Frankfurt 1983.

– Das Dritte Reich im Kreuzverhör. Aus den unveröffentlichten Vernehmungsprotokollen des Anklägers, München 1969.

– Ein intellektueller Abenteurer, in: Der Aufbau, New York, N.Y. v. 24. 8. 1973, S. 9.

Kempner, Robert / Carl Haensel (Hrsg.), Das Urteil im Wilhelmstraßen-Prozeß, Schwäbisch-Gmünd 1950.

Kranzbühler, Otto, Rückblick auf Nürnberg, Hamburg 1949.

Maschke, Günter, Nachwort zu Carl Schmitt, Der Leviathan in der Staatslehre des Thomas Hobbes, Stuttgart 1982, S. 179, 195 ff.

Maser, Werner, Nürnberg – Tribunal der Sieger, Düsseldorf 1977.

Michels, Eckard, Das Deutsche Institut in Paris 1940 – 1944. Ein Beitrag zu den deutsch-französischen Kulturbeziehungen und zur auswärtigen Kulturpolitik des Dritten Reiches, Stuttgart 1993.

Noack, Paul, Carl Schmitt. Eine Biographie, Berlin 1993.

Quaritsch, Helmut, Positionen und Begriffe Carl Schmitts, 3. Aufl., Berlin 1995.

– Theorie der Vergangenheitsbewältigung, in: Der Staat 31 (1992), S. 519 ff.

Rebentisch, Dieter, Führerstaat und Verwaltung im Zweiten Weltkrieg, Stuttgart 1989.

– Hans Heinrich Lammers, in: Kurt G. A. Jeserich / Helmut Neuhaus (Hrsg.), Persönlichkeiten der Verwaltung – Biographien zur deutschen Verwaltungsgeschichte 1648 – 1945, Stuttgart 1991.

– Hitlers Reichskanzlei zwischen Politik und Verwaltung, in: D. Rebentisch / K. Teppe (Hrsg.), Verwaltung contra Menschenführung im Staat Hitlers, Studien zum politisch-administrativen System, Göttingen 1986.

Schmitt, Carl, 1907 Berlin, in: Schmittiana I, hrsg. v. P. Tommissen, Brüssel 1988.

– Briefwechsel mit einem seiner Schüler, hrsg. v. A. Mohler, Berlin 1995.

– Das internationalrechtliche Verbrechen des Angriffskrieges und der Grundsatz „Nullum crimen, nulla poena sine lege", hrsg. v. H. Quaritsch, Berlin 1994.

– Das Problem der Legalität, in: Die neue Ordnung, 1950, S. 270 ff.

– Der Begriff des Politischen, München 1933 = Ausg. Berlin 1963.

– Der Hüter der Verfassung, Berlin 1931.

– Der neue Raumbegriff in der Rechtswissenschaft, in: Raumforschung und Raumplanung, 1940, S. 440 ff.

– Der Nomos der Erde im Völkerrecht des Jus Publicum Europaeum, Köln 1950, 4. Aufl., Berlin 1997.

– Ex captivitate salus, Köln 1950.

– Gespräch über die Macht und den Zugang zum Machthaber, Pfullingen 1954.

– Glossarium. Aufzeichnungen der Jahre 1947 – 1951, hrsg. v. E. v. Medem, Berlin 1991.

– Legalität und Legitimität, München 1932.

– Politische Theologie, 2. Aufl., München 1934 (die 1. Aufl. erschien 1922).

– Positionen und Begriffe im Kampf mit Weimar – Genf – Versailles, Hamburg 1940, 3. Aufl., Berlin 1994.

– Staat, Großraum, Nomos. Arbeiten aus den Jahren 1916 – 1969, hrsg. v. Günter Maschke, Berlin 1995.

– Über die drei Arten des rechtswissenschaftlichen Denkens, Hamburg 1934, 2. Aufl., Berlin 1993.

– Verfassungsrechtliche Aufsätze aus den Jahren 1924 – 1954. Materialien zu einer Verfassungslehre, Berlin 1958, 3. Aufl. 1985.

- Völkerrechtliche Großraumordnung mit Interventionsverbot für raumfremde Mächte – Ein Beitrag zum Reichsbegriff im Völkerrecht, 4. Aufl., Berlin 1941, Neudruck 1991.

Schmittiana, hrsg. v. Piet Tommissen, Bd. I-III, Brüssel 1988 – 91; Bd. V, Berlin 1996.

Schmoeckel, Mathias, Die Großraumtheorie. Ein Beitrag zur Geschichte der Völkerrechtswissenschaft im Dritten Reich, insbesondere der Kriegszeit, Berlin 1994.

Schöbener, Burkhard, Die amerikanische Besatzungspolitik und das Völkerrecht, Frankfurt a. M. 1991.

Stiefel, Ernst C. / *Mecklenburg,* Frank, Deutsche Juristen im amerikanischen Exil 1933 – 1950, Tübingen 1991.

Tilitzki, Christian, Carl Schmitt, Staatsrechtslehrer in Berlin, in: Siebte Etappe, Bonn 1991, S. 62 ff.

Wieland, Claus-Dietrich, Carl Schmitt in Nürnberg (1947), in: „1999", Zeitschrift für Sozialgeschichte des 20. u. 21. Jh., 2 (1987), S. 96 ff.

Wollenberg, Jörg (Hrsg.), Von der Hoffnung aller Deutschen, Köln 1991.

Namenverzeichnis

Carl Schmitt

Das internationalrechtliche Verbrechen des Angriffskrieges

und der Grundsatz „Nullum crimen, nulla poena sine lege"

Herausgegeben, mit Anmerkungen
und einem Nachwort versehen von

Helmut Quaritsch

259 S. 1994 ⟨978-3-428-07987-2⟩ Engl. Br. € 32,–

Am 25. August 1945 beendete Carl Schmitt ein großes Rechtsgutachten zur Strafbarkeit des Angriffskrieges und über die Möglichkeit, auch Industrielle wegen eines solchen Delikts anzuklagen. Der hier veröffentlichte Text ist mehr als ein vergilbtes zeitgeschichtliches Dokument und keine staubtrockene juristische Expertise. Beginnend mit den Pariser Verhandlungen 1919 über den Versailler Vertrag und den beabsichtigten Strafprozeß gegen Wilhelm II., schildert Schmitt Außenpolitik und Völkerrecht, Entwürfe und Realisationen der Zwischenkriegszeit, dargestellt anhand der Verträge und Protokolle, der europäischen Konferenzen, der Verhandlungen im US-Kongreß und den Erklärungen der Premiers, der Außenminister und Sachverständigen. Schmitt überrascht den Leser durch eine detailreiche und meisterhafte Darstellung der Versuche innerhalb und außerhalb des Völkerbundes, Krieg und Aggression mit Verboten und Strafen, Sanktionen und Ausschlußverfahren zu verhindern.

In seinem Nachwort entschlüsselt und rekonstruiert der Herausgeber mit Hilfe des Schmitt-Nachlasses und nach Berichten von Zeitzeugen die Entstehung, die Überlieferung und das Schicksal des Gutachtens und seiner Rechtsprobleme bis zur Gegenwart.

Internet: www.duncker-humblot.de

Duncker & Humblot · Berlin

CARL SCHMITT

Primärliteratur (Auswahl)

Der Begriff des Politischen. Text von 1932 mit einem Vorwort und drei Corollarien. 8. Auflage (Neusatz auf Basis der Ausgabe von 1963). 116 S. 2009 ⟨978-3-428-13116-7⟩ € 22,–

Der Nomos der Erde im Völkerrecht des Jus Publicum Europaeum. 5. Auflage. 308 S. 2012 ⟨978-3-428-08983-3⟩ € 28,–

Der Wert des Staates und die Bedeutung des Einzelnen. 2. Auflage (Neusatz auf Basis der 1914 ersch. 1. Aufl.) 108 S. 2004 ⟨978-3-428-11442-9⟩ € 28,–

Die Diktatur. Von den Anfängen des modernen Souveränitätsgedankens bis zum proletarischen Klassenkampf. 7. Auflage (Neusatz auf Basis der 1928 ersch. 2. Auflage). XXIV, 257 S. 2006 ⟨978-3-428-07940-7⟩ € 36,–

Die geistesgeschichtliche Lage des heutigen Parlamentarismus. 9. Auflage (Nachdruck der 1926 ersch. 2. Auflage) 90 S. 2010 ⟨978-3-428-08839-3⟩ € 18,–

Die Tyrannei der Werte. 3., korrigierte Aufl. Mit einem Nachwort von Christoph Schönberger. 91 S. 2011 ⟨978-3-428-13457-1⟩ Engl. Br. € 18,– E-BOOK

Donoso Cortés in gesamteuropäischer Interpretation. Vier Aufsätze. 2. Auflage. 114 S. 2009 ⟨978-3-428-13066-5⟩ € 18,–

Ex Captivitate Salus. Erfahrungen der Zeit 1945/47. 3. Auflage. 95 S. 2010 ⟨978-3-428-11062-9⟩ Engl. Br. € 18,–

Frieden oder Pazifismus? Arbeiten zum Völkerrecht und zur internationalen Politik 1924 – 1978. Hrsg., mit einem Vorwort und mit Anmerkungen versehen von Günter Maschke. XXX, 1010 S. 2005 ⟨978-3-428-08940-6⟩ Lw. (mit Schutzumschlag) € 98,–

Legalität und Legitimität. 7. Auflage. 91 S. 2005 ⟨978-3-428-07602-4⟩ € 18,–

Politische Romantik. 6. Auflage. 174 S. 1998 ⟨978-3-428-08428-9⟩ € 28,–

Politische Theologie. Vier Kapitel zur Lehre von der Souveränität. 9. Auflage. 70 S. 2009 ⟨978-3-428-08805-8⟩ € 18,–

Politische Theologie II. Die Legende von der Erledigung jeder Politischen Theologie. 5. Auflage. 98 S. 2008 ⟨978-3-428-12870-9⟩ € 18,–

Staatsgefüge und Zusammenbruch des zweiten Reiches. Der Sieg des Bürgers über den Soldaten. Hrsg., mit einem Vorwort und mit Anmerkungen versehen von Günter Maschke. Anhang: Die Logik der geistigen Unterwerfung. XLVI, 117 S. 2011 ⟨978-3-428-12362-9⟩ Lw. € 38,– E-BOOK

Theodor Däublers „Nordlicht". Drei Studien über die Elemente, den Geist und die Aktualität des Werkes. 3. Auflage. Unveränd. Ausgabe der 1916 bei Georg Müller in München ersch. Erstaufl. 74 S. 2009 ⟨978-3-428-07092-3⟩ Engl. Br. € 18,–

Theorie des Partisanen. Zwischenbemerkung zum Begriff des Politischen. 7. Auflage. 96 S. 2010 ⟨978-3-428-08439-5⟩ € 22,–

Verfassungslehre. 10. Auflage (Neusatz auf Basis der 1928 ersch. 1. Auflage) XXII, 404 S. 2010 ⟨978-3-428-07603-1⟩ € 42,–

E-BOOK **Diesen Titel finden Sie auch zum Sofort-Download auf unserer Website.**

DUNCKER & HUMBLOT · BERLIN

Internet: www.duncker-humblot.de